Evidenzbasierte Chirurgie

Reihenherausgeber
E. Sebastian Debus, Universitätsklinikum Hamburg-Eppendorf, Berlin, Hamburg, Deutschland

Reinhart T. Grundmann, DIGG, Berlin, Deutschland

Für die wichtigsten Indikationen der einzelnen chirurgischen Fachgebiete ermöglichen die Bände dieser Reihe eine gezielte evidenzbasierte Therapiewahl. Grundlagen sind die weltweit publizierten aktuellen Behandlungsergebnisse zu offenen und minimal-invasiven Eingriffen:
- Was empfehlen die nationalen und internationalen Leitlinien?
- Welche wichtigen Informationen stehen nicht in den Leitlinien?
- Welche Behandlungsergebnisse wurden in Metaanalysen und Cochrane-Reviews und weiteren randomisierten Studien veröffentlicht, und wie sind diese zu bewerten?
- Wie sehen die Ergebnisse in Zentren und in der Fläche aus?

Die Analyse der Daten führt zu gut begründeten, differenzierten Therapieempfehlungen, die unmittelbar in Klinik und Praxis angewandt werden können.

Weitere Bände in der Reihe ▶ http://www.springer.com/series/15083

Reinhart T. Grundmann · E. Sebastian Debus
(Hrsg.)

Evidenzbasiertes perioperatives Management in der Viszeralchirurgie

Leitlinien, Empfehlungen und Studienlage

Hrsg.
Reinhart T. Grundmann
DIGG der DGG
Burghausen, Deutschland

E. Sebastian Debus
Klinik und Poliklinik für Gefäßmedizin
Universitätsklinikum Hamburg-Eppendorf
Hamburg, Deutschland

ISSN 2522-8064　　　　　　ISSN 2522-8072　(electronic)
Evidenzbasierte Chirurgie
ISBN 978-3-662-62847-8　　ISBN 978-3-662-62848-5　(eBook)
https://doi.org/10.1007/978-3-662-62848-5

Die Deutsche Nationalbibliothek verzeichnet diese Publikation in der Deutschen Nationalbibliografie; detaillierte bibliografische Daten sind im Internet über ▶ http://dnb.d-nb.de abrufbar.

© Der/die Herausgeber bzw. der/die Autor(en), exklusiv lizenziert durch Springer-Verlag GmbH, DE, ein Teil von Springer Nature 2021
Das Werk einschließlich aller seiner Teile ist urheberrechtlich geschützt. Jede Verwertung, die nicht ausdrücklich vom Urheberrechtsgesetz zugelassen ist, bedarf der vorherigen Zustimmung der Verlage. Das gilt insbesondere für Vervielfältigungen, Bearbeitungen, Übersetzungen, Mikroverfilmungen und die Einspeicherung und Verarbeitung in elektronischen Systemen.
Die Wiedergabe von allgemein beschreibenden Bezeichnungen, Marken, Unternehmensnamen etc. in diesem Werk bedeutet nicht, dass diese frei durch jedermann benutzt werden dürfen. Die Berechtigung zur Benutzung unterliegt, auch ohne gesonderten Hinweis hierzu, den Regeln des Markenrechts. Die Rechte des jeweiligen Zeicheninhabers sind zu beachten.
Der Verlag, die Autoren und die Herausgeber gehen davon aus, dass die Angaben und Informationen in diesem Werk zum Zeitpunkt der Veröffentlichung vollständig und korrekt sind. Weder der Verlag, noch die Autoren oder die Herausgeber übernehmen, ausdrücklich oder implizit, Gewähr für den Inhalt des Werkes, etwaige Fehler oder Äußerungen. Der Verlag bleibt im Hinblick auf geografische Zuordnungen und Gebietsbezeichnungen in veröffentlichten Karten und Institutionsadressen neutral.

Planung/Lektorat: Fritz Kraemer
Springer ist ein Imprint der eingetragenen Gesellschaft Springer-Verlag GmbH, DE und ist ein Teil von Springer Nature.
Die Anschrift der Gesellschaft ist: Heidelberger Platz 3, 14197 Berlin, Germany

Vorwort

Dieses Buch soll eine Lücke in unserer Reihe zur evidenzbasierten Chirurgie schließen. Während in den drei bereits publizierten Bänden anhand von Leitlinien, Metaanalysen und randomisierten Studien die wesentlichen Therapieverfahren, ihre Indikationen und ihre Ergebnisse in der Gefäßchirurgie und Viszeralchirurgie gutartiger und bösartiger Leiden dargestellt werden, geht es jetzt um das perioperative Management. Dieses hat erheblichen Einfluss auf das operative Ergebnis, was häufig unterschätzt wird. Dies gilt für die Vermeidung von nosokomialen Infektionen, tiefen Venenthrombosen und Lungenembolien, von unnötigen Bluttransfusionen oder Übelkeit und Erbrechen nach Operation ebenso wie für das perioperative Schmerzmanagement. Auch die Patientenzufriedenheit mit Krankenhaus und Operateur hängt vom perioperativen Management ab, je nachdem wie die Darmvorbereitung oder die postoperative Ernährung gehandhabt, Drainagen gelegt oder auf nasogastrische Sonden verzichtet oder diese platziert werden. In einer ökonomisch getriebenen Umwelt – man mag es bedauern oder nicht – gibt es nicht zuletzt auch eine Korrelation zwischen streng strukturiertem perioperativem Management und Krankenhausverweildauer und damit zu den Behandlungskosten.

Der vorliegende Band hat sich dieses Themas angenommen und will so eine publikatorische Lücke schließen. Es wird zum perioperativen Management in der Viszeralchirurgie Stellung genommen, das Management in der Gefäßchirurgie soll separat dargestellt werden. Vom Aufbau her folgt der Band dem bisherigen Konzept zur evidenzbasierten Chirurgie: es werden zunächst die wichtigsten Leitlinienempfehlungen präsentiert, gefolgt von den Ergebnissen von Metaanalysen, systematischen Reviews und kontrollierten Studien, an denen es aber gerade in Zusammenhang mit dem perioperativen Management mangelt. Dies zeigt, dass der Chirurg zunächst einmal seine Technik im Operationssaal im Auge hat und nicht unwesentliche Bestandteile des perioperativen Managements Nachbardisziplinen überlässt. Umso wichtiger ist es gerade für jüngere Kollegen, einen Leitfaden zur Verfügung zu haben, an dem sie sich bei der täglichen Arbeit im Operationssaal und auf Station orientieren können. Aber auch der Facharzt sollte dieses Buch zur Hand nehmen, um über die wichtigsten aktuellen Empfehlungen und ihre Evidenz informiert zu sein.

Der Band ist in zwei Teile gegliedert: im ersten übergreifenden allgemeinen Teil werden unter anderem Regeln zur Prävention nosokomialer Infektionen, zur perioperativen Ernährung oder zum perioperativen Management geriatrischer Patienten und zum perioperativen Umgang mit Medikamenten abgehandelt. Der prozedurspezifische zweite Teil betrifft dann alle häufigen Eingriffe, vom Ösophagus über den Magen bis hin zu Rektum und Transplantation, bariatrische Chirurgie und Leistenhernie.

Wir würden uns freuen, wenn der Band als Orientierungshilfe bei der täglichen Stationsarbeit genutzt und die Empfehlungen entsprechend umgesetzt würden. Gerade beim perioperativen Management bestehen häufig Unsicherheiten über das, was wirklich notwendig ist, über das, was nach Studienergebnissen abgeändert werden sollte und hinsichtlich dem, auf was vielleicht besser verzichtet wird. Sollte dies zu einer Verbesserung der Behandlungsqualität in der Viszeralchirurgie führen, hätte der Band sein Ziel erreicht.

Abschließend danken wir allen Mitarbeitern des Springer-Verlags, die in dieses Projekt eingebunden waren für ihre Hilfe, allen voran Herrn Dr. Fritz Krämer, der von Anfang an von unserem Konzept überzeugt war und es tatkräftig unterstützte.

R. T. Grundmann
E. S. Debus

Inhaltsverzeichnis

I Allgemeine Standards und Leitlinien

1 Präoperative Evaluation erwachsener Patienten vor elektiven, nicht herz-thoraxchirurgischen Eingriffen 3
Reinhart T. Grundmann und Benjamin Kues
Literatur 7

2 Prävention nosokomialer Infektionen – Leitlinien und Empfehlungen 9
Reinhart T. Grundmann und Benjamin Kues
2.1 MRSA (Methicillinresistente Staphylococcus aureus-Stämme) – Prävention und Kontrolle 10
2.2 Hygienemaßnahmen im Rahmen der Behandlung und Pflege von Patienten mit einer Infektion durch SARS-CoV-2 11
2.3 Chirurgische Händedesinfektion 14
2.4 Prävention postoperativer Wundinfektionen 14
2.5 Perioperative Antibiotikaprophylaxe 17
2.6 Postoperative Wundabdeckung und Duschen 20
2.7 Selektive Dekontamination des Verdauungstrakts (SDD) 21
Literatur 22

3 Intravasale Volumentherapie 25
Reinhart T. Grundmann und Benjamin Kues
3.1 S3-Leitlinie „Intravasale Volumentherapie beim Erwachsenen" (DGAI 2014) 26
3.2 British Consensus Guidelines 27
Literatur 28

4 Perioperative Hämotherapie/Patient-Blood-Management-Konzept 29
Reinhart T. Grundmann und Benjamin Kues
4.1 Konsensus Konferenz 30
4.2 Präoperative Anämie 31
4.3 Akute normovolämische Hämodilution (ANH) 32
4.4 Autologe Hämotherapie (Eigenblutspende) 33
4.5 Maschinelle Autotransfusion 34
Literatur 35

5 Vermeidung der perioperativen Hypothermie 37
Reinhart T. Grundmann und Benjamin Kues
Literatur 39

6 Übelkeit und Erbrechen nach Operationen in Allgemeinanästhesie 41
Reinhart T. Grundmann und Benjamin Kues
Literatur 43

7	**Perioperative Schmerztherapie**	45
	Reinhart T. Grundmann und Benjamin Kues	
7.1	Vereinbarung zur Organisation der Schmerztherapie chirurgischer Patienten des Berufsverbandes Deutscher Anästhesisten und des Berufsverbandes der Deutschen Chirurgen (Freys et al. 2019)	46
7.2	S3-Leitlinie Behandlung akuter perioperativer und posttraumatischer Schmerzen (DIVS 2009)	47
7.3	Behandlungsstandards	48
7.4	Patientenkontrollierte Analgesie	48
7.5	Vor – und Nachteile der regionalen Anästhesietechniken	50
7.6	Opioidgewöhnte Patienten – Perioperatives Management	50
	Literatur	52

8	**Thromboembolieprophylaxe und Antikoagulation**	55
	Reinhart T. Grundmann und Benjamin Kues	
8.1	S3-Leitlinie zur Prophylaxe der venösen Thromboembolie (VTE) (2015)	56
8.2	Rückenmarksnahe Regionalanästhesien und Thromboembolieprophylaxe/antithrombotische Medikation	57
8.3	Direkte orale Antikoagulanzien (DOAKs) im perioperativen Setting	58
8.4	Empfehlungen des British Committee of Standards for Haematology zum perioperativen Management von Antikoagulation und Thrombozytenaggregations-Hemmung (Keeling et al. 2016)	58
8.5	Heparininduzierte Thrombozytopenie (HIT)	61
	Literatur	63

9	**Ernährung und ERAS**	65
	Reinhart T. Grundmann und Benjamin Kues	
9.1	S3-Leitlinie „Klinische Ernährung in der Chirurgie" (Weimann et al. 2013)	66
9.2	American Society for Enhanced Recovery and Perioperative Quality Initiative Joint Consensus Statements (Wischmeyer et al. 2018)	67
9.3	Das ERAS-Konzept	69
	Literatur	70

10	**Delirmanagement**	71
	Reinhart T. Grundmann und Benjamin Kues	
	Literatur	74

11	**Perioperatives Management geriatrischer Patienten**	75
	Reinhart T. Grundmann und Benjamin Kues	
	Literatur	78

12	**Perioperativer Umgang mit Medikamenten**	79
	Reinhart T. Grundmann	
12.1	Antidiabetika	80
12.2	Perioperativer Umgang mit antitumoralen Medikamenten	80
12.3	Perioperativer Umgang mit immunsuppressiver Therapie	82
12.4	Medikamente, die perioperativ nicht abgesetzt werden müssen	83
	Literatur	85

II   Prozedurspezifisches Vorgehen

13	**Ösophaguschirurgie**	89
	Reinhart T. Grundmann und Benjamin Kues	
13.1	**ERAS allgemein**	90
13.1.1	ERAS®-Empfehlungen	90
13.1.2	Übersichten und Studien	90
13.2	**Spezielle Fragestellungen**	91
13.2.1	Ernährung	91
13.2.2	Antibiotikatherapie	93
13.2.3	Nasogastrische Dekompression	93
13.2.4	Perioperative Bluttransfusion	93
13.2.5	Schmerzbehandlung	94
13.2.6	Management der Anastomoseninsuffizienz	94
	Literatur	96
14	**Magenresektion bei Karzinom**	97
	Reinhart T. Grundmann und Benjamin Kues	
14.1	**ERAS allgemein**	98
14.1.1	ERAS®-Empfehlungen	98
14.1.2	Übersichten/Studien	98
14.2	**Spezielle Fragestellungen**	99
14.2.1	Antibiotikaprophylaxe	99
14.2.2	Perioperative Bluttransfusion	101
14.2.3	Komplikationen der Ernährungs-Jejunostomie	102
14.2.4	Drainage bei Gastrektomie	103
14.2.5	Routinemäßige postoperative röntgenologische Kontrolle auf Nahtinsuffizienz	103
14.2.6	Schmerzbehandlung	104
	Literatur	104
15	**Chirurgie von Leber- und Gallenwegen**	107
	Reinhart T. Grundmann und Benjamin Kues	
15.1	**ERAS allgemein**	108
15.1.1	Enhanced Recovery After Surgery (ERAS) Society-Empfehlungen	108
15.1.2	Metaanalysen und randomisierte Studien	109
15.2	**Spezielle Fragestellungen**	110
15.2.1	Ernährung	110
15.2.2	Antibiotikaprophylaxe	111
15.2.3	Mechanische Darmvorbereitung	111
15.2.4	Nasogastrische Sonde	112
15.2.5	Abdominaldrainage	112
15.2.6	Galleleckagen nach Leberresektion	113
15.2.7	Perioperative Bluttransfusion	113
15.2.8	Analgesie	114
	Literatur	116

16	**Pankreaschirurgie**	119
	Reinhart T. Grundmann und Benjamin Kues	
16.1	**ERAS allgemein**	120
16.1.1	Enhanced Recovery After Surgery (ERAS®) Society-Empfehlungen	120
16.1.2	Metaanalysen	121
16.2	**Spezielle Fragestellungen**	122
16.2.1	Nasogastrische Sonde	122
16.2.2	Ernährung nach Pankreatikoduodenektomie	122
16.2.3	Nasojejunale Sonde oder Jejunostomie bei enteraler Ernährung	123
16.2.4	Orale Ernährung bei postoperativer Pankreasfistel	124
16.2.5	Antibiotikaprophylaxe bei vorangegangener Intervention an den Gallewegen	125
16.2.6	Intraperitoneale Drainage	126
16.2.7	Perioperative Bluttransfusion und restriktives Flüssigkeitsmanagement	127
16.2.8	Analgesie	128
	Literatur	128
17	**Kolorektale Chirurgie**	131
	Reinhart T. Grundmann und E. Sebastian Debus	
17.1	**ERAS allgemein**	132
17.1.1	Enhanced Recovery After Surgery (ERAS®) Society-Empfehlungen	132
17.1.2	Metaanalysen und Studien	135
17.2	**Spezielle Fragestellungen**	136
17.2.1	Mechanische Darmvorbereitung	136
17.2.2	Orale Antibiotikaprophylaxe/Darmvorbereitung – Metaanalysen	137
17.2.3	Orale Antibiotikaprophylaxe/Darmvorbereitung – Studien	138
17.2.4	Drainage bei tiefer Anastomose	140
17.2.5	Ernährung	140
17.2.6	Verlängerte Thromboembolieprophylaxe	141
17.2.7	Perioperative Bluttransfusion	142
17.2.8	Zielgerichtete Flüssigkeitstherapie	142
17.2.9	Analgesie	143
17.2.10	NSAIDs und Anastomoseninsuffizienz	143
	Literatur	144
18	**Divertikulitis**	147
	Reinhart T. Grundmann und E. Sebastian Debus	
	Literatur	150
19	**Entzündliche Darmerkrankungen – Morbus Crohn und Colitis ulcerosa**	151
	Reinhart T. Grundmann und E. Sebastian Debus	
19.1	**ERAS allgemein**	152
19.2	**Spezielle Fragestellungen**	153
19.2.1	Perioperatives Management generell	153
19.2.2	Perioperative Ernährung	153
19.2.3	Perioperative Antibiotikaprophylaxe	154
19.2.4	Perioperative Bluttransfusion	155
19.2.5	Thromboembolieprophylaxe	155
	Literatur	156

Inhaltsverzeichnis

20	**Appendizitis/Appendektomie**	157
	Reinhart T. Grundmann und E. Sebastian Debus	
20.1	**Leitlinien**	158
20.2	**Spezielle Fragestellungen**	159
20.2.1	Postoperative Antibiotikatherapie bei komplizierter Appendizitis	159
20.2.2	Drainage bei offener Appendektomie	159
20.2.3	Postoperative Übelkeit und Erbrechen	160
20.2.4	Thromboembolieprophylaxe	160
20.2.5	Tageschirurgie	160
	Literatur	161
21	**Cholezystektomie**	163
	Reinhart T. Grundmann und E. Sebastian Debus	
21.1	**Praxisleitlinie zur Vermeidung von Gallengangsverletzungen**	164
21.2	**Spezielle Fragestellungen**	164
21.2.1	Antibiotikaprophylaxe	164
21.2.2	Drainage	166
21.2.3	Postoperative Übelkeit und Erbrechen	166
21.2.4	Analgesie	167
21.2.5	Thromboembolieprophylaxe	168
21.2.6	Tageschirurgie	168
21.2.7	Arbeitsunfähigkeit nach Cholezystektomie	169
	Literatur	169
22	**Bariatrische Chirurgie**	171
	Reinhart T. Grundmann und E. Sebastian Debus	
22.1	**ERAS allgemein**	172
22.1.1	Enhanced Recovery After Surgery (ERAS®) Society-Empfehlungen	172
22.1.2	Metaanalysen und randomisierte Studien	173
22.2	**Spezielle Fragestellungen**	175
22.2.1	Antibiotikaprophylaxe	175
22.2.2	Postoperative Übelkeit und Erbrechen (PONV) – Prophylaxe	176
22.2.3	Intraperitoneale Drainage	177
22.2.4	Thromboembolieprophylaxe	177
22.2.5	Perioperative Bluttransfusion	178
22.2.6	Zielgerichtete Flüssigkeitstherapie	179
22.2.7	Analgesie	179
	Literatur	179
23	**Schilddrüsenchirurgie**	183
	Reinhart T. Grundmann und E. Sebastian Debus	
23.1	**Leitlinien**	184
23.2	**Spezielle Fragestellungen**	185
23.2.1	Antibiotikaprophylaxe	185
23.2.2	Drainage	185
23.2.3	Postoperative Übelkeit und Erbrechen/Dexamethason perioperativ	186
23.2.4	Analgesie	187
23.2.5	Thromboembolieprophylaxe	187

23.2.6	Halshämatom/postoperative Blutung	187
23.2.7	Arbeitsunfähigkeit nach Schilddrüsenresektion	188
	Literatur	189

24 Leistenhernienversorgung ... 191
Reinhart T. Grundmann und E. Sebastian Debus

24.1	**Leitlinien**	192
24.2	**Spezielle Fragestellungen**	193
24.2.1	Antibiotikaprophylaxe	193
24.2.2	Drainage	193
24.2.3	Anästhesie	194
24.2.4	Perioperative Antikoagulation und Thrombozytenaggregationshemmer	194
24.2.5	Arbeitsunfähigkeit nach Leistenhernienreparation	195
	Literatur	195

25 Nierentransplantation ... 197
Reinhart T. Grundmann und E. Sebastian Debus

25.1	**Leitlinien**	198
25.2	**ERAS bei Nierentransplantation**	200
25.3	**Spezielle Fragestellungen**	200
25.3.1	Perioperative Antibiotikaprophylaxe	200
25.3.2	Prophylaxe von Harnwegsinfekten bei Nierentransplantation	200
25.3.3	Asymptomatische Bakteriurien	202
25.3.4	Pneumocystis-jiroveci-Prophylaxe	202
25.3.5	Wunddrainage	202
25.3.6	Ureterstent und Stententfernung	202
25.3.7	Thromboseprophylaxe	203
	Literatur	203

26 Lebertransplantation ... 205
Reinhart T. Grundmann und E. Sebastian Debus

26.1	**Leitlinie**	206
26.2	**ERAS bei Lebertransplantation**	206
26.3	**Spezielle Fragestellungen**	206
26.3.1	Perioperative Antibiotikaprophylaxe	206
26.3.2	Perioperatives Flüssigkeitsmanagement	208
26.3.3	Perioperatives Gerinnungsmanagement	208
26.3.4	Bluttransfusion	209
26.3.5	Postoperative Analgesie	210
26.3.6	Postoperative Thromboembolieprophylaxe	210
26.3.7	Ernährung	211
	Literatur	211

27 COVID-19-Patienten ... 213
Reinhart T. Grundmann und E. Sebastian Debus

27.1	**Leitlinie**	214
27.2	**Spezielle Fragestellungen**	215
27.2.1	Antimikrobielle Mundspülung	215

27.2.2	Perioperatives Risiko bei SARS-CoV-2-Infektion	216
27.2.3	Chirurgische Managementstrategie bei COVID-19 Pandemie und kolorektalem Karzinom	216
27.2.4	Laparoskopische Chirurgie bei COVID-19 Pandemie	217
27.2.5	Tracheotomie bei COVID-19 Pandemie	218
27.2.6	Venöse Thromboembolie (VTE) bei Patienten mit COVID-19	220
	Literatur	221

Serviceteil

Stichwortverzeichnis 225

Herausgeber- und Autorenverzeichnis

E. Sebastian Debus Klinik und Poliklinik für Gefäßmedizin, Universitätsklinikum Hamburg-Eppendorf, UKE Hamburg GmbH, Deutschland

Reinhart T. Grundmann DIGG der DGG, Berlin, Deutschland

Benjamin Kues Hannover, Deutschland

Allgemeine Standards und Leitlinien

Inhaltsverzeichnis

Kapitel 1 Präoperative Evaluation erwachsener Patienten vor elektiven, nicht herz-thoraxchirurgischen Eingriffen – 3
Reinhart T. Grundmann und Benjamin Kues

Kapitel 2 Prävention nosokomialer Infektionen – Leitlinien und Empfehlungen – 9
Reinhart T. Grundmann und Benjamin Kues

Kapitel 3 Intravasale Volumentherapie – 25
Reinhart T. Grundmann und Benjamin Kues

Kapitel 4 Perioperative Hämotherapie/Patient-Blood-Management-Konzept – 29
Reinhart T. Grundmann und Benjamin Kues

Kapitel 5 Vermeidung der perioperativen Hypothermie – 37
Reinhart T. Grundmann und Benjamin Kues

Kapitel 6 Übelkeit und Erbrechen nach Operationen in Allgemeinanästhesie – 41
Reinhart T. Grundmann und Benjamin Kues

Kapitel 7 Perioperative Schmerztherapie – 45
Reinhart T. Grundmann und Benjamin Kues

Kapitel 8	**Thromboembolieprophylaxe und Antikoagulation – 55**
	Reinhart T. Grundmann und Benjamin Kues

Kapitel 9	**Ernährung und ERAS – 65**
	Reinhart T. Grundmann und Benjamin Kues

Kapitel 10	**Delirmanagement – 71**
	Reinhart T. Grundmann und B. Kues

Kapitel 11	**Perioperatives Management geriatrischer Patienten – 75**
	Reinhart T. Grundmann und B. Kues

Kapitel 12	**Perioperativer Umgang mit Medikamenten – 79**
	Reinhart T. Grundmann

Präoperative Evaluation erwachsener Patienten vor elektiven, nicht herz-thoraxchirurgischen Eingriffen

Reinhart T. Grundmann und Benjamin Kues

Literatur – 7

Die Gemeinsame Empfehlung der Deutschen Gesellschaft für Anästhesiologie und Intensivmedizin, der Deutschen Gesellschaft für Chirurgie und der Deutschen Gesellschaft für Innere Medizin (2017) hält unter anderem fest:
- Die präoperative Evaluation sollte in ausreichendem Abstand zum operativen Eingriff erfolgen, da hierdurch die Dauer des stationären Aufenthalts, die Anzahl abgesetzter Operationen sowie Kosten reduziert werden können.
- Grundlage jeder präoperativen technischen Untersuchung ist eine sorgfältige Anamnese einschließlich einer Blutungsanamnese, eine orientierende körperliche Untersuchung sowie die Ermittlung der körperlichen Belastbarkeit des Patienten.
- Perioperative, nicht primär chirurgische Komplikationen betreffen vor allem das Herz-Kreislaufsystem sowie das respiratorische System. Es ist daher sinnvoll, das individuelle Risiko zur Entwicklung entsprechender Komplikationen präoperativ abzuschätzen. Die Abschätzung des perioperativen kardialen Risikos sowie die Entscheidung für oder gegen eine erweiterte präoperative Diagnostik basieren wesentlich auf 4 Faktoren:
    a) dem Vorliegen einer akut symptomatischen Herzerkrankung,
    b) dem kardialen Risiko des operativen Eingriffs,
    c) dem Vorliegen kardialer Risikofaktoren beim Patienten,
    d) der Belastbarkeit des Patienten.
- Kardiale Risikofaktoren sind:
    a) Herzinsuffizienz
    b) KHK (Angina pectoris und/oder Z. n. Myokardinfarkt)
    c) Zerebrovaskuläre Insuffizienz (Apoplex oder TIA)
    d) Diabetes mellitus (insulinpflichtig)
    e) Niereninsuffizienz (Kreatinin > 2 mg/dl)

Anmerkung: Diese Risikofaktoren gehen in den Revised Cardiac Risk Index (RCRI) nach Lee et al. (1999) ein, der wegen der großen Bedeutung kardialer Komplikationen, seiner guten Validierung und leichten Erhebbarkeit zur Abschätzung des kardialen Risikos weiterhin empfohlen wird. Die Erhebung der Risikofaktoren basiert auf Anamnese und/oder Klinik. Die Wahrscheinlichkeit schwerer kardialer Komplikationen steigt mit zunehmender Anzahl von Risikofaktoren signifikant an (0,4 %, 0,9 %, 6,6 % und 11 % bei 0, 1, 2 bzw. 3 und mehr Risikofaktoren). Mittlerweile wird vorgeschlagen, die Vorhersagegenauigkeit des RCRI durch zusätzliche präoperative Bestimmung der kardialen Troponinspiegel mittels hoch-sensitiver Tests zu verbessern. In einer Metaanalyse von 7 Studien mit 4836 Patienten war ein präoperativ erhöhter hoch-sensitiver Troponinspiegel mit einem erhöhten Risiko für größere perioperative kardiale Komplikationen (Risk Ratio, RR 2,92), perioperative Sterblichkeit (RR 5,39) und längerfristige Sterblichkeit assoziiert (RR 2,90) (Zhao et al. 2020).
- Körperliche Belastbarkeit
Eine ausreichende körperliche Belastbarkeit ist ein exzellenter Prädiktor für ein gutes perioperatives Outcome. Bei Patienten mit guter körperlicher Belastbarkeit sind präoperative Zusatzuntersuchungen daher nur selten indiziert. Umgekehrt korreliert jedoch eine schlechte körperliche Belastbarkeit (<4 Metabolische Äquivalente; MET) außerhalb der Kardiochirurgie nur relativ schwach mit einer erhöhten perioperativen Letalität.
Anmerkung: Das Metabolische Äquivalent wird verwendet, um den Energieverbrauch verschiedener Aktivitäten zu vergleichen. Referenzpunkt ist dabei der Ruheumsatz des Menschen (1 MET). Eine körperliche Belastbarkeit von 4 MET bedeutet beispielsweise, dass der Mensch einer körperlichen Aktivität nachgehen kann, die seinen Ruheumsatz um das Vierfache steigert, z. B. 2 Stockwerke steigen oder leichte Hausarbeit verrichten.

Tab. 1.1 Indikationen für präoperative Blutuntersuchungen (Minimalstandard)

Parameter	(Verdacht auf) Organerkrankung			
	Herz/Lunge	Leber	Niere	Blut
Hämoglobin	+	+	+	+
Leukozyten				+
Thrombozyten		+		+
Natrium/Kalium	+	+	+	+
Kreatinin	+	+	+	+
ASAT, Bilirubin, aPTT, INR		+		

- Pulmonales Risiko
  Ziel der präoperativen Evaluierung von Lungen und Atemwegen ist die Reduktion perioperativer pulmonaler Komplikationen. Neben der Anamnese und der körperlichen Untersuchung stehen hierfür technische Verfahren (Thoraxröntgen, Spirometrie, Blutgasanalyse) sowie spezifische Scoring-Systeme zur Verfügung. Anhand anamnestischer Informationen sowie der pulsoximetrisch bestimmten arteriellen Sauerstoffsättigung kann das Risiko einer postoperativen pulmonalen Insuffizienz eingeschätzt werden.
- Blutuntersuchungen
  Bei Patienten mit bekannten oder vermuteten Organerkrankungen wird die Bestimmung der in Tab. 1.1 dargestellten Laborparameter im Blut als sinnvoller Minimalstandard angesehen.
- 12-Kanal-EKG
  - Bei anamnestisch unauffälligen und kardial asymptomatischen Patienten sind anästhesierelevante Befunde selten. Ein präoperatives EKG ist hier – unabhängig vom Alter – nicht erforderlich.
  - Bei kardial asymptomatischen Patienten ist ein EKG empfohlen vor Eingriffen mit hohem oder mittlerem kardialem Risiko bei Patienten mit ≥ 1 kardialen Risikofaktor.
  - Ein EKG kann erwogen werden bei sonst unauffälligen Patienten > 65 Jahre vor einer OP mit mittlerem Risiko sowie bei Patienten mit kardialen Risikofaktoren vor einer OP mit niedrigem Risiko.
  - Bei Patienten mit klinischen Symptomen einer ischämischen Herzerkrankung, bei Herzrhythmusstörungen, Klappenerkrankungen, Herzvitien oder einer (Links- bzw. Rechts-) Herzinsuffizienz, oder bei Trägern eines implantierten Defibrillators (ICD) ist ein präoperatives EKG indiziert.
  - Bei Trägern eines Herzschrittmachers ist ein präoperatives EKG nicht erforderlich, sofern die regelmäßig vorgesehenen Schrittmacherkontrolltermine eingehalten wurden und der Patient keine klinischen Symptome aufweist.
- Röntgenuntersuchung der Thoraxorgane p. a. ("Thoraxröntgen")
  - Die Sensitivität einer Thoraxröntgenuntersuchung in der Diagnostik kardiopulmonaler Erkrankungen ist bei unauffälliger Anamnese und körperlicher Untersuchung gering. Ihre Durchführung ist präoperativ daher nur indiziert, wenn eine klinische Verdachtsdiagnose mit Konsequenzen für das perioperative Vorgehen (z. B.

Pleuraerguss, Atelektase, Pneumonie u. a.) erhärtet oder ausgeschlossen werden soll. Der Nutzen fester Altersgrenzen für die routinemäßige Anfertigung einer Thoraxröntgenaufnahme ist wissenschaftlich nicht belegt.
— Untersuchungen der Lungenfunktion
  – Eine präoperative Lungenfunktionsdiagnostik ist einerseits bei Patienten mit neu aufgetretenen bzw. Verdacht auf akut symptomatische pulmonale Erkrankungen zur Schweregradeinschätzung und Therapiekontrolle indiziert. Andererseits sollte eine Lungenfunktionsdiagnostik auch bei Patienten mit großen Oberbaucheingriffen erwogen werden.
— (Doppler-) Echokardiographie
  – Eine präoperative Echokardiographie wird vor nicht kardiochirurgischen Operationen nur bei Patienten mit neu aufgetretener Dyspnoe unklarer Genese sowie bei Patienten mit bekannter Herzinsuffizienz und Symptomverschlechterung innerhalb der letzten 12 Monate empfohlen.
— Sonographie der Halsgefäße
  – Die präoperative Sonographie der Halsgefäße scheint bei Patienten, die innerhalb der letzten 6 Monate symptomfrei waren, das Risiko eines perioperativen Schlaganfalls nicht zu senken und wird daher nicht empfohlen.
  – Gesicherte Empfehlungen zum präoperativen diagnostischen Vorgehen bei Patienten mit Strömungsgeräusch der A. carotis existieren nicht. Eine zielgerichtete, insbesondere neurologische Anamnese und Erfassung von vaskulären Risikofaktoren (z. B. pAVK) erscheint bei asymptomatischen Patienten mit Strömungsgeräusch zur Risikoeinschätzung ausreichend zu sein.
  – Patienten, die in den letzten 6 Monaten Symptome hatten, die auf eine Stenose der A. carotis hinweisen, sollten präoperativ einer Diagnostik (meist Sonographie) und einer sich evtl. daraus ergebenden Therapie zugeführt werden.
— Präoperativer Umgang mit der Dauermedikation
  – Direkte orale Antikoagulantien (NOAK, neue orale Antikoagulantien): Ob ein NOAK präoperativ belassen, gemäß Abklingzeit mit ausreichendem Abstand zur Operation abgesetzt (Cave: zu frühes Absetzen vermeiden!) oder aber auf Heparin umgestellt werden sollte, hängt von der Art der Operation und deren Blutungsrisiko sowie von der ursprünglichen Indikation für die Antikoagulation ab. Die Entscheidung hierüber sollte in enger Absprache zwischen den beteiligten Fachdisziplinen (i. d. R. Chirurgie, Anästhesie und Innere Medizin) fallen. Postoperativ soll die gerinnungshemmende Therapie so früh wie möglich wieder begonnen werden, wobei das aktuelle Blutungsrisiko zu berücksichtigen ist. Bei Patienten mit Vorhofflimmern bzw. Thrombose/Embolie kann es erforderlich sein, postoperativ einige Tage mit einem Heparin (UFH oder NMH) oder mit Fondaparinux zu überbrücken, bis wieder eine Umstellung auf das NOAK möglich ist. Im Kontext elektiver Operationen bei Erwachsenen mit mittlerem Blutungsrisiko sollten mindestens die nachfolgenden Abklingzeiten (= mind. 2–3 HWZ) nach Absetzen der jeweiligen Substanz abgewartet werden. Bei Rivaroxaban, Apixaban, Edoxaban sind dies 24–36 h, bei Dabigatran 24–72 h. Die Abklingzeit ist dabei von der Nierenfunktion abhängig. In der klinischen Routine stellen 48 h ein sicheres Intervall dar, außer bei Gabe von Dabigatran und gleichzeitigem Vorliegen einer Niereninsuffizienz.

- Thrombozyten-Aggregationshemmer: Nach derzeitiger Kenntnis sollen P2Y12-Antagonisten nur vor großen Operationen mit hohem Blutungsrisiko 5 Tage (Clopidogrel/Ticagrelor) bzw. 7 Tage (Prasugrel) präoperativ abgesetzt werden. Bei hohem Risiko für ein myokardiales ischämisches Ereignis nach Stentimplantation muss diese Entscheidung individuell mit dem behandelnden Kardiologen abgestimmt werden. Bei koronaren Hochrisikopatienten (rezidivierende Angina pectoris, Zustand nach akutem Koronarsyndrom, Zustand nach Koronarintervention mit bare metal stent (BMS) oder drug eluting stent (DES)) sollte eine Medikation mit ASS (z. B. ASS 100 mg/Tag) nur bei Vorliegen absoluter Kontraindikationen (z. B. neurochirurgische OP) perioperativ unterbrochen werden.

Literatur

Lee TH, Marcantonio ER, Mangione CM et al (1999) Derivation and prospective validation of a simple index for prediction of cardiac risk of major non-cardiac surgery. Circulation 100:1043–1049

Präoperative Evaluation erwachsener Patienten vor elektiven, nicht herz-thoraxchirurgischen Eingriffen (2017) Gemeinsame Empfehlung der DGAI, DGCH und DGIM. Anästh Intensivmed 58:349–364

Zhao BC, Liu WF, Deng QW, Zhuang PP, Liu J, Li C, Liu KX (2020) Meta-analysis of preoperative high-sensitivity cardiac troponin measurement in non-cardiac surgical patients at risk of cardiovascular complications. Br J Surg 107:e81–e90

Prävention nosokomialer Infektionen – Leitlinien und Empfehlungen

Reinhart T. Grundmann und Benjamin Kues

Inhaltsverzeichnis

2.1 MRSA (Methicillinresistente Staphylococcus aureus-Stämme) – Prävention und Kontrolle – 10

2.2 Hygienemaßnahmen im Rahmen der Behandlung und Pflege von Patienten mit einer Infektion durch SARS-CoV-2 – 11

2.3 Chirurgische Händedesinfektion – 14

2.4 Prävention postoperativer Wundinfektionen – 14

2.5 Perioperative Antibiotikaprophylaxe – 17

2.6 Postoperative Wundabdeckung und Duschen – 20

2.7 Selektive Dekontamination des Verdauungstrakts (SDD) – 21

Literatur – 22

© Der/die Autor(en), exklusiv lizenziert durch Springer-Verlag GmbH, DE, ein Teil von Springer Nature 2021
R. T. Grundmann und E. S. Debus (Hrsg.), *Evidenzbasiertes perioperatives Management in der Viszeralchirurgie*,
Evidenzbasierte Chirurgie, https://doi.org/10.1007/978-3-662-62848-5_2

2.1 MRSA (Methicillinresistente Staphylococcus aureus-Stämme) – Prävention und Kontrolle

Empfehlung der Kommission für Krankenhaushygiene und Infektionsprävention (KRINKO) beim Robert Koch-Institut (2014).

Identifizierung von MRSA-Trägern (MRSA-Aufnahmescreening)
Die Kommission empfiehlt:
- in einem Hygieneplan Festlegungen zur Durchführung eines MRSA-Screenings bei Aufnahme entsprechend dem Ergebnis der einrichtungsspezifischen ärztlichen Risikoanalyse zu treffen (Kat II);
- in den Festlegungen zur Durchführung des MRSA-Screenings mindestens die Risikopopulationen mit bekannt höherer MRSA-Prävalenz einzubeziehen (Kat II);
- bei Patienten, bei denen Risikofaktoren für eine MRSA-Kolonisation bestehen, die Screeninguntersuchung ggf. vor Hospitalisierung (z. B. im Rahmen prästationärer Diagnostik) durchzuführen;
- zum MRSA-Screening mindestens einen Abstrich beider Nasenvorhöfe zu untersuchen und beim Vorhandensein von Wunden zusätzlich einen Wundabstrich zu untersuchen (Kat IB); hierbei erhöht die Untersuchung weiterer Abstrichorte, wie z. B. des Rachens, die Sensitivität (Kat IB).

Risikopopulation
- Patienten mit bekannter MRSA-Anamnese,
- Patienten aus Regionen/Einrichtungen mit bekannt hoher MRSA-Prävalenz (z. B. Einrichtungen in Ländern mit hoher MRSA-Prävalenz oder Einrichtungen mit bekannt hoher MRSA-Prävalenz in Deutschland),
- Dialysepatienten,
- Patienten mit einem stationären Krankenhausaufenthalt (>3 Tage) in den zurückliegenden 12 Monaten (in einem Krankenhaus in Deutschland oder in anderen Ländern),
- Patienten, die regelmäßig (beruflich) direkten Kontakt zu MRSA haben, wie z. B. Personen mit Kontakt zu landwirtschaftlichen Nutztieren (Schweine, Rinder, Geflügel),
- Patienten, die während eines stationären Aufenthaltes Kontakt zu MRSA-Trägern hatten (z. B. bei Unterbringung im gleichen Zimmer),
- Patienten mit chronischen Hautläsionen (z. B. Ulkus, chronische Wunden, tiefe Weichgewebeinfektionen),
- Patienten mit chronischer Pflegebedürftigkeit (z. B. Immobilität, Störungen bei der Nahrungsaufnahme/Schluckstörungen, Inkontinenz, Pflegestufe) und einem der nachfolgenden Risikofaktoren:
  - Antibiotikatherapie in den zurückliegenden 6 Monaten,
  - liegende Katheter (z. B. Harnblasenkatheter, PEG-Sonde, Trachealkanüle).

MRSA-Dekolonisierung
Die Kommission empfiehlt:
- für alle MRSA-Träger zu prüfen, ob eine Dekolonisierung indiziert und Erfolg- versprechend ist und ggf. einen Dekolonisierungsversuch vorzunehmen (Kat II);
- bei Patienten mit bekannter MRSA-Besiedlung vor Operationen/invasiven Eingriffen oder während intensivmedizinischer Behandlung nach Risikobeurteilung eine Dekolonisierung durchzuführen, auch wenn dekolonisierungshemmende Faktoren vorliegen (Kat II);
- eine MRSA-Dekolonisierung im Rahmen eines Maßnahmenbündels durchzuführen, das in der Regel die Dekolonisierung von Nase, Rachen und Haut in Verbindung mit Desinfektionsmaßnahmen der Umgebung berücksichtigt (Kat II);

Prävention nosokomialer Infektionen – Leitlinien und Empfehlungen

- die Verwendung von Nasensalbe mit geeigneter Mupirocin-Konzentration für die nasale Dekolonisierung als derzeitige Therapie/Behandlung der Wahl (Kat IB), wobei die Anwendung nach Herstellerangaben erfolgt (Kat IV, AMG), typischerweise 2- bis 3-mal täglich über 5 bis 7 Tage;
- alternativ, z. B. bei nachgewiesener Mupirocin-Resistenz des zu eradizierenden MRSA-Stammes, frustraner Dekolonisierung oder Unverträglichkeit von Mupirocin, die Verwendung eines topischen MRSA-wirksamen Antibiotikums oder Antiseptikums, z. B. PVP-Jod oder Octenidin, für die allerdings noch keine ausreichenden klinischen Daten zur Wirksamkeit vorliegen (Kat II);
- für die Dekolonisierungstherapie des Rachens die Verwendung eines oral zu applizierenden Antiseptikums (Kat II);
- für die Dekolonisierung der Haut die Durchführung antiseptischer Waschungen (Kat II) unter Einsatz eines Antiseptikums mit nachgewiesener Wirksamkeit (z. B. Listung in der VAH-Liste als Händewaschpräparat) und guter Hautverträglichkeit (Kat II);
- keine systemische Antibiotikatherapie zur Dekolonisierung als routinemäßigen Teil des Maßnahmenbündels zur MRSA-Dekolonisierung (Kat II), wobei in Einzelfällen eine systemische Therapie mit Antibiotika zur MRSA-Dekolonisierung unter Abwägung des Nutzen-Risiko-Verhältnisses in Erwägung gezogen werden kann (nur nach erfolgloser Anwendung topischer Maßnahmen, nur zusammen mit topischen Maßnahmen und nur mit Präparaten, deren Wirksamkeit gegen den zu eradizierenden MRSA-Stamm nachgewiesen wurde) (Kat II);
- begleitend zu den Dekolonisierungsmaßnahmen einen täglichen Austausch oder eine Desinfektion der unmittelbar am Körper getragenen oder verwendeten Gegenstände (z. B. Brillen, Rasierer, Zahnbürsten) inklusive der Wäsche (Kat II).

2.2 Hygienemaßnahmen im Rahmen der Behandlung und Pflege von Patienten mit einer Infektion durch SARS-CoV-2

Das Robert-Koch-Institut gibt hierzu (verkürzt) die nachfolgenden Empfehlungen (2020).

Basishygiene einschließlich Händehygiene
- Ein mehrlagiger medizinischer Mund-Nasen-Schutz (MNS) ist geeignet, die Freisetzung erregerhaltiger Tröpfchen aus dem Nasen-Rachen-Raum des Trägers zu behindern und dient primär dem Schutz des Gegenübers (Fremdschutz). Gleichzeitig kann er den Träger vor der Aufnahme von Tröpfchen oder Spritzern über Mund oder Nase, z. B. aus dem Nasen-Rachen-Raum des Gegenübers, schützen (Eigenschutz). Aufgrund dieser Eigenschaften wird das generelle Tragen von MNS durch sämtliches Personal mit direktem Kontakt zu besonders vulnerablen Personengruppen auch außerhalb der direkten Versorgung von COVID-19-Patienten aus Gründen des Patientenschutzes während der Pandemie empfohlen (erweiterte Basishygiene).
- In Innenräumen ist generell ein ausreichender Luftaustausch unter Zufuhr von Frischluft (z. B. durch regelmäßiges Lüften) bzw. von gefilterter Luft (RLT-Anlagen) zu gewährleisten.

Räumliche Unterbringung
- Einzelunterbringung in einem Isolierzimmer mit eigener Nasszelle.
- Die Nutzung eines Isolierzimmers mit Schleuse/Vorraum ist grundsätzlich zu bevorzugen.

- Eine gemeinsame Isolierung mehrerer Patienten ist unter bestimmten Bedingungen möglich, siehe hierzu die KRINKO-Empfehlung „Infektionsprävention im Rahmen der Pflege und Behandlung von Patienten mit übertragbaren Krankheiten".
- Risiken durch raumlufttechnische Anlagen, durch die eine Verbreitung des Erregers in Aerosolen auf andere Räume möglich ist, sind vor Ort zu bewerten und zu miniminieren. Ein ausreichender Luftaustausch im Patientenzimmer ist sicherzustellen.

Personalschutzmaßnahmen/Persönliche Schutzausrüstung
- Einsatz geschulten Personals für die Versorgung von COVID-19-Patienten, welches möglichst von der Versorgung anderer Patienten freigestellt wird.
- Verwendung von persönlicher Schutzausrüstung (PSA) bestehend aus Schutzkittel, Einweghandschuhen, mindestens dicht anliegender MNS bzw. Atemschutzmaske und Schutzbrille. Bei der direkten Versorgung von Patienten mit bestätigter oder wahrscheinlicher COVID-19 müssen gemäß den Arbeitsschutzvorgaben mindestens FFP2-Masken getragen werden (Biostoffverordnung in Verbindung mit der Technischen Regel für Biologische Arbeitsstoffe (TRBA) 250).
- Persönliche Schutzausrüstung vor Betreten des Patientenzimmers anlegen, und vor Verlassen der Schleuse/des Zimmers dort belassen.
- Händehygiene: Die bekannten Indikationen für die Händehygiene (Händedesinfektion bzw. in Handschuhwechsel) gemäß den 5 Momenten der Händehygiene beachten.
- Händedesinfektion mit einem Desinfektionsmittel mit nachgewiesener, mindestens begrenzt viruzider Wirksamkeit nach Ausziehen der Handschuhe und vor Verlassen des Zimmers.
- Einweghandschuhe bzw. -kittel vor Verlassen des Zimmers bzw. der Schleuse in einem geschlossenen Behältnis entsorgen.
- Beobachtung des Gesundheitszustandes des eingesetzten Personals.

Desinfektion und Reinigung
- Tägliche Wischdesinfektion der patientennahen (Handkontakt-) Flächen (z. B. Nachttisch, Nassbereich, Türgriffe) mit einem Flächendesinfektionsmittel mit nachgewiesener, mindestens begrenzt viruzider Wirksamkeit.
- Alle Medizinprodukte mit direktem Kontakt zum Patienten (z. B. EKG-Elektroden, Stethoskope, etc.) sind patientenbezogen zu verwenden und müssen nach Gebrauch desinfiziert werden.

Transport des Patienten innerhalb des Krankenhauses
- Ist ein Transport im Krankenhaus unvermeidbar, soll der Zielbereich vorab informiert werden. Der Transport soll als Einzeltransport erfolgen, dabei trägt der Patient einen Mund-Nasen-Schutz sofern es der Gesundheitszustand des Patienten zulässt.
- Zur persönlichen Schutzausrüstung des Personals siehe oben.
- Der Kontakt zu anderen Patienten oder Besuchern ist zu vermeiden.
- Unmittelbar nach den Maßnahmen in der Zieleinrichtung sind die Kontaktflächen und das Transportmittel vor erneuter Nutzung wie oben beschrieben zu desinfizieren (s. Desinfektion und Reinigung).

Krankentransport eines Erkrankten außerhalb des Krankenhauses
- Vor Beginn des Transportes ist das aufnehmende Krankenhaus über die Einweisung des Patienten und über seine Verdachtsdiagnose/Erkrankung zu informieren.

- Falls es der Gesundheitszustand des Patienten zulässt, sollte er mit einem Mund-Nasen-Schutz versorgt werden.
- Zur persönlichen Schutzausrüstung des Personals siehe oben.
- Unmittelbar nach Transport ist eine Wischdesinfektion sämtlicher zugänglicher Flächen und Gegenstände mit einem Flächendesinfektionsmittel (s. Desinfektion und Reinigung) durchzuführen.

Spezielle Maßnahmen im Operationssaal bei Umgang mit COVID-19 Patienten

Hierzu haben Bresler et al. (2020) folgenden Ablauf vorgeschlagen.

Anlegen der PSA, dies erfolgt möglichst zu zweit:
1. Bereitlegen der benötigten PSA, dabei Kleidungsgrößen beachten.
2. Hygienische Händedesinfektion mit einem zugelassenen Händedesinfektionsmittel.
3. Erste OP-Kopfhaube aufsetzen.
4. OP-Schuhe eventuell mit Überschuhen anziehen.
5. Erstes Paar sterile Handschuhe anziehen.
6. Zugelassene FFP2-, bevorzugt FFP3-Atemschutzmaske anlegen oder gebläseunterstützte Schutzhaube anlegen, diese jedoch erst in Schritt 9 aufsetzen.
7. Ersten flüssigkeitsdichten Schutzkittel anziehen, zubinden.
8. Zweite OP-Kopfhaube aufsetzen (entfällt bei gebläseunterstützter Schutzhaube).
9. Gesichtsschutz anlegen oder gebläseunterstützte Schutzhaube anlegen. Alternativ: Schutzbrille verwenden, leider beschlagen diese oft.
10. Chirurgische Händedesinfektion.
11. Zweiten flüssigkeitsdichten Schutzkittel anziehen, zubinden.
12. Zweites Paar sterile Handschuhe anziehen, Manschette der Schutzkleidung dabei überdecken.
13. Mit der Tätigkeit beginnen.

Beim Ablegen der PSA ist nicht wiederverwendbare PSA sofort in dafür vorgesehenen Abfallsammelbehälter zu entsorgen. Wiederverwendbare PSA sollte nach dem jeweiligen Klinikstandard in den dafür vorgesehenen Behältnissen zur Wiederaufbereitung gesammelt werden. Masken dürfen bei Nichtgebrauch nicht unter dem Kinn oder im Kittel getragen werden. Das Ablegen der PSA erfolgt ebenfalls möglichst zu zweit:

1. Zweites Paar Handschuhe ausziehen.
2. Hände desinfizieren.
3. Zweiten Kittel vorsichtig vom Körper weg ausziehen oder herunterzurollen.
4. Hände desinfizieren.
5. Überschuhe ausziehen.
6. Hände desinfizieren.
7. Gesichtsschutz oder Schutzhauben vom Kopf wegziehen und abnehmen.
   Nicht die Vorderseite des Gesichtsschutzes oder der Schutzbrille berühren.
8. Wenn vorhanden: Brille abnehmen.
9. Hände desinfizieren.
10. Ersten Kittel ablegen.
11. Erstes Paar Handschuhe ohne zusätzliche Kontamination der Hände ausziehen.
12. Chirurgische Händedesinfektion.
13. MNS und Atemschutzmaske: MNS vom Gesicht wegziehen und abnehmen. MNS vorher von den Ohren lösen. Nicht die Vorderseite des Atemschutzgeräts oder der Gesichtsmaske berühren.
14. Kopfhauben abnehmen und bei gebläseunterstützter Schutzhaube Gebläse ablegen.
15. Vor Verlassen der Schleuse Hände desinfizieren.

2.3 Chirurgische Händedesinfektion

Empfehlung der Kommission für Krankenhaushygiene und Infektionsprävention (KRINKO) beim Robert Koch-Institut (RKI) (2016)
– Für die chirurgische Händedesinfektion sind Alkohol basierte Formulierungen einzusetzen [Kat. IB], wobei keine zusätzliche tuberkulozide, fungizide oder viruzide Wirksamkeit benötigt wird. Die Einwirkungszeit ist gemäß Produktdeklarierung einzuhalten [Kat. IB/IV].
– Für den Einsatz von Präparaten mit Zusatz antimikrobiell remanent wirksamer Wirkstoffe kann wegen der ungeklärten Nutzen-Risiko-Bewertung derzeit keine Empfehlung gegeben werden [Kat. III]. Alkohol basierte Präparate mit Zusatz von PVP-Iod sind wegen der Schilddrüsengefährdung für die wiederholte Anwendung ungeeignet [Kat. IB]. Auch Alkohol basierte Präparate mit Zusatz von Chlorhexidin sind wegen erhöhter Irritabilität, dem Risiko von Allergien und Anaphylaxien sowie der Möglichkeit der Resistenzentwicklung für den täglichen Einsatz kritisch zu bewerten [Kat. II].
– Vor der am Operationstag erstmalig durchgeführten chirurgischen Händedesinfektion ist eine chirurgische Händewaschung unter Einschluss der Unterarme bis zum Ellenbogen mit nachfolgendem Abtrocknen mit nicht sterilem Einmalhandtuch oder Lufttrocknung durchzuführen. Bei nachfolgenden chirurgischen Händedesinfektionen ist die Händewaschung nicht erforderlich, sofern die Hände nicht sichtbar verschmutzt wurden [Kat. II].
– Es empfiehlt sich folgender Ablauf für die chirurgische Händedesinfektion: Zunächst werden die Hände, danach die Unterarme vollständig benetzt. Dem schließt sich die Händedesinfektionsphase mittels Einreibeverfahren an. Alle Bereiche der Hand müssen für die Dauer der deklarierten Einwirkungszeit (z. B. 1, 1,5, 3 oder 5 min) vom Desinfektionsmittel mittels eingeübter Einreibetechnik benetzt sein [Kat. II/IV].
– Die Hände sollen luftgetrocknet sein, bevor die OP-Handschuhe angelegt werden [Kat. II].

2.4 Prävention postoperativer Wundinfektionen

Die **Kommission für Krankenhaushygiene und Infektionsprävention (KRINKO)** beim Robert Koch-Institut empfiehlt unter anderem prä- und intraoperativ (2018):
– bei kardiochirurgischen und orthopädischen Operationen bei Patienten mit nasaler Kolonisation mit S. aureus eine präoperative Dekolonisation der Nase mit Mupirocin-Nasensalbe 2 % allein oder in Kombination mit einer Körperwaschung mit Chlorhexidingluconat durchzuführen (Kat. IB). Alternativ kann der Einsatz von Antiseptika für die Nase und die Haut bei diesen Patienten sinnvoll sein (Kat. II).
– diese Behandlung auch bei anderen Operationsarten mit einem hohen Anteil von S. aureus als Erreger von Wundinfektionen für S. aureus-Carrier vorzunehmen (Kat. II).
– die präoperative Verweildauer so kurz wie möglich zu halten (Kat. II).
– vor kolorektalen Operationen eine mechanische Darmentleerung in Verbindung mit oraler Antibiotikagabe durchzuführen (Kat. II).
– die Haut des Operationsgebietes des Patienten außerhalb der Operationsabteilung gründlich zu reinigen (Kat. II).
– Haare im Operationsgebiet mittels Kürzen der Haare und nicht durch Rasur zu entfernen (Kat. IA).
– als Mittel der Wahl für die chirurgische Händedesinfektion arzneilich zugelas-

sene alkoholbasierte Präparate anzuwenden (Kat. IB); der Zusatz eines remanent wirksamen Antiseptikums ist nicht erforderlich und erhöht das Risiko von Nebenwirkungen (Kat. II).
- im Operationsraum eine gründliche Antiseptik der Haut des Operationsgebietes mit einem Alkohol-basierten Hautantiseptikum durchzuführen (Kat. IA). Durch Zusatz eines remanent wirkenden Antiseptikums wird eine über die Wirkung von Alkohol hinaus anhaltende Wirkung erreicht (Kat. IB).
- nach der Antiseptik des OP-Feldes die Umgebung des Operationsgebietes steril abzudecken (Kat. IB). Bei Operationen, bei denen ein Durchfeuchten nicht auszuschließen ist, flüssigkeitsundurchlässige Abdeckungen zu verwenden (Kat. IB). Die Verwendung von nicht antiseptisch imprägnierten Inzisionsfolien wird nicht empfohlen (Kat. IB). OP-Ringfolien bieten nicht bei allen Operationen nachweisbare Vorteile in Bezug auf Prävention von SSI (surgical site infection, Wundinfektion) (Kat. II).

Die Kommission stellt fest
- Auf die Wahl zwischen Elektrokauter und Skalpell haben infektionspräventive Überlegungen keinen Einfluss (Kat. II).
- Eine passagere Hyperoxygenierung beim Patienten bleibt bezüglich der Infektionsvermeidung ohne durchgängig nachweisbaren Vorteil (Kat.III).
- Antiseptisch beschichtetes Nahtmaterial hat nur bei sehr hohen Ausgangs-SSI-Raten, bei Operationen der Kontaminationsklassen III und IV sowie bei multimorbiden Patienten einen die Infektionsgefahr reduzierenden Effekt (Kat. II).
- Die Versiegelung der Haut bietet gegenüber der konventionellen Antiseptik und Abdeckung keinen nachweisbaren Vorteil (Kat. III).
- OP-Handschuhe: Regelhaft muss im Lauf der Operation mit Perforationen oder Mikroperforationen gerechnet werden, sodass sich vor allem bei längerdauernden Operationen oder Operationen mit erhöhter Verletzungsgefahr das Tragen doppelter Handschuhe empfiehlt.
- Drainagen: Drainagen leiten Sekret ab und sollen damit zur Infektionsprophylaxe beitragen. Das wurde grundsätzlich nur für geschlossene Drainagensysteme gezeigt. Auch für diese ist der Vorteil bezüglich der Vermeidung einer SSI in den aktuellen Studien nicht mehr nachweisbar. Wunddrainagen sollen daher nicht routinemäßig, sondern nur bei gezielter Indikation und so kurzzeitig wie möglich eingesetzt werden. Offene Drainagen sind wegen des Infektionsrisikos nicht zu verwenden.

Die Kommission empfiehlt postoperativ
- die OP-Wunde am Ende der Operation mit einer sterilen Wundauflage abzudecken. Der erste Verbandwechsel ist nach etwa 48 h durchzuführen, sofern nicht Hinweise auf eine Komplikation zu einem früheren Verbandwechsel Anlass geben (Kat. IB).
- Ist danach die Wunde trocken und verschlossen, kann unter hygienischen Aspekten auf eine erneute sterile Wundabdeckung verzichtet werden (Kat. IB)

Die Kommission stellt fest
- Eine Surveillance der SSI ist verpflichtend (Kat. IA/IV).

Empfehlungen der WHO für intra- und postoperative Maßnahmen zur Verhinderung chirurgischer Wundinfektionen (Allegranzi et al. 2016).

Empfehlung 1: perioperative Oxygenierung
- Das Panel empfiehlt, dass erwachsene Patienten, die einer Allgemeinanästhesie mit endotrachealer Intubation für einen chirurgischen Eingriff unterzogen werden, eine intraoperative FiO_2 (in-

spiratorische Sauerstofffraktion) von 80 % erhalten sollten und, falls machbar, postoperativ für 2 bis 6 h, um das SSI-Risiko zu reduzieren (starke Empfehlung, mäßige Qualität der Evidenz).

Empfehlung 2: Aufrechterhaltung der Körpertemperatur (Normothermie)
− Das Panel empfiehlt Maßnahmen zur Patientenerwärmung im Operationssaal und während des chirurgischen Eingriffs mit dem Ziel, die SSI-Rate zu reduzieren (Empfehlung unter Vorbehalt, mäßige Qualität der Evidenz).

Empfehlung 3: Intensive perioperative Blutzuckerkontrolle
− Das Panel empfiehlt die Anwendung von Protokollen zur intensiven perioperativen Blutzuckerkontrolle für diabetische und nicht-diabetische Erwachsene, die sich einem chirurgischen Eingriff unterziehen, um das SSI-Risiko zu reduzieren (Empfehlung unter Vorbehalt, niedrige Qualität der Evidenz).

Empfehlung 4: Aufrechterhaltung eines adäquaten zirkulierenden Volumens (Normovolämie)
− Das Panel empfiehlt die zielgerichtete („goal-directed") Flüssigkeitstherapie intraoperativ, um das SSI-Risiko zu reduzieren (Empfehlung unter Vorbehalt, niedrige Qualität der Evidenz).

Empfehlung 7: Wundprotektoren
− Das Panel empfiehlt den Gebrauch von Wundprotektoren (OP-Ringfolien) bei sauber-kontaminierten, kontaminierten und schmutzigen abdominalchirurgischen Eingriffen in Betracht zu ziehen, um das SSI-Risiko zu reduzieren (Empfehlung unter Vorbehalt, sehr niedrige Qualität der Evidenz).

Empfehlung 8 und 9: Spülung der Inzisionswunde

− Das Panel empfiehlt, vor Verschluss die Spülung der Inzisionswunde mit einer wässrigen Povidon-Jod-Lösung zu erwägen, besonders bei sauberen und sauber-kontaminierten Wunden (Empfehlung unter Vorbehalt, niedrige Qualität der Evidenz); jedoch empfiehlt das Panel, dass eine Spülung der Inzisionswunde vor Verschluss mit einer antibiotikahaltigen Lösung nicht erfolgen sollte (Empfehlung unter Vorbehalt, niedrige Qualität der Evidenz). Für oder gegen die Empfehlung der Spülung von Inzisionswunden mit einer Kochsalzlösung vor Verschluss zur Prävention von SSIs gab es keine ausreichende Evidenz.

Empfehlung 10: Prophylaktische Unterdruck-Wundtherapie
− Das Panel empfiehlt die prophylaktische Unterdruck-Wundtherapie (pNPWT) von primär verschlossenen chirurgischen Inzisionen bei Hochrisiko-Wunden, um so SSI vorzubeugen, wobei die Ressourcen in Betracht zu ziehen sind (Empfehlung unter Vorbehalt, niedrige Qualität der Evidenz).

Empfehlung 11: antimikrobiell beschichtetes Nahtmaterial
− Das Panel empfiehlt den Gebrauch von Triclosan-beschichtetem Nahtmaterial, um das Risiko von SSIs zu senken, unabhängig von der Art des Eingriffs (Empfehlung unter Vorbehalt, mäßige Qualität der Evidenz).

Empfehlung 13 und 14: Antimikrobielle Prophylaxe bei Vorhandensein eines Drains und optimaler Zeitpunkt der Entfernung einer Wunddrainage
− Das Panel empfiehlt, die perioperative Antibiotikaprophylaxe nicht wegen dem Vorhandensein einer Wunddrainage fortzusetzen (Empfehlung unter Vorbehalt, geringe Qualität der Evidenz). Sie empfehlen des Weiteren, die Drainage

zu ziehen, wenn klinisch indiziert. Jedoch fanden sie keine Evidenz, um einen optimalen Zeitpunkt für die Entfernung der Wunddrainage empfehlen zu können (Empfehlung unter Vorbehalt, sehr geringe Qualität der Evidenz).

Empfehlung 15: Wundabdeckung
- Das Panel empfiehlt, keine Art der erweiterten Wundabdeckung [z. B. Hydrokolloide/Silber-imprägnierte/hydroaktive] über die Standardabdeckung hinaus bei primär verschlossenen chirurgischen Wunden zu verwenden, um so SSIs vorzubeugen (Empfehlung unter Vorbehalt, geringe Qualität der Evidenz).

Empfehlung 16: Postoperative Verlängerung der chirurgischen Antibiotikaprophylaxe
- Das Panel spricht sich gegen die Verlängerung der chirurgischen Antibiotikaprophylaxe nach Abschluss der Operation aus, um so SSIs zu verhindern (starke Empfehlung, mäßige Qualität der Evidenz).

Anmerkung zu Triclosan-beschichtetem Nahtmaterial:
Hunger et al. (2019) erstellten eine Metaanalyse auf Basis von 3 prospektiv randomisierten Studien und 3 nichtrandomisierten Studien mit insgesamt 2957 Patienten, in der ausschließlich bei kolorektalen Eingriffen Triclosan-beschichtetes Nahtmaterial hinsichtlich einer Reduzierung der postoperativen Wundinfektionsrate untersucht wurde. Die generelle Überlegenheit Triclosan-beschichteter Nahtmaterialien zur Prävention postoperativer Wundinfektionen ließ sich für die kolorektale Chirurgie in dieser Analyse nicht belegen. Die Befunde deuteten darauf hin, dass sich ein infektionsreduzierender Effekt eher bei Prozeduren mit geringerem Wundinfektionsrisiko, konkret bei laparoskopischer Chirurgie bzw. sauberen Eingriffen (Wundinfektionsklasse I und II), ergibt. Uchino et al. (2018) von der Japanischen Surgical Infection Society fanden in einer Metaanalyse von 10 randomisierten Studien eine Wundinfektionsrate von 160/1798 (8,9 %) bei Verwendung von beschichtetem Nahtmaterial vs. 205/1690 (12,1 %) bei nicht-beschichtetem Nahtmaterial. Die signifikante Reduktion der SSIs bei Verwendung von antimikrobiell beschichtetem Nahtmaterial wurde auch bei Eingriffen am Verdauungstrakt und in der kolorektalen Chirurgie beobachtet. Den Routineeinsatz von antimikrobiell beschichtetem Nahtmaterial wollten die Autoren bei fehlenden Daten zur Kosteneffektivität gleich wohl nicht empfehlen. Eine weitere Metaanalyse von 25 randomisierten Studien (RCTs) (11.957 Patienten) unterstützt hingegen die Empfehlung der WHO (Ahmed et al. 2019). Danach führt die Verwendung von Triclosan-beschichtetem Nahtmaterial zu einer signifikanten Reduktion der SSI-Rate (Risiko-Rate, RR 0,73 [95 % CI 0,65 bis 0,82]). Die Autoren empfahlen die Verwendung von Triclosan-beschichtetem Nahtmaterial speziell bei sauberen und kontaminierten Eingriffen.

Insgesamt ist die Datenlage uneinheitlich, es gibt keine klare infektionspräventive Evidenz für antiseptisch beschichtetes Nahtmaterial, welche einen universellen Einsatz begründen würde. Den zusätzlichen Einsatz antiseptisch beschichteten Nahtmaterials sollte man kritisch im Einzelfall für Einrichtungen, Fachdisziplinen und Operationsarten abwägen (Meyer et al. 2019).

2.5 Perioperative Antibiotikaprophylaxe

Arbeitskreis „Krankenhaus- und Praxishygiene" der AWMF.
Der Arbeitskreis „Krankenhaus- und Praxishygiene" der AWMF veröffentlichte hierzu eine S1 Leitlinie (2012). Das Infektionsrisiko für SSI ergibt sich u. a. aus dem

Grad der bakteriellen Besiedlung des Operationsgebietes. Dieses wird in vier Kontaminationsklassen zusammengefasst:
- Saubere (aseptische) Eingriffe: z. B. primär sterile Eingriffe, keine Eröffnung eines kontaminierten Hohlraumsystems (Respirations-, Gastrointestinal- und Urogenitaltrakt), aseptisches Operationsgebiet, atraumatische Operationstechnik, Verschluss der Wunde durch Primärnaht.
- sauber-kontaminierte Eingriffe (bedingt aseptisch): z. B. Eingriffe mit Eröffnung des Gastrointestinal-, Respirations- und Urogenitaltrakts ohne signifikante Kontamination, Wundverschluss ohne Drainage.
- kontaminierte Eingriffe: z. B. Eröffnung des infizierten Respirations- oder Urogenitaltrakts, Darmeröffnung, traumatische Wunden.
- verschmutzte (infizierte) Eingriffe: z. B. Eingriffe mit akuten bakteriellen Infektionen, traumatische Wunden mit devitalisiertem Gewebe, purulente Entzündung im Operationsgebiet, Fremdkörperentfernungen, Eröffnung von Abszessen, Eingriffe nach Darmperforation, nach verspäteter Behandlung (älter als 4 h), Wundverschluss mit anschließender Drainage.

Eine perioperative Antibiotikaprophylaxe (PAP) ist indiziert,
1. wenn aufgrund hoher Erregerexposition des Operationsgebiets das Risiko einer intraoperativen Kontamination mit nachfolgender SSI durch systemischen Erregereintrag gegeben ist (meist bei Vorliegen der Wundklassifikationen sauber-kontaminiert, kontaminiert und schmutzig),
2. bei sauberen Eingriffen mit Vorliegen eines zusätzlichen Risikofaktors wie Notfalloperationen, Osteosynthese, Rückenmarkchirurgie, offene Reposition und interne Fixation von Frakturen, Hochrisikooperationen, Operationen an großen Gelenken und bei offenen Frakturen, Einbau von Gefäß- und Gelenkimplantaten, Herzklappen sowie anderen alloplastischen Materialien und Ersatz bereits vorhandener Implantate wie Prothesen, künstliche Herzklappen u. a.,
3. bei sauberen Eingriffen mit Infektionsgefährdung aufgrund patienteneigener Risiken und als Folge erheblicher Morbidität oder Letalität, z. B. Eingriffe bei immunsupprimierten Patienten, bei Patienten mit schweren Grunderkrankungen, bei Patienten mit hohem ASA-Score, Vorbestrahlung, Unterkühlung.

Durchführung und Dauer der PAP
- Die Applikation des Antibiotikums kann intravenös oder oral erfolgen; bei der Operation muss ein ausreichender Wirkspiegel im Operationsgebiet gewährleistet sein. Bei oraler Gabe ist die orale Bioverfügbarkeit zu beachten. Die therapiewirksamen Gewebespiegel müssen zum Operationsbeginn und bis zum Operationsende gewährleistet sein.
- Das gewünschte „Prophylaxefenster" umfasst den Zeitraum vom Operationsbeginn bis zum Operationsende. Die erste Dosis des Antibiotikums muss daher rechtzeitig vor dem Operationsbeginn gegeben werden (z. B. bei parenteraler Gabe von Cephalosporinen 30–60 min vor Operationsbeginn). Der späteste Zeitpunkt für die PAP ist intraoperativ bei Auftreten von Komplikationen. Bei Eingriffen an Extremitäten in Blutleere wird das Antibiotikum 10 min vor Anlage der Blutsperre und eine Folgedosis nach Eröffnung der Blutsperre empfohlen.
- Eine einmalige Antibiotikagabe ist in der Regel für eine effektive Prophylaxe bei einer Operationsdauer von weniger als 2 h ausreichend und einer darüberhinausgehenden mehrmaligen Gabe von Antibiotika nicht unterlegen. Eine Applikation nach Wundverschluss hat keinen Einfluss auf die Infektionsrate. Bei

starkem Blutverlust (>1 L) oder länger dauernden Operationen muss in Abhängigkeit von der Halbwertzeit des applizierten Antibiotikums eine Folgedosis verabreicht werden. Diese wird in der Regel erforderlich, wenn der Eingriff länger dauert als die doppelte Halbwertszeit des Antibiotikums ausmacht

Surgical Infection Society Guidelines
Diese klinischen Praxisleitlinien wurden von der American Society of Health-System Pharmacists (ASHP), der Infectious Diseases Society of America (IDSA), der Surgical Infection Society (SIS) und der Society for Healthcare Epidemiology of America (SHEA) entwickelt (Bratzler et al. 2013). Sie machen Angaben zur perioperativen Antibiotikaprophylaxe bei spezifischen Eingriffen, unter anderem:

Herzchirurgische Eingriffe:
- das empfohlene Vorgehen ist eine Einzelgabe von Cefazolin oder Cefuroxim vor Inzision, mit angemessener intraoperativer Wiederholung. Es gibt keine Evidenz, die die Fortsetzung der Prophylaxe bis zur Entfernung aller Drains und innliegenden Katheter unterstützt.

Insertion von kardialen Geräten:
- eine Einzelgabe von Cefazolin oder Cefuroxim wird bei Geräteimplantation oder Generatorersatz in einem permanenten Schrittmacher, implantablen Cardioverter Defibrillator oder Gerät zur kardialen Resynchronisationstherapie empfohlen (Stärke der Evidenz für Prophylaxe=A).

Thorakale Eingriffe:
- Bei Patienten, die sich einem thorakalen Eingriff unterziehen, wird die Einmalgabe von Cefazolin oder Ampicillin-sulbactam empfohlen. Clindamycin oder Vancomycin sind eine akzeptable Alternative bei Patienten mit dokumentierter b-lactam Allergie.

Gastroduodenale Eingriffe:
- Eine Einmalgabe von Cefazolin wird bei Eingriffen empfohlen, bei denen das Lumen des Intestinaltrakts eröffnet wird (Stärke der Evidenz für Prophylaxe=A).

Eingriffe an den Gallenwegen:
- Eine einzelne Dosis von Cefazolin sollte bei Patienten, die sich einem offenen Eingriff an den Gallenwegen unterziehen, gegeben werden (Stärke der Evidenz für Prophylaxe=A). Alternativen schließen Ampicillin-sulbactam und andere Cephalosporine (Cefotetan, Cefoxitin, Ceftriaxon) ein. Eine antimikrobielle Prophylaxe ist nicht notwendig bei Patienten mit niedrigem Risiko, die sich einer laparoskopischen Cholezystektomie unterziehen (Stärke der Evidenz gegen eine Prophylaxe bei Patienten mit niedrigem Risiko=A). Eine antimikrobielle Prophylaxe ist empfohlen bei Patienten mit erhöhtem Risiko für infektiöse Komplikationen, die sich einer laparoskopischen Cholezystektomie unterziehen (Notfalleingriff, Diabetes, vermutetes Risiko von intraoperativer Gallenblasenruptur oder Konversion, Alter > 70 Jahre, Länge des Eingriffs > 120 min, Reeingriff, akute Cholecystitis).

Appendektomie:
- Für die unkomplizierte Appendizitis ist das empfohlene Vorgehen die Einmalgabe eines Cephalosporins mit Aktivität gegen Anaerobier (Cefoxitin oder Cefotetan) oder die Einmalgabe eines Cephalosporins der ersten Generation (Cefazolin) + Metronidazol.

Eingriffe am Dünndarm:
- Für Dünndarmeingriffe ohne Obstruktion ist das empfohlene Vorgehen die

Einmalgabe eines Cephalosporins der ersten Generation (Cefazolin). Für Dünndarmeingriffe mit intestinaler Obstruktion ist das empfohlene Vorgehen die Einmalgabe eines Cephalosporins mit Aktivität gegen Anaerobier (Cefoxitin oder Cefotetan) oder die Kombination eines Cephalosporins der ersten Generation (Cefazolin) + Metronidazol.

Hernioplastik:
- Für Patienten mit einer Mesh-Implantation oder Patienten mit Herniorrhaphie (Versorgung der Hernie mit einer Naht) wird die Einmalgabe eines Cephalosporins der ersten Generation (Cefazolin) empfohlen.

Kolorektale Eingriffe:
- Für Dickdarmeingriffe wird die Einmalgabe eines Cephalosporins mit Aktivität gegen Aerobier und Anaerobier (Cefoxitin oder Cefotetan) oder Cefazolin + Metronidazol empfohlen. In Institutionen, wo eine zunehmende Resistenz gegen Cephalosporine der ersten und zweiten Generation bei gramnegativen Isolaten besteht, empfiehlt das Expertengremium eine Einmalgabe von Ceftriaxon + Metronidazol dem Routineeinsatz von Carbapenem vorzuziehen. Eine Alternative ist Ampicillin-sulbactam. Bei den meisten Patienten sollte die mechanische Darmvorbereitung zusätzlich zur intravenösen Prophylaxe verbunden werden mit einer Kombination von oralem Neomycinsulfat + oraler Erythromycin-Base oder Neomycinsulfat + orales Metronidazol. Die orale antimikrobielle Behandlung sollte in 3 Dosen über ca. 10 h verabreicht werden, am Nachmittag und Abend vor der Operation und nach der mechanischen Darmvorbereitung.

Lebertransplantation:
- Die empfohlenen Substanzen für Patienten, die sich einer Lebertransplantation unterziehen, sind (1) Piperacillin-tazobactam und (2) Cefotaxim + Ampicillin (Stärke der Evidenz für die Prophylaxe = B). Die Dauer der Prophylaxe sollte auf 24 h oder weniger begrenzt werden.

Pankreas- und Pankreas-Nierentransplantation:
- Das empfohlene Regime für Patienten mit Pankreas- und simultaner Pankreas-Nierentransplantation ist Cefazolin (Stärke der Evidenz für die Prophylaxe = A). Die Dauer der Prophylaxe sollte auf 24 h oder weniger begrenzt werden.

Nierentransplantation:
- Die empfohlene Substanz für Patienten mit Nierentransplantation ist Cefazolin (Stärke der Evidenz für die Prophylaxe = A). Die Dauer der Prophylaxe sollte auf 24 h oder weniger begrenzt werden.

2.6 Postoperative Wundabdeckung und Duschen

Zu der Frage, ob – und wenn überhaupt wie – eine Wunde bei angestrebter Primärheilung abgedeckt werden soll, haben Dumville et al. (2016) einen Cochrane Review erstellt. Es gab keine genügende Evidenz dafür, dass die Abdeckung einer Wunde nach Primärnaht mit einem Verband (gleich welcher Art) das postoperative Wundinfektionsrisiko beeinflusst im Vergleich zu einem Vorgehen, bei dem die Wunde nicht abgedeckt wird. Dies galt auch für das Ziel einer verbesserten Narbenbildung. Der Wundverband nach Primärnaht ist der Präferenz von Patient und Chirurg überlassen.

Ein zweiter Cochrane Review überprüfte den Nutzen einer Unterdruck-Wundtherapie (Negative pressure wound therapy. NPWT) im Vergleich zu einer Standardabdeckung bei Wunden, die nach einem chirurgischen Eingriff primär verschlossen wurden. Basis waren 44 randomisierte Studien mit insgesamt 7447 Patienten (Norman et al. 2020). Die Autoren kamen zu dem Schluss, dass Patienten, bei denen die Wunde primär verschlossen und anschließend prophylaktisch mit NPWT versorgt wird, wahrscheinlich weniger Wundinfektionen entwickeln als Patienten mit einer Standardwundabdeckung (Evidenz von mäßiger Gewissheit).

Eine weitere Frage ist, ab wann eine Wunde geduscht werden kann. In einer randomisierten Studie schlossen Hsieh et al. (2016) Patienten mit sauberen und sauber-kontaminierten Eingriffen ein. Das Duschen der Wunde nach 48 h erhöhte nicht das Wundinfektionsrisiko, verbesserte aber die Patientenzufriedenheit. Die Ergebnisse wurden in einer systematischen Übersicht mit Metaanalyse bestätigt: das Duschen an Tag 2 pOp führt im Vergleich zu einem späteren Wundduschen nicht zu einer erhöhten Wundkomplikationsrate (Copeland-Halperin et al. 2020).

2.7 Selektive Dekontamination des Verdauungstrakts (SDD)

Intensivstation
Die selektive Dekontamination des Digestionstrakts gilt in den Niederlanden als Standardmaßnahme zur Infektionsprophylaxe auf der Intensivstation, hat sich aber in anderen Ländern nur sporadisch durchgesetzt (Wittekamp et al. 2020). Das Prinzip besteht in der selektiven oropharyngealen Dekontamination (SOD) durch topische viermal-tägliche Applikation einer nicht-absorbierbaren Mundpaste (einer Kombination von Colistin, Tobramycin und Amphotericin/Nystatin) sowie bei der selektiven Dekontamination des Digestionstrakts (SDD) in der zusätzlichen Darmdekontamination durch Applikation dieser Suspension über eine nasogastrische Sonde. Des Weiteren wird über 4 Tage ein Cephalosporin (gewöhnlich Cefotaxim) intravenös verabreicht (Wittekamp et al. 2020; Platinga et al. 2018). In einer Literaturübersicht kamen Wittekamp et al. (2020) zu dem Schluss, dass in Einheiten, in denen die Prävalenz der Antibiotikaresistenz niedrig ist, die SDD konstant mit einer geringeren Antibiotikaresistenz und verbessertem Patienten-Outcome assoziiert ist. Diese Aussage basiert auf einer Metaanalyse von 6 Studien mit 17.884 Intensivstationsaufnahmen, durchgeführt in Ländern mit geringer Antibiotikaresistenz (Platinga et al. 2018). In dieser Untersuchung führten die SDD und die SOD zu einem verbesserten Krankenhaus- und Intensivstationsüberleben verglichen mit einer Standardbehandlung sowohl bei internistischen als auch bei chirurgischen Patienten. Dabei war die SDD effektiver als die alleinige SOD. Ein verbessertes Patienten-Outcome auf der Intensivstation konnte hingegen in einer Umgebung mit mittlerer bis hoher Prävalenz von Antibiotikaresistenz mittels SDD nicht erreicht werden. In einer randomisierten Multizenterstudie mit 8665 Patienten führten die Anwendung einer Mundwaschung mit 1 % Chlorhexidin + SOD oder SDD zu keinen signifikanten Unterschieden in den Intensivstations-erworbenen Blutstrominfektionen mit multiresistenten gramnegativen Bakterien, verglichen mit Chlorhexidin-Körperwaschung und Handhygiene (Wittekamp et al. 2018).

Die Aussage zu Chlorhexidin geht nicht völlig konform mit einer anderen Metaanalyse von 4 Studien mit allerdings kleinen Fallzahlen. In dieser Erhebung erhielten unter 2265 Patienten mit herzchirurgischen Elektiveingriffen 1093 (48,3 %) präoperativ eine Chlorhexidin-Mundwaschung, die in 3 Studien postoperativ fortgesetzt wurde. Im Vergleich zur Kontrolle ließ sich mit der Chlorhexidin-Mundwaschung eine signifikante Senkung der postoperativen Pneumonierate und Rate an nosokomialen Infektionen erreichen, allerdings ohne Unterschiede in der Klinikletalität (Spreadborough et al. 2016). Bei der Einfachheit dieser Maßnahme sollte sie großzügig angewendet werden (Pedersen et al. 2016).

Gastrointestinale Eingriffe
Es liegen nur wenige neuere Erhebungen vor. In eine systematische Übersicht von Roos et al. (2013) gingen 8 randomisierte Studien ein, mit insgesamt 1668 Teilnehmern (828 in der SDD Gruppe, 840 in der Kontrollgruppe), in der die SDD bei Elektiveingriffen im oberen und unteren Gastrointestinaltrakt mit einer alleinigen systemischen perioperativen Antibiotikatherapie verglichen wurde. Mit der SDD wurde in diesen Studien 1 bis 2 Tage vor dem Eingriff begonnen. In dieser Untersuchung führte die SDD zu einer signifikanten Reduktion der Infektionsraten und der Anastomoseninsuffizienzen. Die perioperative Sterblichkeit wurde hingegen nicht beeinflusst. Kritisch merken die Autoren an, dass die Mehrzahl der inkludierten Studien vor dem Jahr 2007 durchgeführt worden war und ERAS-Protokolle nicht inkludierten. Ob demnach SDD positive Effekte zusätzlich zu einem ERAS-Protokoll hat, ist nicht geklärt.

In der randomisierten SELECT-Studie (Abis et al. 2019) wurde untersucht, ob eine SDD die Rate an Nahtinsuffizienzen in der kolorektalen Chirurgie senken kann. In dieser Studie erhielten 244 Patienten für 3 Tage vor dem Eingriff eine SDD und zusätzlich eine perioperative Antibiose (Einmalgabe), die Patienten der Kontrolle (n = 241) erhielten lediglich die perioperative Antibiotikaprophylaxe. Die Studie wurde vorzeitig abgebrochen, da die Zwischenanalyse zeigte, dass die Stärke der Studie nicht ausreichte, um zu belegen, dass sich mit der SDD die Nahtinsuffizienzrate im Vergleich zur Kontrolle signifikant senken ließ (primärer Studienendpunkt). Hinsichtlich der Wundinfektionsrate schnitt die SDD-Gruppe allerdings statistisch signifikant günstiger ab. Eine eindeutige Empfehlung für die SDD in der kolorektalen Chirurgie ließ sich aus dieser Studie nicht ableiten.

Literatur

Abis GSA, Stockmann HBAC, Bonjer HJ et al (2019) Randomized clinical trial of selective decontamination of the digestive tract in elective colorectal cancer surgery (SELECT trial). Br J Surg 106:355–363

Ahmed I, Boulton AJ, Rizvi S et al (2019) The use of triclosan-coated sutures to prevent surgical site infections: a systematic review and meta-analysis of the literature. BMJ Open 9:e029727

Allegranzi B, Zayed B, Bischoff P et al (2016) New WHO recommendations on intraoperative and postoperative measures for surgical site infection prevention: an evidence-based global perspective. Lancet Infect Dis 16(12):e288–e303

Arbeitskreis „Krankenhaus- und Praxishygiene" der AWMF (2012) Perioperative Antibiotikaprophylaxe. AWMF-Register Nr. 029/022. S1IDA, Klasse

Bratzler DW, Dellinger EP, Olsen KM et al (2013) Clinical practice guidelines for antimicrobial prophylaxis in surgery. Surg Infect (Larchmt) 14:73–156

Bresler A-M, Bischoff MS, Böckler D (2020) SARS-CoV-2 – Wie kann und muss sich medizinisches Personal schützen? Gefässchirurgie 25:423–432

Copeland-Halperin LR, Reategui Via Y, Rada ML, Levy J, Shank N, Funderburk CD, Shin JH (2020) Does the timing of postoperative showering impact infection rates? A systematic review and meta-analysis. J Plast Reconstr Aesthet Surg 73:1306–1311

Dumville JC, Gray TA, Walter CJ, Sharp CA, Page T, Macefield R, Blencowe N, Milne TK, Reeves BC, Blazeby J (2016) Dressings for the prevention of surgical site infection. Cochrane Database Syst Rev 12(12):CD003091

Empfehlung der Kommission für Krankenhaushygiene und Infektionsprävention (KRINKO) beim Robert Koch-Institut (2014) Empfehlungen zur Prävention und Kontrolle von Methicillinresistenten Staphylococcus aureus-Stämmen (MRSA) in medizinischen und pflegerischen Einrichtungen. Bundesgesundheitsbl 57:696–732

Empfehlung der Kommission für Krankenhaushygiene und Infektionsprävention (KRINKO) beim Robert Koch-Institut (RKI) (2016) Händehygiene in Einrichtungen des Gesundheitswesens. Bundesgesundheitsbl 59:1189–1220

Empfehlung der Kommission für Krankenhaushygiene und Infektionsprävention (KRINKO) beim Robert Koch-Institut (2018) Prävention postoperativer Wundinfektionen. Bundesgesundheitsbl 61:448–473

Hunger R, Mantke A, Herrmann C, Mantke R (2019) Triclosan-beschichtete Nahtmaterialien in der kolorektalen Chirurgie: Bewertung und Metaanalyse zu den Empfehlungen der WHO-Richtlinie. Chirurg 90:37–46

Hsieh PY, Chen KY, Chen HY et al (2016) Postoperative showering for clean and clean-contaminated wounds: a prospective, randomized controlled trial. Ann Surg 263:931–936

Meyer E, Scheithauer S, Dresselhaus I (2019) Antiseptisch beschichtetes Nahtmaterial gute Evidenz oder nur gutes Marketing? Krankenhaushygiene up2date 14:283–296

Norman G, Goh EL, Dumville JC, Shi C, Liu Z, Chiverton L, Stankiewicz M, Reid A (2020) Negative pressure wound therapy for surgical wounds healing by primary closure. Cochrane Database Syst Rev 6(6):CD009261

Pedersen PU, Larsen P, Håkonsen SJ (2016) The effectiveness of systematic perioperative oral hygiene in reduction of postoperative respiratory tract infections after elective thoracic surgery in adults: a systematic review. JBI Database System Rev Implement Rep 14:140–173

Plantinga NL, de Smet AMGA, Oostdijk EAN et al (2018) Selective digestive and oropharyngeal decontamination in medical and surgical ICU patients: individual patient data meta-analysis. Clin Microbiol Infect 24:505–513

Robert Koch Institut (2020) Empfehlungen des RKI zu Hygienemaßnahmen im Rahmen der Behandlung und Pflege von Patienten mit einer Infektion durch SARS-CoV-2.Stand 9.9.2020. ► www.rki.de/DE/Content/InfAZ/N/Neuartiges_Coronavirus/Hygiene.html

Roos D, Dijksman LM, Tijssen JG, Gouma DJ, Gerhards MF, Oudemans-van Straaten HM (2013) Systematic review of perioperative selective decontamination of the digestive tract in elective gastrointestinal surgery. Br J Surg 100:1579–1588

Spreadborough P, Lort S, Pasquali S et al (2016) A systematic review and meta-analysis of perioperative oral decontamination in patients undergoing major elective surgery. Perioper Med (Lond) 5:6

Uchino M, Mizuguchi T, Ohge H et al (2018) The Efficacy of Antimicrobial-Coated Sutures for Preventing Incisional Surgical Site Infections in Digestive Surgery: a Systematic Review and Meta-analysis. J Gastrointest Surg 22:1832–1841

Wittekamp BH, Plantinga NL, Cooper BS et al (2018) Decontamination strategies and bloodstream infections with antibiotic-resistant microorganisms in ventilated patients: a randomized clinical trial. JAMA 320:2087–2098

Wittekamp BHJ, Oostdijk EAN, Cuthbertson BH, Brun C, Bonten MJM (2020) Selective decontamination of the digestive tract (SDD) in critically ill patients: a narrative review. Intensive Care Med 46:343–349

Intravasale Volumentherapie

Reinhart T. Grundmann und Benjamin Kues

Inhaltsverzeichnis

3.1   S3-Leitlinie „Intravasale Volumentherapie beim Erwachsenen" (DGAI 2014) – 26

3.2   British Consensus Guidelines – 27

Literatur – 28

© Der/die Autor(en), exklusiv lizenziert durch Springer-Verlag GmbH,
DE, ein Teil von Springer Nature 2021
R. T. Grundmann und E. S. Debus (Hrsg.), *Evidenzbasiertes perioperatives Management in der Viszeralchirurgie*,
Evidenzbasierte Chirurgie, https://doi.org/10.1007/978-3-662-62848-5_3

3.1 S3-Leitlinie „Intravasale Volumentherapie beim Erwachsenen" (DGAI 2014)

Unterschiede zwischen Kolloiden und Kristalloiden bei periinterventionellen Patienten
- Aufgrund der vorliegenden Daten gibt es keinen Hinweis, dass der periinterventionelle Einsatz von 6 % HES130/Gelatine/Albumin mit einer periinterventionellen Nierendysfunktion assoziiert ist.
- Bei der peri-interventionellen Therapie der akuten Hypovolämie können kolloidale Lösungen (6 % HES130 und Gelatine) gleichberechtigt zu Kristalloiden als Volumenersatz verwendet werden.
- Beim periinterventionellen Volumenersatz sollten balanzierte kristalloide bzw. balanzierte kolloidale Lösungen verwendet werden.

Unterschiede zwischen den Kolloiden bei periinterventionellen Patienten
- Aufgrund der niedrigen Ereignisraten zu dem Endpunkt „Sterblichkeit" und unzureichender Daten zu wesentlichen Morbiditätsendpunkten können aus der Literatur keine Empfehlungen für den bevorzugten Einsatz einer Kolloid-Gruppe (Humanalbumin, Gelatine und HES) abgeleitet werden.
- Bei bestehender Indikation zur Gabe eines kolloidalen Volumenersatzmittels können Humanalbumin, Gelatine und HES gleichberechtigt zum periinterventionellen Volumenersatz erwogen werden.

Unterschiede zwischen den Kristalloiden bei periinterventionellen Patienten
- Aufgrund der niedrigen Ereignisraten zum Endpunkt Letalität und unzureichender Daten aus kontrollierten Studien zu wesentlichen Morbiditätsendpunkten können aus der Literatur keine Empfehlungen für den bevorzugten Einsatz einer kristalloiden Lösung abgeleitet werden.
- Isotone Kochsalzlösung soll zum periinterventionellen Volumenersatz nicht verwendet werden.
- Balanzierte kristalloide isotone Vollelektrolyt-Lösungen sollen periinterventionell zum Volumenersatz verwendet werden.
- Balanzierte Infusionslösungen mit Azetat oder Malat statt Laktat können durch fehlenden Einfluss auf diagnostische Parameter im Behandlungsalgorithmus zum Volumenersatz bei periinterventionellen Patienten erwogen werden.

Unterschiede zwischen Kolloiden und Kristalloiden bei ICU-Patienten
- Prinzipiell sollte der Volumenersatz beim Intensivpatienten mit kristalloiden Lösungen erfolgen.
- HES soll derzeit bei kritisch kranken Patienten nicht verwendet werden. Im hämorrhagischen Schock ist der Einsatz kritisch abzuwägen.
- Wenn nach Einschätzung des Arztes eine akute Hypovolämie allein mit Kristalloiden nicht ausreichend therapiert werden kann, können darüber hinaus Gelatine und Humanalbumin zum Einsatz kommen.

Anmerkung:
Eine Risiko-Nutzenbewertung durch das Pharmacovigilance Risk Assessment Committee (PRAC) der European Medicines Agency (EMA) empfahl im Juni 2013, dass HES-Lösungen nur zur Behandlung des akuten Blutverlustes verwendet werden sollten, wenn Kristalloide allein als nicht ausreichend angesehen werden. Zwar haben Studien gezeigt, dass HES sicher in der intraoperativen Periode und bei Traumapatienten eingesetzt werden kann, um einen Blutverlust zu kompensieren. Dies gilt aber nicht für den Flüssigkeitsersatz auf der Intensivstation. In einer randomisierten Studie mit 7000 Patienten konnten Myburgh et al.

(2012) belegen, dass eine Flüssigkeitsersatztherapie mit 6 % HES (130/0,4) im Vergleich zu einer Kochsalzlösung dem Patienten auf der Intensivstation keinen klinischen Nutzen bringt, im Gegenteil, die Rate an Patienten mit Nierenersatztherapie war in der HES-Gruppe höher. Umgekehrt wurden in einer prospektiven Beobachtungsstudie auf 65 deutschen Intensivstationen bei insgesamt 4500 Patienten keine negativen Auswirkungen hinsichtlich Nierenfunktion oder Überleben beobachtet, wenn die Patienten postoperativ neben Kristalloiden auch Kolloide (hauptsächlich 6 % HES 130/04) zur Flüssigkeitstherapie erhielten (Ertmer et al. 2018). Bis weitere Studien vorliegen, ist die Diskussion nicht abgeschlossen (Laake et al. 2018; Weiss et al. 2018).

3.2 British Consensus Guidelines

Unter den verschiedenen Leitlinien sind die British Consensus Guidelines on Intravenous Fluid Therapy for Adult Surgical Patients (GIFTASUP) (2018) von besonderer praktischer Relevanz. Sie empfehlen:

- Empfehlung 1: Wenn eine kristalloide Wiederbelebung oder Ersatz indiziert sind, sollten balanzierte Salzlösungen (z. B. Ringer`s Laktat/Azetat oder Hartmann-Lösung) eine 0,9 % Kochsalzlösung ersetzen aufgrund des Risikos, in der Routine eine hyperchlorämische Azidose zu induzieren. Ausnahme sind Fälle von Hypochlorämie, z. B. bei Erbrechen oder Magendrainage. (Evidenzlevel 1b)
- Empfehlung 2: Lösungen wie 4 %/0,18 % Dextrose/Kochsalz und 5 % Dextrose sind wichtige Quellen, um freies Wasser aufrechtzuerhalten, aber sollten mit Vorsicht angewandt werden, da exzessive Mengen eine gefährliche Hyponatriämie auslösen können, speziell bei Kindern und Älteren. Diese Lösungen sind zur Wiederbelebung oder Ersatztherapie nicht geeignet mit Ausnahme von Situationen mit signifikantem freiem Wasser-Defizit, z. B. bei Diabetes insipidus. (Evidenzlevel 1b)
- Empfehlung 3: Um den Erhaltungsbedarf zu decken, sollten erwachsene Patienten am Tag 50–100 mmol Natrium, Kalium 40–80 mmol in 1,5 bis 2,5 L Wasser oral, enteral oder parenteral (oder in Kombination der Zugangswege) erhalten. Zusätzliche Mengen sollten nur gegeben werden, um Defizite oder fortlaufende Verluste zu korrigieren. Es sollte ein sorgfältiges Monitoring erfolgen mittels klinischer Untersuchung, Flüssigkeitsbilanz-Listen und regelmäßiger Gewichtsmessung, wenn möglich. (Evidenzlevel 5).

Präoperatives Flüssigkeitsmanagement
- Empfehlung 6: Die routinemäßige mechanische Darmvorbereitung ist nicht nützlich und kann das intra- und postoperative Management von Flüssigkeit- und Elektolytbalance komplizieren. Die Anwendung sollte, wenn immer möglich vermieden werden. (Evidenzlevel 1a).
- Empfehlung 8: Exzessive Verluste aufgrund von Magenaspiration/Erbrechen sollten präoperativ mit einer geeigneten kristalloiden Lösung therapiert werden, die einen geeigneten Kaliumzusatz enthält. Hypochlorämie ist eine Indikation für eine 0,9 % NaCl-Lösung, mit genügend Kaliumzusatz und Vorsicht, nicht eine Kochsalz- Überlastung zu produzieren. Verluste aufgrund von Diarrhoe/Ileostoma/Dünndarmfistel/Ileus/Obstruktion sollten Volumen für Volumen mit Hartmanns- oder Ringer-Laktat/Azetat-Typ-Lösungen ersetzt werden. Eine „Kochsalz-Verarmung", z. B. aufgrund exzessiver Diuretika-Behandlung, wird am besten durch balanzierte Elektrolytlösung wie Hartmanns behandelt.

- Empfehlung 9: Bei chirurgischen Hochrisikopatienten sollte auf die präoperative Behandlung mit intravenöser Flüssigkeit und inotropen Medikamenten abgezielt werden, um zuvor festgelegte Ziele des Herzzeitvolumens und der Sauerstoffversorgung zu erreichen, da dies das Überleben verbessern kann. (Evidenzlevel 1b).
- Empfehlung 12: Wenn Zweifel an der Diagnose Hypovolämie bestehen und der zentrale Venendruck nicht erhöht ist, sollte die Reaktion auf eine Bolusinfusion von 200 ml eines geeigneten Kolloids oder Kristalloids überprüft werden. Die Reaktion sollte anhand des Herzzeitvolumens und des Schlagvolumens des Patienten bestimmt werden, gemessen mit Fluss-basierter Technologie, falls vorhanden. Alternativ kann die klinische Reaktion mittels Bestimmung/Abschätzung von Puls, kapillärer Füllung, zentralem Venendruck und Blutdruck vor und 15 min nach Infusion überprüft werden. Dieses Vorgehen sollte so lange wiederholt werden, bis es zu keiner weiteren Zunahme des Schlagvolumens und Verbesserung der klinischen Parameter kommt. (Evidenzlevel 1b)

Intraoperatives Flüssigkeitsmanagement
- Empfehlung 13: Bei Patienten, die irgendeiner Art von orthopädischem und bauchchirurgischem Eingriff unterzogen werden, sollte eine Behandlung mit intravenöser Flüssigkeit erfolgen, um – falls möglich – einen optimalen Wert des Schlagvolumens zu erreichen, da dies postoperative Komplikationsraten und Krankenhausaufenthaltsdauer reduzieren kann. (Evidenzlevel Orthopädie 1b; Abdominalchirurgie 1a).
- Empfehlung 14: Patienten, die einem nicht-elektiven größeren bauchchirurgischen oder orthopädischen Eingriff unterzogen werden, sollten intravenöse Flüssigkeit erhalten, um einen optimalen Wert des Schlagvolumens zu erzielen, während und für die ersten 8 h nach dem Eingriff. Dies kann durch eine niedrigdosierte Dopexamininfusion ergänzt werden (Evidenzlevel 1b).

Literatur

British Consensus Guidelines on Intravenous Fluid Therapy for Adult Surgical Patients (GIFTASUP). Last Updated: 13 February 2018. ▶ https://www.bapen.org.uk/resources-and-education/education-and-guidance/bapen-principles-of-good-nutritional-practice/giftasup?start=1

Deutsche Gesellschaft für Anästhesiologie und Intensivmedizin (federführend) (2014) S3-Leitlinie „Intravasale Volumentherapie beim Erwachsenen". AWMF-Register- Nummer 001–020

Ertmer C, Zwißler B, Van Aken H et al (2018) Fluid therapy and outcome: a prospective observational study in 65 German intensive care units between 2010 and 2011. Ann Intensive Care 8:27

Laake JH, Tønnessen TI, Chew MS et al (2018) The SSAI fully supports the suspension of hydroxyethyl-starch solutions commissioned by the European Medicines Agency. Acta Anaesthesiol Scand 62:874–875

Myburgh JA, Finfer S, Bellomo R et al (2012) Hydroxyethyl starch or saline for fluid resuscitation in intensive care [published correction appears in N Engl J Med. 2016 Mar 31;374(13):1298]. N Engl J Med 367:1901–1911

Weiss R, Wenk M, Van Aken H, Zwißler B, Chappell D, Zarbock A (2018) HES or how to end science. Anesth Analg 127:1440–1444

Perioperative Hämotherapie/Patient-Blood-Management-Konzept

Reinhart T. Grundmann und Benjamin Kues

Inhaltsverzeichnis

4.1 Konsensus Konferenz – 30

4.2 Präoperative Anämie – 31

4.3 Akute normovolämische Hämodilution (ANH) – 32

4.4 Autologe Hämotherapie (Eigenblutspende) – 33

4.5 Maschinelle Autotransfusion – 34

Literatur – 35

© Der/die Autor(en), exklusiv lizenziert durch Springer-Verlag GmbH, DE, ein Teil von Springer Nature 2021
R. T. Grundmann und E. S. Debus (Hrsg.), *Evidenzbasiertes perioperatives Management in der Viszeralchirurgie*,
Evidenzbasierte Chirurgie, https://doi.org/10.1007/978-3-662-62848-5_4

Patient Blood Management (PBM) ist ein interdisziplinärer, multimodaler Ansatz, um die Behandlung von Patienten zu optimieren (Meybohm et al. 2017). Im Wesentlichen fokussiert PBM im gesamten stationären Ablauf auf
- Prävention und Management einer Anämie,
- Prävention und/oder Optimierung einer Koagulopathie,
- Einsatz umfassender interdisziplinärer Maßnahmen zur Vermeidung und/oder Reduktion unnötiger Blutverluste, und
- eine patientenzentrierte Entscheidungsfindung zum optimalen Einsatz allogener Blutprodukte.

Zur Prävention und Minimierung von unnötigen Blutverlusten im Krankenhaus sollten folgende Ziele verfolgt werden (Meybohm et al. 2017):
- Reduktion der Anzahl der Blutentnahmen auf das notwendige Minimum,
- Verwendung von Blutentnahmeröhrchen mit dem kleinsten für die Analyse ausreichenden Volumen (z. B. Nutzung kleinerer Monovettengrößen bzw. geringere Füllung der Monovetten),
- Vermeiden des „Verwerfens" verdünnter Blutreste in Entnahmespritzen durch geschlossene Blutentnahme-Systeme.

Weitere Einzelmaßnahmen sind:
- Standardisierte präoperative Prozeduren, die potenzielle Gerinnungsstörungen definieren (z. B. Fragebögen zur Gerinnungsanamnese, Standard Operating Procedures für das periinterventionelle Vorgehen bei Einnahme von Antikoagulanzien und/oder Thrombozytenaggregationshemmern),
- Einhalten bzw. konsequente Korrektur physiologischer Rahmenbedingungen der Hämostase (z. B. Körpertemperatur, ionisiertes Kalzium, pH-Wert),
- Antagonisierung antikoagulatorischer Medikamentenwirkungen,
- Einsatz bettseitig verfügbarer Gerinnungsdiagnostik (inkl. Hämotherapiealgorithmen),
- Zielgerichtetes Gerinnungsmanagement (mit Verwendung von Gerinnungsfaktorkonzentraten),
- Die kalkulierte Verwendung von Antifibrinolytika oder Desmopressin unter Berücksichtigung der medizinischen Möglichkeiten.

Die umsichtige Verwendung von den Blutverlust minimierenden chirurgischen Techniken, der Einsatz maschineller Autotransfusion sowie die Tolerierung einer kontrollierten Hypotension bei Patienten mit akuter Blutung sind weitere wichtige Maßnahmen, um das Ausmaß des intraoperativen Blutverlusts zu verringern.

4.1 Konsensus Konferenz

Eine Konsensuskonferenz zum Patient-Blood-Management gibt folgende Empfehlungen (Müller et al. 2019).

Präoperative Anämie
- Nachweis und Behandlung einer präoperativen Anämie früh genug vor einem größeren elektiven Eingriff. (Starke Empfehlung; geringe Gewissheit in der Evidenz der Auswirkungen)
- Einsatz der Eisensupplementierung, um die Rate an Erythrozytentransfusionen bei erwachsenen Patienten mit präoperativer Eisenmangelanämie vor Elektiveingriffen zu reduzieren. (Bedingte Empfehlung; mäßige Gewissheit in der Evidenz der Auswirkungen)
- Setze *nicht* Erythropoese-stimulierende Substanzen routinemäßig bei erwachsenen Patienten mit präoperativer Anämie vor Elektiveingriffen ein. (Bedingte Empfehlung; geringe Gewissheit in der Evidenz der Auswirkungen)

- Ziehe kurzwirksame Erythropoetine zusätzlich zur Eisensupplementierung bei erwachsenen Patienten mit präoperativer Hämoglobinkonzentration < 13 g/dl vor elektiven größeren orthopädischen Eingriffen in Betracht, um die Transfusionsraten zu senken. (Bedingte Empfehlung; geringe Gewissheit in der Evidenz der Auswirkungen)

Grenzwerte für die Erythrozytentransfusion
- Restriktive Erythrozytentransfusionsgrenze (Hämoglobinkonzentration < 7 g/dl) bei kritisch kranken, aber klinisch stabilen Intensivstationspatienten. (Starke Empfehlung; mäßige Gewissheit in der Evidenz der Auswirkungen)
- Restriktive Erythrozytentransfusionsgrenze (Hämoglobinkonzentration < 7,5 g/dl) bei kardiochirurgischen Patienten. (Starke Empfehlung; mäßige Gewissheit in der Evidenz der Auswirkungen)
- Restriktive Erythrozytentransfusionsgrenze (Hämoglobinkonzentration < 8,0 g/dl) bei Patienten mit Hüftfraktur und kardiovaskulären oder anderen Risikofaktoren. (Bedingte Empfehlung; mäßige Gewissheit in der Evidenz der Auswirkungen)
- Restriktive Erythrozytentransfusionsgrenze (Hämoglobinkonzentration 7–8 g/dl) bei hämodynamisch stabilen Patienten mit akuter gastrointestinaler Blutung (Bedingte Empfehlung; geringe Gewissheit in der Evidenz der Auswirkungen)

Implementierung eines Patient-Blood-Management-Programms
- Implementierung eines PBM-Programms, um die richtige Erythrozytennutzung zu verbessern. (Bedingte Empfehlung; geringe Gewissheit in der Evidenz der Auswirkungen)
- Computerisierte oder elektronische Entscheidungshilfen, um die richtige Erythrozytennutzung zu verbessern. (Bedingte Empfehlung; geringe Gewissheit in der Evidenz der Auswirkungen)

Anmerkung: Die genannten Grenzwerte zur Erythrozytentransfusion decken sich mit den Ergebnissen eines Cochrane Reviews (Carson et al. 2016), in dem gezeigt werden konnte, dass es gute Evidenz dafür gibt, dass bei den meisten Patienten mit einem Hämoglobin-Schwellenwert oberhalb 7 g/dl bis 8 g/dl eine Transfusion von allogenen Erythrozytenkonzentraten vermieden werden kann.

4.2 Präoperative Anämie

Zu Diagnostik und Therapie der präoperativen Anämie liegt eine S3-Leitlinie vor (DGAI 2018). Es finden sich unter anderen folgende Feststellungen:
- Bei Patienten mit einer präoperativen Anämie kann die Leitlinienkommission keine Empfehlung für oder gegen eine präoperative Behandlung mit oralem oder intravenösem Eisen in Bezug auf die Endpunkte Hb-Wert und Transfusion geben. Dies gilt für elektive kardiochirurgische und nicht-kardiochirurgische Eingriffe.
- Die Leitlinienkommission schlägt unter dem Vorbehalt einer präoperativen Anämiediagnostik und unter Berücksichtigung der Kontraindikationen die ursachengerechte präoperative Therapie mit Erythropoietin und oralem/i. v. Eisen vor.
- Bei Patienten mit einer präoperativen Anämie kann die Leitlinienkommission unabhängig von der Art des elektiven Eingriffs (kardiochirurgisch oder nicht-kardiochirurgisch) keine Empfehlung für oder gegen eine „Hochdosis" Behandlung mit Erythropoietin und oralem/iv Eisen im Vergleich zu einer „Niedrigdosis" Behandlung geben.

Präoperativer Eisenmangel
Diagnostik und Therapie eines präoperativen Eisenmangels mit/ohne Anämie gehören zu einem PBM-Konzept (Meybohm et al. 2020). Liegt die Hämoglobinkonzentration bei Schwangeren < 11 g/dl, bei Frauen < 12 g/dl und bei Männern < 13 g/dl, besteht nach Definition der WHO eine Anämie. Im präoperativen Bereich ist oftmals ein Eisenmangel Ursache einer Anämie, bedingt durch reduzierte Eisenaufnahme oder chronischen Blutverlust. Marker der 1. Wahl bei der Diagnose eines Eisenmangels ist ein erniedrigtes Ferritin (< 100 ng/ml). Bei Vorliegen einer Herzinsuffizienz, chronisch entzündlicher Darmerkrankung und/oder chronischer Niereninsuffizienz gilt ein erhöhter Schwellenwert von < 300 ng/ml zur Diagnose eines Eisenmangels. Bei Eisenmangel ist die Transferrinsättigung erniedrigt (< 20 %). Ein Retikulozytenhämoglobin (Ret-Hb) < 28 pg ist beweisend für eine eisendefizitäre Erythropoese und ein früher Marker eines Eisenmangels (Meybohm et al. 2020).

Ein präoperativer Eisenmangel und/oder eine Anämie sind unabhängige Risikofaktoren für eine perioperativ erhöhte Komplikationsrate und Sterblichkeit. Im Rahmen der Vorbereitungen für einen größeren Elektiveingriff sollten möglichst frühzeitig (mindestens 2–4 Wochen präoperativ) Patienten mit Eisenmangel und Patienten mit Anämie identifiziert werden. Bei nachgewiesenem Eisenmangel sollte eine Eisensubstitution entweder oral oder parenteral erfolgen. Bei Dringlichkeit des Eingriffes (< 4–6 Wochen) wird prinzipiell die parenterale Eisentherapie bevorzugt.

Den Wert einer ultrakurzen präoperativen Vorbehandlung von Patienten mit Eisenmangel oder Anämie haben Spahn et al. (2019) in einer prospektiv randomisierten Studie bei herzchirurgischen Patienten überprüft. Eingeschlossen in die Studie wurden Frauen mit einem Hb von < 120 g/l und Männer mit einem Hb von < 130 g/L (Anämiegruppe) oder Patienten ohne Anämie, aber mit isoliertem Eisenmangel (Ferritin < 100 mcg/L). Diese Patienten erhielten einen Tag vor der Operation (oder Freitag bei Operation am nachfolgenden Montag) eine Kombinationstherapie bestehend aus einer langsamen Infusion von 20 mg/kg Eisencarboxymaltose, 40.000 U subkutanes Erythropoietin alpha, 1 mg subkutanes Vitamin B12 und 5 mg orale Folsäure. Mit dieser Vorbehandlung ließ sich im Vergleich zu Plazebo die postoperative Transfusionsrate bis zu 90 Tage postoperativ signifikant senken. Dieses Konzept kommt speziell für Patienten infrage, die bei Eisenmangel oder Anämie nach Stellung der Operationsindikation kurzfristig einer Operation mit anzunehmendem Transfusionsbedarf zugeführt werden müssen.

4.3 Akute normovolämische Hämodilution (ANH)

Richtlinie der Bundesärztekammer
Für die präoperative akute normovolämische Hämodilution werden ca. 10–20 ml Vollblut pro kg Körpergewicht (KG) des Patienten unmittelbar vor einer Operation unter sterilen Bedingungen in Standardblutentnahmebeuteln, die eine geeignete Antikoagulans-/Stabilisatorlösung enthalten, entnommen. Hierbei muss gleichzeitig eine adäquate Volumensubstitution erfolgen. Die Methode kommt nur für Patienten mit hochnormalen präoperativen Hb-Werten infrage, bei denen gleichzeitig ein intraoperativer Blutverlust von > 50 % des zirkulierenden Blutvolumens zu erwarten ist und die aufgrund ihres Gesamtzustandes eine Verdünnungsanämie tolerieren können. Der Vollblutbeutel ist mit den Patientendaten (Name, Vorname, Geburtsdatum) sowie Entnahmedatum und -zeit zu versehen. Auf Unversehrtheit des Beutels ist zu achten. Das gewonnene Vollblut ist nicht lagerungsfähig und muss innerhalb von 6 h

nach Beginn der Entnahme transfundiert werden. Der Lagerungsbeutel muss in dieser Zeit unmittelbar beim Patienten verbleiben. Vor einer Retransfusion muss das Vollblut einer visuellen Kontrolle im Hinblick auf Hämolysezeichen und Koagelbildung unterzogen werden. Die erlaubnisfreie Gewinnung, Herstellung sowie Retransfusion sind nur zulässig, soweit die akute normovolämische Hämodilution unter der unmittelbaren fachlichen Verantwortung des anwendenden Arztes zum Zwecke der persönlichen Anwendung durch diesen bei einem bestimmten Patienten hergestellt wird (§ 13 Abs. 2b AMG). Die Herstellung ist nach § 67 Abs. 1 AMG der zuständigen Landesbehörde vor Aufnahme der Tätigkeit anzuzeigen.

Kommentar:
Zhou et al. (2015) erstellten die bis dato größte systematische Übersicht mit Metaanalyse zur Effektivität der akuten normovolämischen Hämodilution (ANH) auf Basis von 63 Studien und 3819 Patienten. Danach kann die ANH die Wahrscheinlichkeit einer allogenen Bluttransfusion relativ um 26 % senken, mit einer Abnahme der allogenen Transfusionsrate um ca. 1 Einheit, jedoch war bei der Bewertung der Methode ein Publikationsbias zu berücksichtigen aufgrund kleiner Fallzahlen und fehlenden Transfusionsprotokollen mit zuvor definierten Transfusionstriggern. Die Daten unterstützen nicht die Propagierung der Methode, am ehesten kommt sie in der Kardiochirurgie in Betracht, bei Patienten mit hohem Ausgangshämatokrit und substanziellem Blutverlust, wenn auf den hämostatischen Nutzen von frischem Vollblut abgezielt wird (Grant et al. 2015).

4.4 Autologe Hämotherapie (Eigenblutspende)

Richtlinie der Bundesärztekammer

Bei der autologen Hämotherapie werden dem Patienten eigenes Blut bzw. Blutbestandteile (autologes Blut), die für einen geplanten medizinischen Eingriff präoperativ entnommen (klassische Eigenblutspende, normovolämische Hämodilution) oder perioperativ gesammelt wurden, retransfundiert. Die Wahl und Kombination der Verfahren der autologen Hämotherapie richtet sich nach der Indikationsstellung unter Berücksichtigung der personellen, räumlichen und apparativen Voraussetzungen der Einrichtung der Krankenversorgung und den Möglichkeiten der Patienten-individualisierten Hämotherapie („Patient Blood Management"). Da jedes Verfahren der autologen Hämotherapie Bestandteil der medizinischen Behandlung ist, bedarf es der ärztlichen Indikation. Die Indikationsstellung und Durchführung der autologen Hämotherapie sollte sich an den Empfehlungen in den Querschnitts-Leitlinien zur Therapie mit Blutkomponenten und Plasmaderivaten der Bundesärztekammer in der jeweils gültigen Fassung orientieren.

Kommentar:
Ein Cochrane Review (Henry et al. 2002) kam zu dem Schluss, dass die Metaanalyse der vorhandenen Daten zwar zeigt, dass die präoperative Eigenblutspende die allogene Bluttransfusionsrate um 68 % zu reduzieren vermag. Jedoch waren Patienten mit Eigenblutspende einem um 24 % erhöhten Risiko ausgesetzt, überhaupt eine Transfusion (allogen oder autolog) zu erhalten. Dies beruhte auf zwei Faktoren: (1) Patienten mit Eigenblutspende haben im allgemeinen präoperativ niedrigere Hämoglobinspiegel im Vergleich zu solchen, die kein Blut spenden und haben damit die höhere Wahrscheinlichkeit, eine intra- oder postoperative Bluttransfusion zu erhalten; (2) das Vorhandensein von zuvor gespendetem autologen Blut erzeugt eine liberalere Transfusionspolitik. Eigenblutspende vermag demnach die Exposition zu Fremd-

blut zu reduzieren, setzt den Patienten dafür aber anderen Risiken aus (Reaktionen bei der Blutspende/bakterielle Kontamination/Kreislaufüberlastung/Transfusionsirrtümern). Der Nutzen der Eigenblutspende scheint am meisten für Patienten gesichert zu sein, die eine Alloimmunisierung aufgrund wiederholter Bluttransfusionen entwickelt haben. Insgesamt lässt es sich nicht sagen, dass der Nutzen der Eigenblutspende den Schaden überwiegt. Eine Übersicht über die Eigenblutspendenpraxis in Europa, Nord- und Südamerika (Vassallo et al. 2015) zeigt eine stark abnehmende Tendenz. Entsprechend britischen und spanischen Standards und Consensusempfehlungen sollte die Eigenblutspende nur noch bei Patienten mit seltenen Alloantikörpern gegen rote Blutzellen in Betracht gezogen werden, wenn Blut in nicht ausreichender Menge zur Verfügung steht; für Patienten, die notwendige Allotransfusionen aus psychologischen Gründen verweigern, und möglicherweise in ausgewählten Fällen bei ansonsten gesunden Personen, bei denen ein Eingriff, mit einem mehr als 50 %igen Risiko geplant ist, 3 oder mehr Erythrozytenkonzentrate zu benötigen. Die Spender sollten in der Lage sein, mehrere Einheiten zu spenden und die Spenden sollten so terminiert werden, dass wenigstens 3 bis 4 Wochen zwischen der letzten Spende und dem Eingriff vergehen.

4.5 Maschinelle Autotransfusion

Richtlinie der Bundesärztekammer
Als Maschinelle Autotransfusion (MAT) wird das Sammeln des intra- und/oder postoperativen Wund-/Drainageblutes, dessen Aufbereitung und anschließende Retransfusion als gewaschene Erythrozytensuspension bezeichnet. Die Transfusion von intra- oder postoperativ gesammeltem Wund- oder Drainageblut ohne vorherige Aufbereitung (Waschen) ist aufgrund der Gefahr einer Gerinnungsaktivierung, Zytokin- und evtl. Endotoxineinschwemmung sowie Einschwemmung anderer biologisch aktiver Substanzen nicht zulässig. Eine MAT ist bei Verdacht auf eine bakterielle Kontamination des Operationsgebietes oder dessen Nachweis sowie bei Verdacht auf eine Bakteriämie (z. B. Sepsis) nicht zulässig. Bei tumorchirurgischen Eingriffen wird eine Bestrahlung des autologen gewaschenen Erythrozytenkonzentrats mit ionisierenden Strahlen in einer Dosis von 50 Gy empfohlen, um die Proliferation kontaminierender Tumorzellen zu vermeiden. Sofern die Herstellung und anschließende Bestrahlung nicht in Personalunion durchgeführt werden, ist eine Herstellungserlaubnis gemäß § 13 AMG erforderlich. Die Maschinelle Autotransfusion erfordert aufgrund der Besonderheit des Verfahrens keine Untersuchungen auf Infektionsmarker gemäß § 5 Abs. 3 S. 2 TFG. Die mittels MAT hergestellten Blutpräparationen sind mit Name, Vorname und Geburtsdatum des Patienten sowie Datum und Uhrzeit des Beginns der Sammlung zu kennzeichnen. Sie sind nicht lagerungsfähig und grundsätzlich innerhalb von 6 h nach Beginn der Sammlung zu transfundieren. Die Qualifikation für die Anwendung der MAT setzt die dokumentierte Einweisung der mit diesem Vorgang befassten Ärzte und des Assistenzpersonals voraus. Neben den technischen Aspekten muss diese Einweisung auch den Besonderheiten der Wundblutaufbereitung Rechnung tragen. Bei jeder MAT ist ein Protokoll zu führen, aus welchem neben den Patientendaten der verantwortliche Arzt, Beginn und Ende, Typ und Nummer des eingesetzten Gerätes, Chargennummer des Aufbereitungs- und Transfusionssystems, Volumen des Sammelblutes sowie Volumen und Hämatokrit des aufbereiteten Blutes zu entnehmen sind.

Kommentar:
Mit Zunahme der minimal-invasiven Techniken in der Chirurgie, Definition niedri-

gerer Transfusionstrigger und Einführung von PBM (und damit einhergehend geringerem Blutverlust und Transfusionsbedarf) hat der Einsatz der MAT an Bedeutung verloren. Trotzdem gibt es noch immer gesicherte Indikationen, wie große offene gefäßchirurgische Eingriffe, spinale Mehretagenfusionen oder Hüftprothesenwechsel sowie alle herzchirurgischen Eingriffe, sofern sie nicht wirklich minimalinvasiv sind. Weiterhin gehören hierzu Patienten, die Allotransfusionen ablehnen, wie z. B. die Zeugen Jehovas. Eingesetzt werden sollte die MTA aufgrund der Kosteneffektivität allerdings nur, wenn mit mehr als 500 ml gesammeltes Blut zu rechnen ist (Frank et al. 2020). Ein Cochrane Review (Carless et al. 2010) kam auf Basis von 75 Studien (48 studierten den postoperativen Einsatz, 16 den intraoperativen und 11 den intra- und postoperativen) zu der Schlussfolgerung, dass die Autotransfusion („cell salvage") in der elektiven Herzchirurgie und orthopädischen Chirurgie beim Erwachsenen effektiv die Rate an Allotransfusionen senkt. Über alles reduzierte der Einsatz der Autotransfusion die Exposition zu einer allogenen Erythrozytentransfusion um relativ 38 % (RR = 0,62; 95 % CI 0,55 bis 0,70).

Frietsch et al. (2020) gingen in einer systematischen Übersicht mit Metaanalyse der Sicherheit der MAT in der Tumorchirurgie nach. Sie prüften, ob mit dem Einsatz von Leukozytendepletionsfiltern (LDF) bei der MAT eine ähnliche Sicherheit wie bei der Bestrahlung des autologen Blutprodukts hinsichtlich der Vermeidung von Rezidiven erreicht werden kann. Insgesamt wurden 27 Observations- und Kohortenstudien in die Metaanalyse eingeschlossen. Bei der Versorgung von Patienten mit unfiltriertem oder leukozytendepletiertem Eigenblut war die Rezidivrate verringert („odds ratio" [OR] 0,71, 95 %-Konfidenzintervall [95 %-KI] 0,58–0,86) im Vergleich zu nichttransfundierten Patienten sowie mit Fremdblut oder gelagertem Eigenblut versorgten Patienten. Letalität und Krankenhausverweildauer waren gegenüber der Versorgung mit Fremdblut- und der Eigenblutspende unverändert. Die Transfusionsrate war wegen eines erheblichen Selektionsbias und großer Heterogenität nicht beurteilbar. Die Sicherheit der Leukozytendepletion war durch die Elimination von Tumorzellen im Bereich von 99,6–99,9 % gegeben. Sie folgerten, dass mit der MAT und der anschließenden Leukozytendepletion eine Methode zur Vermeidung von Fremdblut zur Verfügung steht, die der Bestrahlung vergleichbar sicher, aber einfacher und deshalb effektiver ist.

Literatur

Bundesärztekammer. Richtlinie zur Gewinnung von Blut und Blutbestandteilen und zur Anwendung von Blutprodukten (Richtlinie Hämotherapie). Aufgestellt gemäß §§ 12a und 18 Transfusionsgesetz von der Bundesärztekammer im Einvernehmen mit dem Paul-Ehrlich- Institut. Gesamtnovelle 2017

Carless PA, Henry DA, Moxey AJ, O'Connell D, Brown T, Fergusson DA (2010) Cell salvage for minimising perioperative allogeneic blood transfusion. Cochrane Database Syst Rev 2010(4):CD001888

Carson JL, Stanworth SJ, Roubinian N, Fergusson DA, Triulzi D, Doree C, Hebert PC (2016) Transfusion thresholds and other strategies for guiding allogeneic red blood cell transfusion. Cochrane Database Syst Rev 12;10(10):CD002042

Deutsche Gesellschaft für Anästhesiologie und Intensivmedizin (DGAI). S3-Leitlinie Diagnostik und Therapie der Präoperativen Anämie. AWMF Registernummer 001 – 0024. Version 1.0 vom 11.04.2018

Frank SM, Sikorski RA, Konig G et al (2020) Clinical utility of autologous salvaged blood: a review. J Gastrointest Surg 24:464–472

Frietsch T, Steinbicker AU, Hackbusch M, Nguyen XD, Dietrich G (2020) Sicherheit der maschinellen Autotransfusion in der Tumorchirurgie: Systematisches Review mit Metaanalyse. Anaesthesist 69:331–351

Grant MC, Resar LM, Frank SM (2015) The efficacy and utility of acute normovolemic hemodilution. Anesth Analg 121:1412–1414

Henry DA, Carless PA, Moxey AJ, et al (2002) Pre-operative autologous donation for minimising perioperative allogeneic blood transfusion.

Cochrane Database Syst Rev (2):CD003602. (update der Literatur bis 2009)

Meybohm P, Schmitz-Rixen T, Steinbicker A, Schwenk W, Zacharowski K (2017) Das Patient-Blood-Management-Konzept: Gemeinsame Empfehlung der Deutschen Gesellschaft für Anästhesiologie und Intensivmedizin und der Deutschen Gesellschaft für Chirurgie. Chirurg 88:867–870

Meybohm P, Neef V, Westphal S et al (2020) Präoperativer Eisenmangel mit/ohne Anämie – ein unterschätzter Risikofaktor? Chirurg 91:109–114

Mueller MM, Van Remoortel H, Meybohm P et al (2019) Patient blood management: recommendations from the 2018 Frankfurt consensus conference. JAMA 321:983–997

Spahn DR, Schoenrath F, Spahn GH, Seifert B, Stein P, Theusinger OM, Kaserer A, Hegemann I, Hofmann A, Maisano F, Falk V (2019) Effect of ultra-short-term treatment of patients with iron deficiency or anaemia undergoing cardiac surgery: a prospective randomised trial. Lancet 393(10187):2201–2212

Vassallo R, Goldman M, Germain M, Lozano M, Collaborative BEST (2015) Preoperative autologous blood donation: waning indications in an era of improved blood safety. Transfus Med Rev 29:268–275

Zhou X, Zhang C, Wang Y, Yu L, Yan M (2015) Preoperative acute normovolemic hemodilution for minimizing allogeneic blood transfusion: a meta-analysis. Anesth Analg 121:1443–1455

Vermeidung der perioperativen Hypothermie

Reinhart T. Grundmann und Benjamin Kues

Inhaltsverzeichnis

Literatur – 39

© Der/die Autor(en), exklusiv lizenziert durch Springer-Verlag GmbH, DE, ein Teil von Springer Nature 2021
R. T. Grundmann und E. S. Debus (Hrsg.), *Evidenzbasiertes perioperatives Management in der Viszeralchirurgie*,
Evidenzbasierte Chirurgie, https://doi.org/10.1007/978-3-662-62848-5_5

Perioperativ kommt es mit einer sehr hohen Inzidenz zu einem Abfall der Körperkerntemperatur unter 36 °C. Dies führt zu vermehrten Wundinfektionen, verstärkten Blutungen und zu kardialen Komplikationen. Somit gefährdet die perioperativ auftretende Hypothermie die Patientensicherheit. Darüber hinaus reduziert sie den Patientenkomfort und verlängert den postoperativen Aufenthalt im Aufwachraum, was wiederum einen negativen Einfluss auf Logistik und Krankenhausökonomie hat (Sessler 2016; Rossaint et al. 2017). Die S3-Leitlinie „Vermeidung von perioperativer Hypothermie" (Torossian et al. 2019) stellt unter anderem fest:

Temperaturmessung
- Die normale Körperkerntemperatur des erwachsenen Menschen liegt in Ruhe zwischen 36,0 und 37,5 °C.
- Die Körperkerntemperatur sollte 1–2 h vor Beginn der Anästhesie durch die vorbereitende Organisationseinheit gemessen werden.
- Intraoperativ soll die Messung der Körperkerntemperatur kontinuierlich, oder mindestens alle 15 min, erfolgen.
- Perioperativ soll die sublinguale Temperatur gemessen werden.
- Die rektale Temperaturmessung ist bei Erwachsenen perioperativ nicht geeignet.

Risikofaktoren
Als anästhesiebezogene Risikofaktoren für die Entwicklung einer perioperativen Hypothermie gelten:
1. kombinierte Allgemein- und Regionalanästhesie
2. lange Anästhesiedauer (OP-Dauer über 2 h)
3. hohe spinale Blockade bei rückenmarksnaher Regionalanästhesie
4. hohe Infusionsvolumina

Als operationsbezogene Risikofaktoren für die Entwicklung einer perioperativen Hypothermie werden angesehen:

1. Größe des chirurgischen Eingriffs
2. Operationsdauer über 2 h
3. hohe Volumina an Spülflüssigkeit
4. Transfusion ungewärmter Blutkonserven

Eine niedrige OP-Raumtemperatur gilt als umgebungsbezogener Risikofaktor für die Entwicklung einer perioperativen Hypothermie.

Präoperative Phase
- Patienten sollen vor Einleitung einer Allgemeinanästhesie / Epidural- oder Spinalanästhesie zur Vermeidung einer perioperativen Hypothermie aktiv gewärmt werden.
- Eine OP-Saal-Temperatur von mindestens 21 °C wird für Erwachsene und Kinder empfohlen.

Aktive Wärmung
- Während der operativen Phase (von Beginn der Narkoseeinleitung bis zum Ende der Narkose) sollen alle Patienten mit einer Anästhesiedauer länger als 30 Min. aktiv gewärmt werden.
- Bei Patienten, die vorgewärmt wurden, kann bei einer Anästhesiedauer von weniger als 60 Min. auf eine aktive intraoperative Wärmung verzichtet werden.
- Eine intraoperative Infusionswärmung sollte bei höheren Infusionsraten (> 500 ml/h) ergänzend eingesetzt werden.
- Intraoperativ verwendete Spüllösungen sollen auf ca. 38–40 °C vorgewärmt werden. Spüllösungen für Gelenkspülungen müssen nicht vorgewärmt werden.

Postoperative Phase
- Die Ausleitung einer Allgemeinanästhesie sollte in Normothermie erfolgen.
- Postoperatives Shivering soll mit aktiver Wärmung behandelt werden.
- Bis zum Erreichen der Normothermie kann ergänzend eine medikamentöse

Tab. 5.1 Checkliste perioperatives Wärmemanagement (n. Horn et al. 2017)

	Ja	Nein
Patient über Risiko der Hypothermie informiert und angehalten, sich selbst warmzuhalten		
Messung der Körpertemperatur präoperativ 1–2 h vor Transport in den OP erfolgt		
Information des Anästhesisten, falls Körpertemperatur < 36 °C, erfolgt		
Prewarming wird für mindestens 10 min vor Beginn der Anästhesie durchgeführt		
Intraoperative aktive Wärmung durchgeführt		
Intraoperative Infusionswärmung bei Infusionsmenge > 500 ml/h durchgeführt		
Intraoperative Temperaturmessung mindestens alle 15 min durchgeführt		
Temperaturmessung bei postoperativer Übernahme in den AWR/ICU/ITS erfolgt		
Bei postoperativer Temperatur < 36 °C: Information des Anästhesisten erfolgt		
Temperaturmessung bei Verlegung auf die nachsorgende Organisationseinheit erfolgt		

Therapie, z. B. mit Clonidin oder Pethidin, erfolgen.
- Bei Aufnahme auf die postoperativ nachsorgende Organisationseinheit soll die Körperkerntemperatur gemessen werden.
- Bei postoperativ hypothermen Patienten soll bis zum Erreichen der Normothermie eine Patientenwärmung erfolgen.
- Bei postoperativ hypothermen Patienten soll bis zum Erreichen der Normothermie die Körperkerntemperatur regelmäßig (z. B. alle 15 Min.) gemessen werden.

Horn et al. (2017) haben eine Checkliste perioperatives Wärmemanagement für das Pflegepersonal veröffentlicht, die in Tab. 5.1 aufgeführt ist.

Literatur

Horn EP, Klar E, Höcker J et al (2017) Vermeidung perioperativer Hypothermie: Umsetzung der S3-Leitlinie. Chirurg 88:422–428

Rossaint R, Coburn M, Zwissler B (2017) Klug entscheiden: … in der Anästhesiologie. Dtsch Arztebl 114 (22–23): A-1120

Sessler DI (2016) Perioperative thermoregulation and heat balance. Lancet 387(10038):2655–2664

Torossian A, Becke K, Bein B et al. Federführende Fachgesellschaft Deutsche Gesellschaft für Anästhesiologie und Intensivmedizin e. V. (DGAI). S3 Leitlinie „Vermeidung von perioperativer Hypothermie" – Aktualisierung 2019 -. AWMF-Registernummer 001–018

Übelkeit und Erbrechen nach Operationen in Allgemeinanästhesie

Reinhart T. Grundmann und Benjamin Kues

Inhaltsverzeichnis

Literatur – 43

Die Inzidenz von Übelkeit und Erbrechen („postoperative nausea and vomiting" [PONV]) nach Operationen in Allgemeinanästhesie bei Verwendung von Inhalationsanästhetika beträgt ohne Prophylaxe bis zu 30 %. PONV sind somit neben postoperativen Schmerzen eine der häufigsten Beschwerden nach Operationen in Allgemeinanästhesien (Rüsch et al. 2010). Die Initiative „klug entscheiden" der Deutschen Gesellschaft für Anästhesiologie (DGAI) hat hierzu festgestellt (Rossaint et al. 2017): PONV hat einen wesentlichen Einfluss auf die Patientenzufriedenheit und ist mit negativen/unerwünschten medizinischen und ökonomischen Folgen verbunden. Daher ist es entscheidend, Patienten mit Risikofaktoren für PONV zu identifizieren und etablierte Risikoprognosesysteme als Grundlage einer risikoadaptierten Vorgehensweise im Rahmen einer Prophylaxe- und Therapiestrategie zu nutzen. Die Erfassung der PONV-Häufigkeit und Maßnahmen zur Verbesserung werden im Rahmen der Qualitätsindikatoren Anästhesiologie der DGAI empfohlen.

Die vierten Consensus Guidelines for the Management of Postoperative Nausea and Vomiting (Gan et al. 2020) haben für PONV bei Erwachsenen Risikofaktoren definiert, sie sind in ◘ Tab. 6.1 aufgeführt. Strategien, das Basisrisiko von PONV zu reduzieren, sind zunächst:
- Vermeidung der Allgemeinanästhesie durch Anwendung der Regionalanästhesie
- Gebrauch von Propofol zur Einleitung und Aufrechterhaltung der Anästhesie
- Vermeidung von Lachgas bei Eingriffen mit einer Dauer von > 1 h
- Vermeidung volatiler Anästhetika
- Minimisierung von intra- und postoperativer Opioidgabe
- Adäquate Flüssigkeitszufuhr
- Anwendung von Sugammadex anstelle von Neostigmin für die Aufhebung der neuromuskulären Blockade.

Eine detaillierte Analyse aller zur Verfügung stehenden Antiemetika mit PONV-prophylaktischer bzw. therapeutischer Wirksamkeit findet sich in den Konsensus-Leitlinien (Gan et al. 2020) sowie verkürzt bei Rüsch et al.

◘ Tab. 6.1 Risikofaktoren für PONV bei Erwachsenen

Evidenz	Risikofaktoren
Positiv generell	Weibliches Geschlecht Anamnese von PONV oder Reisekrankheit Nichtraucherstatus Jüngeres Alter Allgemein- versus Regionalanästhesie Volatile Anästhetika und Lachgas Postoperative Opioidgabe Anästhesiedauer Art der Operation (Cholezystektomie, laparoskopisch, gynäkologisch)
Widersprüchlich	ASA -Status Menstruationszyklus Level der anästhesiologischen Erfahrung Perioperative Nüchternheit
Nichtbewiesen oder von begrenzter klinischer Relevanz	BMI Ängstlichkeit Nasogastrische Sonde Migräne Supplementierende Sauerstoffzufuhr

Tab. 6.2 Prophylaktische Dosierung und Zeitpunkt der Anwendung von Antiemetika

Medikamenten-Gruppe	Medikament	Dosierung	Zeitpunkt	Unerwünschte Nebenwirkung
Serotonin (5-HT$_3$ Rezeptoren)-Antagonisten	– Odansetron – Granisetron – Tropisetron	4–8 mg i. v. 1 mg i. v. 2 mg i. v.	Vor Narkoseausleitung	Kopfschmerzen; Obstipation; erhöhte Leberenzyme
Kortikosteroide	Dexamethason	4–10 mg i. v.	Nach Narkoseeinleitung	Erhöhte BZ-Werte; Hypo/Hypertension
Butyrophenone	Droperidol	0,625–1,25 mg i. v.	Nach Narkoseeinleitung	Psychomimetische, extrapyramidale Störung, Sedierung
Neurokinin-antagonisten (NK1-Rezeptoren)	Aprepitant	40 mg oral	1–2 Std. vor Narkoseeinleitung	Kopfschmerzen; Obstipation; Fatigue
Anticholinergika	Scopolamin	Transdermaler Patch	Abend vor Eingriff oder in präoperativer Zeit	Schwindel; trockener Mund; Sehstörungen
Dopamin-Antagonisten	Metoclopramid	10–25 mg i. v.	15–30 Min. vor Narkoseausleitung	Sedierung; Hypotension (schnelle Injektion)

(2010). In **Tab. 6.2** sind Praxishinweise zur prophylaktischen Dosierung von Antiemetika beim Erwachsenen und zum Zeitpunkt der Applikation nach Cao et al. (2017) genannt.

Literatur

Cao X, White PF, Ma H (2017) An update on the management of postoperative nausea and vomiting. J Anesth 31:617–626

Gan TJ, Belani KG, Bergese S et al (2020) Fourth consensus guidelines for the management of postoperative nausea and vomiting. Anesth Analg 131:411–448

Rossaint R, Coburn M, Zwissler B (2017) Klug entscheiden: ... in der Anästhesiologie. Dtsch Arztebl 114 (22–23): A-1120

Rüsch D, Eberhart LH, Wallenborn J, Kranke P (2010) Nausea and vomiting after surgery under general anesthesia: an evidence-based review concerning risk assessment, prevention, and treatment. Dtsch Arztebl Int 107:733–741

Perioperative Schmerztherapie

Reinhart T. Grundmann und Benjamin Kues

Inhaltsverzeichnis

7.1 Vereinbarung zur Organisation der Schmerztherapie chirurgischer Patienten des Berufsverbandes Deutscher Anästhesisten und des Berufsverbandes der Deutschen Chirurgen (Freys et al. 2019) – 46

7.2 S3-Leitlinie Behandlung akuter perioperativer und posttraumatischer Schmerzen (DIVS 2009) – 47

7.3 Behandlungsstandards – 48

7.4 Patientenkontrollierte Analgesie – 48

7.5 Vor – und Nachteile der regionalen Anästhesietechniken – 50

7.6 Opioidgewöhnte Patienten – Perioperatives Management – 50

Literatur – 52

© Der/die Autor(en), exklusiv lizenziert durch Springer-Verlag GmbH, DE, ein Teil von Springer Nature 2021
R. T. Grundmann und E. S. Debus (Hrsg.), *Evidenzbasiertes perioperatives Management in der Viszeralchirurgie*,
Evidenzbasierte Chirurgie, https://doi.org/10.1007/978-3-662-62848-5_7

7.1 Vereinbarung zur Organisation der Schmerztherapie chirurgischer Patienten des Berufsverbandes Deutscher Anästhesisten und des Berufsverbandes der Deutschen Chirurgen (Freys et al. 2019)

Es finden sich u. a. die folgenden Feststellungen.

Fachliche Zuständigkeit – Zuständig für die Therapie von Schmerzen ist:
- auf der chirurgischen Station und auf chirurgisch geleiteten Intensiveinheiten der Chirurg,
- in den Aufwachräumen und auf Intensivstationen, die unter anästhesiologischer Leitung stehen, der Anästhesist in Zusammenarbeit mit dem Chirurgen.

Organisationsform interdisziplinärer Zusammenarbeit
Eine interdisziplinäre Zusammenarbeit (einvernehmliche Entscheidungen, wechselseitige Informationen) ist schon deshalb unerlässlich, weil die Schmerztherapie:
- die Vigilanz und Mobilität des Patienten nicht unnötig beeinträchtigen soll,
- die Warn- und Leitfunktion des postoperativen Schmerzes ausschalten kann und damit spezielle Maßnahmen zum Schutz des Patienten, z. B. gegen Schäden durch den Druck fester Verbände, notwendig werden können,
- wegen der potenziellen Nebenwirkungen der Analgetika und Lokalanästhetika die Sicherstellung der sorgfältigen Überwachung der Patienten durch Chirurgen und/ oder Anästhesisten erfordert (je nach Therapieverfahren und hierzu notwendiger Facharztkompetenz).

Als Organisationsform wird ausdrücklich von beiden Berufsverbänden ein abteilungs- und fachübergreifend tätiger ärztlich geleiteter Schmerzdienst (SD) empfohlen. Der jeweilige Arzt des SD ist berechtigt, medizinische Anordnungen auf Stationen und in den Behandlungseinheiten zu treffen, wo die von ihm betreuten Patienten lokalisiert sind. Ein abteilungs- und fachübergreifend tätiger ärztlich geleiteter SD kann folgende Aufgaben haben:
- Durchführung und Überwachung kontinuierlicher regionalanalgesiologischer Techniken zur peripheren oder rückenmarksnahen Nervenblockade auf Normalstationen,
- Durchführung einer systemischen PCA-Therapie mit Opioiden,
- Anwendung anderer spezieller schmerztherapeutischer Methoden,
- Perioperative Betreuung von Patienten, die ein erhöhtes Risiko postoperativer Schmerzen haben (u. a. präoperative chronische Schmerzen, präoperative Opioideinnahme, Substanzmissbrauch und Substitution, Durchführung bestimmter Operationen),
- Schmerzmedizinische Beurteilung und/ oder Mitbehandlung von Patienten auf Anforderung durch den primär behandelnden Arzt; insbesondere bei Patienten, die trotz bestehender systemischer Schmerztherapie starke Schmerzen oder eine schmerzbedingte Beeinträchtigung wichtiger Funktionen haben.

Ärztliche und rechtliche Verantwortung
Da die Mehrzahl der Patienten mit einer standardisierten, systemischen Schmerztherapie ausreichend behandelt ist, übernimmt der Chirurg hier die Verantwortung, sobald der Patient auf seine Station verlegt wird.
- Wird bei einer schmerzmedizinischen Beurteilung oder Mitbehandlung ein entsprechend qualifizierter Arzt hinzugezogen, gelten, soweit in einer Vereinbarung nichts Abweichendes geregelt wird, die allgemeinen Grundsätze der interdisziplinären Kooperation, der Grundsatz der strikten Arbeitsteilung,

der Vertrauensgrundsatz und die Pflicht zur gegenseitigen Information und Abstimmung.

Dokumentation
Akute Schmerzen, die Schmerzakzeptanz, ihre Auswirkungen auf wichtige Funktionen, deren Therapie und Komplikationen sind standardisiert zu dokumentieren. Die Häufigkeit der Dokumentation hängt von der Akuität des Krankheitszustandes ab.

7.2 S3-Leitlinie Behandlung akuter perioperativer und posttraumatischer Schmerzen (DIVS 2009)

Patienteninformation
- Allen Patienten sollen präoperativ Informationen über den wahrscheinlichen postoperativen Schmerzverlauf angeboten werden.
- Die Patienten sollten über Möglichkeiten der somatischen und psychologischen Schmerzlinderung und -beeinflussung informiert und dazu angeleitet werden.
- Die Patienten sollen zur Selbsteinschätzung der Schmerzen durch einfache Intensitätsskalen angeleitet werden.

Patientenaufklärung / Schmerzanamnese
- Grundsätzlich muss der Patient über die geplanten Maßnahmen der perioperativen Schmerztherapie aufgeklärt werden.
- Der Zeitpunkt der präoperativen Aufklärung muss angemessen sein.
- Bei allen zu operierenden Patienten (insbesondere auch Kindern) sollten präoperativ die somatischen und psychosozialen Faktoren erkannt werden, welche das postoperative schmerztherapeutische Vorgehen beeinflussen könnten.
- Jeder Patient soll bei Aufnahme nach aktuellen Schmerzen befragt werden.

Schmerzmessung
- Die Schmerzintensität beim Erwachsenen soll mithilfe einfacher eindimensionaler Schmerzintensitätsskalen regelmäßig erfasst werden.
- Die Einschätzung soll durch den Patienten selbst erfolgen.
- Grundsätzlich sollten Schmerzen bei allen schmerzverursachenden Prozeduren und schmerztherapeutischen Maßnahmen erfasst werden.
- Für die Schmerzerfassung beim Kind sollen kindgerechte visuelle Analogskalen zur Anwendung kommen.
- Kinder sollen ihre Schmerzen selbst einschätzen.
- Bei stark kognitiv und/oder kommunikativ eingeschränkten Patienten sollte die Schmerzeinschätzung auf der Basis nonverbaler Schmerzäußerungen und Beobachtungsskalen erfolgen.

Dokumentation
- Die Ergebnisse der Schmerzmessung und schmerztherapeutische Interventionen sollen zeitnah in der Krankenakte dokumentiert werden.
- Die Schmerztherapie im stationären und ambulanten Bereich sollte einer Qualitätssicherung unterliegen.

Operationstechnik
- Soweit wie möglich soll auf das Einlegen von Drainagen verzichtet werden. Drainagen sollen möglichst zurückhaltend eingesetzt und möglichst frühzeitig entfernt werden. Auf subkutane Redon-Drainagen kann in der Regel verzichtet werden.
- Potenziell schmerzende Wundversorgungen sollen nur mit ausreichender analgetischer Abschirmung durchgeführt werden (lokal anästhesierende Salben, Regionalanästhesie, Analgosedierung oder Narkose).

Therapie
- Bei starken und mittelstarken Schmerzen sollen Opioide in Kombination mit Nichtopioid-Analgetika verabreicht werden.
- Bei leichten Schmerzen ist die alleinige Gabe von Nichtopioiden ausreichend.
- Eine intramuskuläre Applikation von Analgetika wird nicht empfohlen.
- Bei starken Schmerzen in der frühen postoperativen Phase soll die patientenkontrollierte Analgesie gegenüber konventionellen Verabreichungstechniken bevorzugt werden.
- Eine i.v. Opioidapplikation mit kontinuierlicher Basalrate soll auf Normalpflegestationen nicht durchgeführt werden.
- Eine postinzisionale Wundrandinfiltration mit einem Lokalanästhetikum wird bei einigen chirurgischen Eingriffen empfohlen.

7.3 Behandlungsstandards

Mindestanforderungen an einen Behandlungsstandard in der postoperativen Akutschmerztherapie sind nach Erlenwein et al. (2015):
- unmittelbare Verfügbarkeit eines unretardierten hochpotenten Opioids als Bedarfsmedikation (ohne Rücksprache mit einem Arzt oder der Abhängigkeit von einer Eskalationsstufe),
- zeitlich definierte Effektivitätskontrolle nach applizierter Bedarfsmedikation,
- zeitnah (maximal 1 h) mögliche und definierte Wiederholung der Bedarfsmedikation bei persistierenden Schmerzen,
- Basismedikation mit festgelegtem Nichtopioid und (ggf. retardiertem) Opioid (Nichtopioide ergänzt durch kontraindikationsbezogene Alternative; Vorgabe zum „Wann" und „Wie" der Dosissteigerung für die Opioidtherapie),
- Handlungsanweisung bei weiterhin unzureichendem Therapieerfolg [z. B. Hinzuziehung des Akutschmerzdienstes (ASD) bei persistierenden Schmerzen (Numerische Ratingskala, NRS > 3) nach einer bestimmten Anzahl applizierter Bedarfsmedikationen].

Beispiele für Behandlungsstandards bei unterschiedlichem Organisationsgrad nach Erlenwein (2016) finden sich in ◘ Tab. 7.1a, b und c.

7.4 Patientenkontrollierte Analgesie

In einem Übersichtsartikel haben Abrolat et al. (2018) zur Patientenkontrollierten Analgesie (PCA) Stellung genommen. Danach kann jegliche Form der Opioidtherapie – auch die i.v. PCA-Therapie – auf peripheren Stationen erfolgen. Die Betreuung durch einen Akutschmerzdienst ist wünschenswert, doch nicht Bedingung. Voraussetzungen sind:
- Es müssen sorgfältig die geeigneten Patienten ausgewählt werden, die – gut geschult und informiert – das Funktionsprinzip der PCA intellektuell begreifen und dieses auch in der postoperativen Phase umsetzen können.

◘ **Tab. 7.1a** Beispiel für Behandlungsstandards der perioperativen Schmerztherapie: standardisierte Anordnung

	Basistherapie	Bedarfsmedikation bei NRS ≥ 3
große Eingriffe (wenn möglich PDK)	Metamizol 1 g Tbl. alle 6 h	Hydromorphin 1,3 mg Tabl. Einmalgabe max. alle 4 h
NRS Numerische Ratingskala PDK Periduralkatheter		

Perioperative Schmerztherapie

◘ Tab. 7.1b Beispiel für Behandlungsstandards der perioperativen Schmerztherapie: Stufenschema. Postoperativ zu erwartende Schmerzen (wenn nicht ausreichend, eine Stufe höher gehen):

Leichte Schmerzen	Mittelstarke Schmerzen	Starke Schmerzen
Paracetamol 4 × 1 g oder Ibuprofen 3 × 600 mg (Pantoprazol 1 × 40 mg) oder Metamizol 4 × 1 g	Diclofenac ret. 2 × 75 mg oder Tramadol 2 × 50–100 mg	Nichtopioid + PCIA
	Bedarfsmedikation Metamizol 1 g p. o. oder 7,5 mg Piritramid Kurzinfusion alle 6 h	• Achtung chirurgische Schmerzursachen • Akutschmerzdienst Tel. … • regelmäßige Vigilanz- und Atmungskontrolle

PCIA Patientenkontrollierte intravenöse Analgesie

◘ Tab. 7.1c Beispiel für Behandlungsstandards der perioperativen Schmerztherapie: Therapiepfad

Basismedikation Stufe 1	2 × 75 mg Diclofenac ret. p.o. oder 3 × 600 mg Ibuprofen retard p.o. oder 4 × 1 g Metamizol p.o. oder 4 × 1 g Paracetamol p.o. oder 1 × 90 mg / 120 mg Etoricoxib p. o.	• beachte Kontraindikationen und Standardeingriffe • NSAR nur mit Ulkusprophylaxe • Vigilanz des Patienten ist stets zu beachten • ggf. individuell zusätzl. Obstipationsprophylaxe bei Risikopatienten
Basismedikation Stufe 2	2 × ret. Opioid (8 h und 20 h) plus Stufe 1	

NSAR Nichtsteroidale Antirheumatika

- Um dem Patienten als Partner zur Seite stehen zu können, ist eine gute Schulung des Stationspersonals sinnvoll, auch wenn die Betreuung eines Patienten primär durch einen Akutschmerzdienst erfolgt.
- Ebenso wichtig sind regelmäßige Visiten und die Dokumentation der Therapie.

Kontraindikationen sind:
- reduzierte kognitive Fähigkeiten des Patienten,
- ein aktuell bestehender Opiatmissbrauch,
- Suizidalität oder
- eine schwere respiratorische Insuffizienz.

Die gängigsten und am häufigsten untersuchten Systeme sind die epidurale und i. v. Applikation unter Verwendung elektronischer Pumpen oder passiver Elastomerpumpen. Die Bolusdosis bei der PCA-Therapie sollte stets mit einem klinikintern einheitlichen Standardwert erfolgen, der idealerweise in SOPs niedergelegt ist. Gängige Opioide und deren PCA-Einstellungen für opioidnaive Erwachsene finden sich in ◘ Tab. 7.2. Mit dem durch den Patienten gesteuertem Bolusprinzip werden weniger Nebenwirkungen verursacht als mit einer zusätzlichen Basalrate.

Kernaussagen von Abrolat et al. (2018) sind:

◻ **Tab. 7.2** Gängige Opioide und deren PCiA-Einstellungen für opioidnaive Erwachsene (nach Abrolat et al. 2018)

Opioid	Bolus	Lock-out (min)
Morphin	1–2 mg	10–15
Fentanyl	5–30 µg	7–10
Piritramid	0,7–1,5 mg	10–15
Hydromorphon	0,2–0,5 mg	10–15
Tramadol	10–20 mg	10–15

PCiA: i. v. Patientenkontrollierte Analgesie

- Die PCA ist ein etabliertes Verfahren in der (postoperativen) akuten Schmerztherapie. Mit Einschränkungen kann sie in Krankenhäusern aller Größenordnungen und auch auf Normalstation angewandt werden.
- Systemunabhängig sind Bolus, Lockout-Zeit (Sperrzeit) und Basalrate die relevanten Variablen. Die entsprechende Programmierung der Pumpen erfordert höchste Sorgfalt, da hier das größte Risiko für gravierende Komplikationen liegt.
- Fachpersonal aus allen beteiligten Abteilungen (Anästhesie, Chirurgie, Pflege) sollte regelmäßig und konsequent geschult werden, um vermeidbare Nebenwirkungen und technische Fehler zu reduzieren.
- Durch adäquate Aufklärung und benutzerorientierte Technik können patientenbezogene Fehler vermieden und Ängste ausgeräumt werden. Dabei wird eine höhere Patientenzufriedenheit erreicht, die sich auch auf den Erfolg der Schmerztherapie auswirkt.
- Häufigste Nebenwirkungen sind Opioid-assoziierte Übelkeit und Erbrechen, die durch entsprechende antiemetische Prophylaxe relevant reduziert werden können. Beachtet werden müssen vor allem Atemdepression und übermäßige Sedierung.

7.5 Vor – und Nachteile der regionalen Anästhesietechniken

Die Regionalanästhesie setzt Analgetika, gewöhnlich Lokalanästhetika, direkt an den peripheren Nerven frei. Der Einsatz der Regionalanästhesie reduziert damit im Vergleich zur konventionellen Analgesie das Risiko eines chronischen oder persistierenden postoperativen Schmerzes deutlich. Für die thorakale Epiduralanalgesie nach Thorakotomie wird eine Odds Ratio von 0,52 (95 % CI 0,32 bis 0,84; $p = 0,008$) genannt. Für andere Regionalanästhesietechniken (einschließlich paravertebral, Nervenblocks und Lokalinfiltration in der Brustchirurgie) wurde eine Odds Ratio von 0,34 (0,19 bis 0,60) beschrieben (Small und Laycock 2020). Vor- und Nachteile dieser Techniken haben Small und Laycock zusammengefasst, sie sind in ◻ Tab. 7.3 aufgeführt.

7.6 Opioidgewöhnte Patienten – Perioperatives Management

Einen erweiterter Algorithmus zur Behandlung opioidgewöhnter Patienten haben Stötzer et al. (2015) erarbeitet. Es empfiehlt sich unter anderem:

Perioperative Schmerztherapie

Tab. 7.3 Vor- und Nachteile der regionalen Anästhesietechniken

Technik	Vorteile	Nachteile
Epidural	– Reduziert Schmerz und Bedarf an Koanalgetika – Verbessert Atmungsfunktion – Reduziert Lungen-, thromboembolische-, kardiovaskuläre-, Ileus- und chirurgische Stressantwort – Kann nach der Operation fortgeführt werden	– Technik-bezogen: Rückenschmerz, Kopfschmerz nach Durapunktion, neurologische Schädigung, epidurales Hämatom, Versagen – Epidural-Anästhetika-bezogen: Hypotension, sensorisches Defizit, motorische Schwäche, Harnverhalt, Toxizität – Epidurale Opioide: Übelkeit, Erbrechen, Juckreiz, Atmungsdepression – Anschluss an Medikamenten-Abgabe-System
Intrathekal	– Reduziert Schmerz und systemischen Opioidbedarf	– Übelkeit und Erbrechen – Juckreiz und Atmungsdepression, falls Opioide verwendet werden
Periphere Rumpf-Blocks (TAP-Block und Rectusscheide)	– Reduziert Schmerz und systemischen Opioidbedarf in der unmittelbaren postoperativen Phase – Katheterinsertion erlaubt einen kontinuierlichen Block in der postoperativen Phase	– Versagt bei der Adressierung viszeraler Schmerzen – Lokalanästhetika-Toxizität – Risiko der Peritoneumperforation mit möglicher Schädigung viszeraler Strukturen bei Insertion
Paravertebral	– Reduziert Schmerz und systemischen Opioidbedarf – Geringeres Risiko pulmonaler Komplikationen bei Patienten mit Thorakotomie – Katheterinsertion erlaubt einen kontinuierlichen Block in der postoperativen Phase – Anästhesieniveau vergleichbar dem der Epiduralanalgesie bei reduzierter Inzidenz an Hypotension	– Hypotension möglich – Gefäß- oder Pleurapunktion bei Insertion
Wundinfiltration	– Reduziert Schmerz und systemischen Opioidbedarf in der unmittelbaren postoperativen Phase – Leicht anzuwenden	– Kurzfristige Wirksamkeit

TAP-Block Transversus abdominis plane-Block

Präoperativ

1. Evaluation des präoperativen Status
   – Wirkstoff und Dosis der eingenommenen Substanz
   – bei Drogenabusus: Reinheitsgrad der verwendeten Substanz, schwierige Venenverhältnisse?
   – Bestehen Erfahrungen mit Unterdosierungen, Entzug?

- Bestehen Begleiterkrankungen (Infektion, kardiovaskuläre Erkrankungen)?
2. Planung des operativen Eingriffs
   - frühzeitige interdisziplinäre Kommunikation (Anästhesie, Chirurgie, Akutschmerzdienst)
   - ggf. Einbeziehung von Bezugspersonen
   - bei ambulanten Operationen stationäres Umfeld planen
   - Planung des perioperativen Regimes, eines kontinuierlichen Monitorings (Vigilanz, SpO2, EKG), ggfs. postoperativ Überwachung auf der ICU oder IMC.
3. Prämedikation
   - Benzodiazepin (z. B. 7,5 mg Dormicum p.o.)
   - bei bestehender Opioid- oder Methadonmedikation: übliche Dosierung weiter verabreichen
   - ggfs. 150–300 mg Pregabalin, 1h präoperativ

Perioperativ
1. Regionalanästhesie
   - wenn möglich mit Kathetertechnik
   - ggfs. Lokalanästhesie, Wundinfiltration
   - epiduraler Opioidzusatz nur, wenn kontinuierliches Monitoring der Vitalparameter gewährleistet ist
2. Allgemeinanästhesie
   - Anästhesie als TIVA oder balanciert möglich, aber 30–100 % höhere Opioiddosen einkalkulieren
   - bestehendes transdermales therapeutisches System (TTS) bei kleinen Eingriffen belassen, bei größeren Eingriffen nach Einleitung entfernen, Äquivalenzdosen i.v. verabreichen
   - Reminfentanil, Antagonisten (Naloxon o. ä.) und Succinylcholin (Rhabdomyolyse) vermeiden
   - bei Vorbehandlung mit Methadon: übliche Dosierung zur gewohnten Zeit beibehalten; zusätzlich operativen Bedarf mit ansetzen (reine μ-Opioidrezeptor-Agonisten)
   - Vorbehandlung mit Partialagonisten (Buprenorphin):
     - in niedriger Dosis zur Analgesie → Kombination mit reinen μ-Opioidrezeptor-Agonisten möglich
     - in höherer Dosierung zur Substitution (Tagesdosen von 2–8 mg) → präoperative Umstellung auf einen μ-Opioidrezeptor-Agonisten (z. B. Hydromorphon) in äquianalgetischer Dosis. Zusätzlich postoperativen Bedarf anordnen!
   - Esketamin, Lidocain oder Dexmedetomidin erwägen

Postoperativ
Analgesie
- Regionalanästhesie mit Katheter möglichst weiterführen
- in der ersten postoperativen Phase eine patientenkontrollierte i. v. Analgesie (PCIA; z. B. mit Hydromorphon)
- bei Opioiden möglichst Retardpräparate verwenden
- Nicht-Opioid-Analgetika und Adjuvanzien (Ketamin, Dexmedetomidin, Pregabalin) ausnutzen
- intensive Betreuung des Patienten durch geschultes Personal (Akutschmerzdienst), ggf. psychiatrische Mitbetreuung

Literatur

Abrolat M, Eberhart LHJ, Kalmus G, Koch T, Nardi-Hiebl S (2018) Patientenkontrollierte Analgesie: Methoden, Handhabung und Ausbaufähigkeit. Anasthesiol Intensivmed Notfallmed Schmerzther 53:270–280

Deutsche Interdisziplinäre Vereinigung für Schmerztherapie (DIVS) e. V. S3-Leitlinie „Behandlung akuter perioperativer und posttraumascher Schmerzen". (AWMF-Register Nr. 041/001) Stand: 21.05.2007 inkl. Änderungen vom 20. 04. 2009

Erlenwein J, Emons M, Hecke A et al (2015) Behandlungsstandards in der postoperativen Akutschmerztherapie: Analyse von Inhalten standardisierter medikamentöser Konzepte. Anaesthesist 64:218–226

Erlenwein J (2016) Qualität der Schmerztherapie in Deutschland – Organisation der Akutschmerztherapie: Leitlinien, Empfehlungen und aktuelle Praxis. Anasthesiol Intensivmed Notfallmed Schmerzther 51:40–48

Freys SM, Erlenwein J, Koppert W, et al (2019) Vereinbarung zur Organisation der Schmerztherapie chirurgischer Patienten des Berufsverbandes Deutscher Anästhesisten und des Berufsverbandes der Deutschen Chirurgen (Neufassung 2019) Chirurg 90: 648–651

Small C, Laycock H (2020) Acute postoperative pain management. Br J Surg 107:e70–e80

Stoetzer C, Leffler A, Filitz J (2015) Opioidgewöhnte Patienten – Perioperatives Management. Anasthesiol Intensivmed Notfallmed Schmerzther 50:102–111

Thromboembolieprophylaxe und Antikoagulation

Reinhart T. Grundmann und Benjamin Kues

Inhaltsverzeichnis

8.1 **S3-Leitlinie zur Prophylaxe der venösen Thromboembolie (VTE) (2015)** – 56

8.2 **Rückenmarksnahe Regionalanästhesien und Thromboembolieprophylaxe/antithrombotische Medikation** – 57

8.3 **Direkte orale Antikoagulanzien (DOAKs) im perioperativen Setting** – 58

8.4 **Empfehlungen des British Committee of Standards for Haematology zum perioperativen Management von Antikoagulation und Thrombozytenaggregations-Hemmung (Keeling et al. 2016)** – 58

8.5 **Heparininduzierte Thrombozytopenie (HIT)** – 61

Literatur – 63

8.1 S3-Leitlinie zur Prophylaxe der venösen Thromboembolie (VTE) (2015)

Wichtige Empfehlungen der Leitlinie (Encke et al. 2015) sind unter anderen:
- Allgemeine Basismaßnahmen sind Frühmobilisation, Bewegungsübungen, Anleitung zu Eigenübungen. Diese sollten regelmäßig bei allen Patienten zur Anwendung kommen.
- Zur Einschätzung des VTE-Risikos auf der Basis von expositionellen und dispositionellen Risikofaktoren sollte eine Einteilung in drei Risikogruppen (niedrig, mittel, hoch) erfolgen. Art und Umfang der VTE-Prophylaxe sollen sich nach der Einteilung in diese Risikogruppen und nach Kontraindikationen richten.
    - Niedriges VTE- Risiko: kleine operative Eingriffe/Verletzung ohne oder mit geringem Weichteilschaden
    - Mittleres VTE-Risiko: länger dauernde Operationen/gelenkübergreifende Immobilisation der unteren Extremität im Hartverband/arthroskopisch assistierte Gelenkchirurgie an der unteren Extremität
    - Hohes VTE-Risiko: größere Eingriffe in der Bauch- und Beckenregion bei maligen Tumoren oder entzündlichen Erkrankungen/Polytrauma, schwerere Verletzungen der Wirbelsäule, des Beckens und/oder der unteren Extremität/größere Eingriffe an Wirbelsäule, Becken, Hüft- oder Kniegelenk/größere operative Eingriffe in Körperhöhlen der Brust-, Bauch- und/oder Beckenregion
- Bei Patienten mit mittlerem und hohem VTE-Risiko sollten neben einer medikamentösen Prophylaxe Basismaßnahmen eingesetzt werden.
- Zur medikamentösen VTE-Prophylaxe stehen Heparine, Fondaparinux, Nicht-Vitamin-K-abhängige orale Antikoagulanzien (NOAK) und Vitamin-K-Antagonisten zur Verfügung. Unter Abwägung von Effektivität, Blutungs- und HIT II-Risiko soll NMH (niedermolekulares Heparin) gegenüber UFH (Unfraktioniertes Heparin) bevorzugt werden.
- ASS soll zur VTE-Prophylaxe nur in begründeten Einzelfällen eingesetzt werden.
- Bei Heparinanwendung soll an das Risiko einer HIT II gedacht werden. Bei Verwendung von UFH sollte regelmäßig eine Kontrolle der Thrombozytenzahl durchgeführt werden. Bei Verwendung von NMH kann die Kontrolle in der Regel entfallen.
- Die medikamentöse VTE-Prophylaxe sollte zeitnah zur risikoverursachenden Situation begonnen werden. Kommentar hierzu: Die perioperative medikamentöse VTE-Prophylaxe mit Heparinen wird in Europa üblicherweise präoperativ begonnen, in Nordamerika dagegen grundsätzlich postoperativ und meist mit höherer Dosis. Es gibt keine Daten, die eine überlegene Wirksamkeit oder Sicherheit des einen gegenüber dem anderen Regime belegen.
- Fondaparinux, Dabigatranetexilat und Rivaroxaban werden bei Elektivoperationen grundsätzlich erst postoperativ begonnen. Die medikamentenspezifischen Zeitintervalle sollen berücksichtigt und der jeweiligen Fachinformation entnommen werden. Der minimale Zeitabstand zwischen Operationsende und der ersten Gabe von Fondaparinux beträgt 6 h. Das Intervall kann ohne Wirksamkeitsverlust auf bis zu 20 h ausgedehnt werden.
- Die Dauer der medikamentösen VTE-Prophylaxe soll sich am Fortbestehen relevanter Risikofaktoren für venöse Thromboembolien orientieren.
- Die Applikation einer medikamentösen VTE-Prophylaxe soll in ausreichendem zeitlichen Abstand zur Regionalanästhesieeinleitung und Katheterentfernung erfolgen.
- Eingriffe im Bauch- und Beckenbereich:
    - Patienten mit mittlerem VTE-Risiko (mittlere Eingriffe oder kleinere Eingriffe mit zusätzlichen dispositionellen

Risikofaktoren) sollen eine medikamentöse VTE-Prophylaxe mit Heparinen erhalten. Zusätzlich können diese Patienten eine physikalische Prophylaxe (Intermittierende pneumatische Kompression [IPK]/medizinische Thromboseprophylaxestrümpfe [MTPS] erhalten.
- Patienten mit hohem VTE-Risiko (große Eingriffe oder mittlere Eingriffe mit zusätzlichen dispositionellen Risikofaktoren) sollen eine medikamentöse VTE-Prophylaxe mit NMH erhalten. Alternativ kann Fondaparinux verwendet werden. Zusätzlich können diese Patienten eine physikalische Prophylaxe (IPK/MTPS) erhalten.
- Für laparoskopische Eingriffe und Operationen mit minimal invasivem Zugang (minimal access surgery) gelten die gleichen Indikationen zur VTE-Prophylaxe wie bei offenen Eingriffen im Bauch- und Beckenbereich.
- Die Dauer der medikamentösen VTE-Prophylaxe beträgt in der Regel 7 Tage. Sie sollte eingehalten werden unabhängig davon, ob der Patient noch stationär oder schon ambulant geführt wird.
- Bei fortdauerndem VTE-Risiko (z. B. prolongierte Immobilisation, Infektion) sollte die VTE-Prophylaxe fortgeführt werden.
- Patienten mit onkologischen Eingriffen sollen eine verlängerte VTE-Prophylaxe für 4 Wochen erhalten.

8.2 Rückenmarksnahe Regionalanästhesien und Thromboembolieprophylaxe/ antithrombotische Medikation

Hierzu liegt eine S1-Leitlinie vor (Waurick et al. 2014). Wichtige Aussagen sind:
- Wird ein neuroaxiales Regionalanästhesieverfahren unter prophylaktischer Gabe von NMH angestrebt, so sollte zwischen der letzten Gabe und Punktion/Katheterentfernung bei nierengesunden Patienten ein Zeitintervall von mindestens 12 h eingehalten werden. Demnach darf bei Nierengesunden noch am Vorabend der Operation eine Thromboseprophylaxe mit NMH verabreicht werden. Die erste postpunktionelle Gabe sollte frühestens nach 4 h erfolgen.
- Wenn Patienten Acetylsalicylsäure einnehmen, sollte 36–42 h vor geplanter Punktion oder Katheterentfernung kein prophylaktisch dosiertes NMH verabreicht werden, bei therapeutischer NMH-Gabe sollte mindestens 48 h pausiert und darüber hinaus der Anti-FXa-Spiegel bestimmt werden.
- Aufgrund der hohen Fallzahl neuroaxialer Blockaden unter niedrigdosierter Acetylsalicylsäuretherapie und des fehlenden Hinweises auf ein vermehrtes Auftreten spinaler epiduraler Hämatome in Deutschland seit 2007, gilt die neuroaxiale Punktion bei diesem Patientenklientel, trotz der aktuell publizierten Studie von Devereaux, weiterhin als unbedenklich. [Anmerkung: In der randomisierten Studie von Devereaux et al. (2014) mit insgesamt 10.100 Patienten mit nicht-kardialen chirurgischen Eingriffen hatte die Gabe von Aspirin vor dem Eingriff und während der frühen postoperativen Phase keinen signifikanten Einfluss auf die Kompositrate von Tod und nicht-sterblichem Herzinfarkt, erhöhte aber das Risiko größerer Blutungen. In dieser Studie waren Patienten, die einen unbeschichteten Koronarstent vor weniger als 6 Wochen vor dem Eingriff erhalten hatten, ausgeschlossen worden, ebenso Patienten mit medikamentenfreisetzendem Stent vor weniger al 1 Jahr vor Operation].
- Wird ein neuroaxiales Verfahren unter Clopidogrel-Therapie geplant, so sollte zwischen der letzten Einnahme und Punktion ein Zeitintervall von 7–10

Tagen eingehalten werden. Infolge der langen Zeitspanne bis zur maximalen Thrombozytenaggregationshemmung darf die nächste Clopidogrel Gabe, sofern keine Loadingdose erfolgt, sofort nach Katheterentfernung erfolgen.
- Wird unter Rivaroxaban eine neuroaxiale Blockade durchgeführt, so sollte bei niedriger Dosierung (10 mg/d) ein Zeitintervall von 22–26 h vor Punktion/Katheterentfernung eingehalten werden. Bei leichter bis mittelschwerer Niereninsuffizienz (Kreatininclearance 30–80 ml/min) sollte das Zeitintervall auf 44-65h (4–5 HWZ) verlängert werden. Bei höherer Dosierung (2 × 15 mg/d, 1 × 20 mg/d) sollte das Zeitintervall ebenfalls auf 44–65 h (4–5 HWZ) verlängert werden. Nach Punktion/Katheterentfernung sollten 4–5,5 h bis zur nächsten Gabe vergehen. Bei zusätzlicher Gabe von Thrombozytenaggregationshemmern sollte aufgrund des erhöhten Blutungsrisikos auf neuroaxiale Verfahren verzichtet werden.
- Wird im Rahmen einer Risiko-Nutzen-Abwägung eine neuroaxiale Blockade unter Apixaban durchgeführt, so sollten die folgenden Zeitintervalle eingehalten werden: unter niedriger/prophylaktischer Dosierung (2 × 2,5 mg/d) sollten vor Punktion/Katheterentfernung 26–30 h nach letzter Gabe vergehen. Bei Patienten mit eingeschränkter Nierenfunktion (30- 50 ml/min; oder Serum- Kreatinin ≥ 1,5 mg/ dl) sollte das Zeitintervall auf 40–75 h (4–5 HWZ) ausgedehnt werden. Bei höherer therapeutischer Dosierung (2 × 5 mg/d oder 2 × 2,5 mg/d bei Patienten mit Serumkreatinin ≥ 1,5 mg/ dl und/oder Alter ≥ 80 Jahre) sollte ebenfalls ein Zeitintervall von 40 – 75 h (4–5 HWZ) eingehalten werden. Nach Punktion/Katheterentfernung sollten mindestens 5–7 h vor der nächsten Gabe von Apixaban vergehen.
- Eine therapeutische Antikoagulation mit Vitamin-K-Antagonisten stellt eine Kontraindikation für neuroaxiale Blockaden dar. Empfehlung: Die Gabe von Vitamin-K-Antagonisten sollte erst nach Katheterentfernung erfolgen.

8.3 Direkte orale Antikoagulanzien (DOAKs) im perioperativen Setting

Zur Planung einer perioperativen Therapieunterbrechung werden grundsätzlich zwei Faktoren herangezogen:1. das spezifische Blutungsrisiko des geplanten Eingriffs, das in „vernachlässigbar gering", „niedrig" und „hoch" stratifiziert werden kann; und 2. die Pharmakokinetik der individuellen Substanz, die ihrerseits vor allem durch die Nierenfunktion des Patienten und seltener von interaktiver Komedikation beeinflusst wird (Grönefeld 2018).

Das Blutungsrisiko von operativen Eingriffen ist nach Grönefeld in ◘ Tab. 8.1 verkürzt dargestellt, die davon abhängigen Empfehlungen zur DOAK-Pause in Abhängigkeit von der Nierenfunktion des Patienten finden sich in ◘ Tab. 8.2.

8.4 Empfehlungen des British Committee of Standards for Haematology zum perioperativen Management von Antikoagulation und Thrombozytenaggregations-Hemmung (Keeling et al. 2016)

Warfarin und andere Vitamin-K-Antagonisten
- Warfarin sollte für 5 Tage vor einem elektiven Eingriff beendet werden, wenn die Antikoagulation fortgesetzt werden muss (1 C).
- Patienten mit einer venösen Thromboembolie (VTE) vor mehr als 3 Monaten

Thromboembolieprophylaxe und Antikoagulation

Tab. 8.1 Blutungsrisiko von operativen Eingriffen

Niedriges Blutungsrisiko mit Notwendigkeit einer kurzen DOAK-Unterbrechung
Die meisten Biopsien (z. B. aus Brust, Lunge, Magen, Darm, Blase, Prostata ohne akute Blutung)
Hand-, Schulter- und Fußchirurgie, Karpaltunnel-OP
Abdominelle Hernien-OP
Angiografie, Koronarintervention
Dilatation und Curettagen
Polypenabtragung bei Darmspiegelung
Hämorrhoiden-OP
Materialentfernung nach Knochenbruch
Intramuskuläre Injektionen, z. B. bei Impfungen oder Ischiasbeschwerden (Cave: hierbei ggf. längere Unterbrechung über 3–4 Tage nach der Injektion)
Hohes Blutungsrisiko mit Notwendigkeit einer längeren DOAK-Unterbrechung
Jeder operative Eingriff > 45 min Dauer
Abdominelle und gastrointestinale Operationen
Operation zur Entfernung maligner Tumoren
Größere Hals-Nasen-Ohren-Eingriffe
Nieren- und Leberbiopsie
Herz- und Gefäßoperationen
Große orthopädische Operationen
Urologische Operationen
Neurochirurgische Eingriffe und Operationen, Bandscheiben-OP

kann gewöhnlich eher eine postoperative prophylaktische Dosis von niedermolekularem Heparin (NMH) (oder eine geeignete Alternative) als eine Bridging-Therapie gegeben werden (2 C).
– Patienten mit sehr hohem Risiko einer Rezidiv-VTE, wie z. B. Patienten mit einer vorausgegangenen VTE unter therapeutischer Antikoagulation, die jetzt eine Ziel INR (International Normalized Ratio) von 3,5 haben, und Patienten mit einer vorausgegangenen VTE innerhalb von weniger als 3 Monaten, sollten für ein Bridging in Betracht gezogen werden (2D).
– Patienten mit Vorhofflimmern und einem $CHADS_2$ Score von ≤ 4, die keinen Schlaganfall oder transiente ischämische Attacke (TIA) in den letzten 3 Monaten hatten, sollten kein Bridging erhalten (1 A).
– Patienten mit einer mechanischen Doppelflügel-Aortenprothese und keinen weiteren Risikofaktoren bedürfen keines Bridgings, während es bei allen anderen Patienten mit einer mechanischen Herzklappe in Erwägung gezogen werden soll (2 C).
– Wir empfehlen, dass mit dem postoperativen Bridging nicht vor wenigstens 48 h nach einem chirurgischen Eingriff mit hohem Blutungsrisiko begonnen wird (1 C).

Anmerkung: Die Empfehlungen zum Verzicht auf das Bridging gehen von der Voraussetzung aus, dass Warfarin aufgrund seines langsamen Wirkungsbeginns am Abend des Operationstags oder am nächsten Tag bei adäquater Hämostase wieder gegeben werden kann, mit der normalen Erhaltungsdosis oder an zwei Initialtagen mit der doppelten Erhaltungsdosis.

Direkte orale Antikoagulanzien (DOAC)
– Patienten mit normaler Nierenfunktion, die sich einem geplanten Eingriff mit niedrigem Risiko unterziehen, sollten kein DOAC für 24 h vor dem Eingriff einnehmen (2B).
– Patienten mit normaler Nierenfunktion, die sich einem geplanten Eingriff mit höherem Risiko unterziehen, sollten kein DOAC für 48 h vor dem Eingriff einnehmen (2B).
– Nach einem kleineren oder niedrig-Risiko Eingriff kann bei Patienten mit

◘ **Tab. 8.2** Letzte Einnahme der DOAK-Therapie vor einem Eingriff in Abhängigkeit von Blutungsrisiko, Nierenfunktion und Präparat. **Kein** Bridging mit NMH während der DOAK-Pause

Nierenfunktion und Blutungsrisiko	Pradaxa®	Pradaxa®	Eliquis® Lixiana® Xarelto®	Eliquis® Lixiana® Xarelto®
Risikokategorie / Kreatinin-Clearance (CrCl)	Niedriges OP-Risiko	Hohes Op-Risiko	Niedriges OP-Risiko	Hohes OP-Risiko
> 80 ml/min	≥ 24 h vorher	≥ 48 h vorher	≥ 24 h vorher	≥ 48 h vorher
50–79 ml/min	≥ 36 h vorher	≥ 72 h vorher	≥ 24 h vorher	≥ 48 h vorher
30–50 ml/min	≥ 48 h vorher	≥ 96 h vorher	≥ 24 h vorher	≥ 48 h vorher
15–30 ml/min	Nicht angezeigt	Nicht angezeigt	≥ 36 h vorher	≥ 48 h vorher
unter 15 ml/min	Nicht angezeigt	Nicht angezeigt	Nicht angezeigt	Nicht angezeigt

geringem Blutungsrisiko die Antikoagulation 6–12 Std. nach dem Eingriff wieder aufgenommen werden, wenn die Hämostase völlig gesichert ist (2 C).
- Nach Hochrisikoeingriffen und bei Patienten mit erhöhtem Blutungsrisiko oder in jeglicher Situation, in der ein erhöhtes Blutungsrisiko inakzeptabel ist, sollten DOACs nicht wieder mit voller Dosierung eingesetzt werden vor nicht weniger als 48 h nach dem Eingriff (2 C).
- Bei Patienten mit hohem Thromboserisiko ist es angemessen, eine prophylaktische Dosis einer Antikoagulation in Betracht zu ziehen, bevor die volle therapeutische Dosis des DOAC wieder aufgenommen wird (2D).
- DOAC-Bestimmungen mittels indirekter Methoden wie verdünnte Thrombinzeit, Ecarin Clotting Time und kalibrierte anti-Xa-Messung sollten gegenwärtig mit Vorsicht interpretiert werden bei der Behandlung von Patienten mit DOAC, die einen Notfalleingriff benötigen (2B).
- Eine normale Thrombinzeit kann interpretiert werden als Hinweis, dass eine minimale zirkulierende Konzentration von Dabigatran vorhanden ist. Normale Prothrombinzeit (PT) und aktivierte partielle Thromboplastinzeit (APTT) schließen signifikante Konzentrationen von Dabigatran, Rivaroxaban oder Apixaban nicht aus (1 A).
- Wenn ein antikoagulatorischer Effekt nicht ausgeschlossen werden kann, sollte eine neuroaxiale Anästhesie vermieden werden (1 C).
- Prothrombinkomplex-Konzentrate sollten bei Patienten mit DOACs nicht routinemäßig vor einem Notfalleingriff eingesetzt werden (2D).
- Tranexamsäure reduziert wahrscheinlich die Blutung bei Patienten, die einen Rest-antikoagulatorischen Effekt haben (1 C).
- Medikamente und Kolloide, die den Hämostase-Mechanismus beeinträchtigen, sollten im perioperativen Management von Patienten, die DOACs erhalten, vermieden werden (2D).
- Idarucizumab sollte eingesetzt werden, um die Dabigatranbehandlung umzukehren vor notfallmäßigen invasiven Prozeduren und Eingriffen, wenn das Blutungsrisiko als signifikant angesehen wird (1 C).
- Falls vorhanden, sollte Andexanet benutzt werden, um Apixaban, Rivaroxaban oder Edoxaban rückgängig zu machen vor notfallmäßigen invasiven Prozeduren und Eingriffen, wenn das Blutungsrisiko als signifikant angesehen wird (2 C).

Thrombozytenaggregationshemmer
- Wenn eine Aspirin-Monotherapie zur Sekundärprävention einer kardiovaskulären Erkrankung verwendet wird, kann sie für die meisten invasiven nicht-kardialen Prozeduren (inklusive neuroaxiale Anästhesie) fortgesetzt werden. Jedoch, wenn bemerkt wird, dass das Blutungsrisiko hoch ist, kann Aspirin weggelassen werden ab Tag −3 bis Tag + 7, ohne Netto-Nachteil (2 C).
- Aspirin kann sowohl vor als auch nach einer koronaren Bypassoperation fortgesetzt werden (1B).
- Operationen wegen Hüftfraktur können frühzeitig bei Patienten unter Clopidogrel stattfinden (1B).
- Bei dringlicher Chirurgie mit niedrigem Blutungsrisiko bei Patienten unter Thrombozytenaggregationshemmern sollte keine routinemäßige Thrombozytentransfusion gegeben werden (2 C).
- Ziehe bei dringlicher Chirurgie mit hohem Blutungsrisiko bei Patienten unter Thrombozytenaggregationshemmern den Einsatz von Tranexamsäure in Erwägung, bei ungewissem Nettonutzen einer Thrombozytentransfusion.
  - Wenn es trotz Tranexamsäure zu exzessiver peri- oder postoperativer Blutung kommt, oder wenn von dem Blutungsrisiko angenommen wird, dass es sehr hoch ist, erwäge die Infusion von zwei Beuteln von Spenderthrombozyten. Dies kann die Hämostase verbessern, wenn es wenigstens zwei Stunden nach der letzten Aspirindosis gegeben wird, wenn auch sogar höhere Dosen an Spenderthrombozyten 12–24 h nach der letzten Clopidogrelgabe einen geringeren Effekt haben können (2 C).
- Bei Patienten unter dualer Thrombozytenaggregationshemmung mit einem kürzlichen akuten Koronarsyndrom oder Koronarstent sollten Eingriffe mit geringem Blutungsrisiko ohne Unterbrechung der Thrombozytenaggregationshemmung ablaufen (1 C).
- Bei Patienten unter dualer Thrombozytenaggregationshemmung mit einem kürzlichen akuten Koronarsyndrom oder Koronarstent sollten elektive Eingriffe mit hohem Blutungsrisiko nach Möglichkeit verschoben werden, wenn die Patienten noch eine duale Thrombozytenaggregationshemmung benötigen (1 C). Wenn der Eingriff nicht verschoben werden kann, sollte Aspirin fortgesetzt und Clopidogrel oder Ticagrelor für 5 Tage präoperativ unterbrochen werden oder Prasugrel für 7 Tage präoperativ (1 C).

8.5 Heparininduzierte Thrombozytopenie (HIT)

Heparin ist das bei uns im stationären Bereich am häufigsten genutzte Antikoagulans. Doch es hat Nebenwirkungen. Hierzu gehört die Heparin-induzierte Thrombozytopenie (HIT). Klinisch werden zwei Typen unterschieden: HIT Typ I (HIT I), eine benigne nicht-immunologisch vermittelte Reaktion und HIT Typ II (HIT II), ein immunologisch vermitteltes Syndrom, das durch Antikörper charakterisiert ist, die sich gegen Komplexe aus Thrombozytenprotein -Plättchen-Faktor 4 (PF4) – und Heparin richten (Übersicht in Schmitz-Rixen et al. 2014). Das höchste Risiko, eine HIT zu entwickeln, haben kardiochirurgische Patienten (bis zu 3 %) und Patienten nach großen vaskulären Eingriffen (ca. 0,5–1 %) sowie alle operativen Patienten, die unfraktioniertes Heparin (UFH) erhalten. Patienten nach kleineren operativen Eingriffen oder mit konservativer Behandlung sowie alle Patienten, die ausschließlich niedermolekulares Heparin (NMH) erhalten, haben ein deutlich niedrigeres Risiko für eine HIT (≪1 %) (Greinacher et al. 2018).

HIT I ist ein sich selbst-limitierendes Geschehen ohne schwere Nebenwirkungen, das bei 10–30 % der Patienten innerhalb der ersten 4 Tage nach Heparin-Behandlung zu beobachten ist. Dabei bindet sich das Heparin, ein stark negativ geladenes Polysaccharid, an positiv geladene Proteine und auch an Thrombozyten. Es kommt zu einem geringen Abfall der Thrombozytenwerte (< 30 %). Diese normalisieren sich jedoch spontan während weiterer Heparingabe, die fortgesetzt werden kann.

Die immunologisch vermittelte HIT II ist durch eine absolute oder relative Thrombozytopenie charakterisiert, bei einer paradoxerweise erhöhten Inzidenz an venösen und arteriellen („White-Clot-Syndrom") Thrombosen. HIT II tritt typischerweise zwischen dem 5. und 14. Tag der Heparingabe auf, da das Immunsystem einige Tage benötigt, um ausreichende Mengen an anti-PF4/Heparin-Antikörper zu bilden, unter Umständen auch früher, wenn der Patient innerhalb der letzten drei Monate Heparin erhalten hat. Die Thrombozytopenie ist bei 85–90 % der Patienten das erste Anzeichen einer HIT II, mit einem abrupten Abfall der Thrombozyten unter 150.00/µL oder um mehr als 50 % des Basiswertes. Gewöhnlich fallen die Werte auf 40.000 bis 80.000 Thrombozyten/µL. Nur in 5–10 % der Fälle erreichen die Thrombozyten einen Nadir unter 20.000/ µL, was den Verdacht auf andere Ursachen lenkt. Bei klinischem Verdacht auf HIT II sollte der HIT-Score (◘ Tab. 8.3) bestimmt werden. Der Score wird durch Addition der Einzelpunkzahlen bestimmt (0–3 Punkte = niedrige Wahrscheinlichkeit; 4–5 Punkte = mittlere Wahrscheinlichkeit; 6–8 Punkte = hohe Wahrscheinlichkeit). Ergibt sich aufgrund dieses sog. 4 T-Tests der begründete Verdacht auf HIT II, so ist – noch bevor die erst nach Tagen vorliegenden Labortests dies bestäti-

◘ **Tab. 8.3** 4T-Score zur Abschätzung der klinischen Wahrscheinlichkeit einer heparininduzierten Thrombozytopenie (HIT II)

Wahrscheinlichkeitskriterien			
HIT-Verdachtskriterien	2 Punkte	1 Punkt	0 Punkte
Thrombozytopenie	Niedrigster Wert ≥ 20.000/µl und > 50 % Abfall	Niedrigster Wert 10.000–19.000// µl oder 30–50 % Abfall (oder > 50 % unmittelbar nach chirurgischem Eingriff)	Niedrigster Wert ≤ 10.000/µl oder < 30 % Abfall
Tag des Auftretens des Thrombozytenabfalls	Tag 5–10 oder ≤ 1 bei früherer Heparintherapie (innerhalb der letzten 30 Tage)	Unbekannt, aber könnte zur HIT passen, bzw. > Tag 10 bzw. ≤ Tag 1 bei früherer Heparintherapie (innerhalb der letzten 30 bis 90 Tage)	Tag < 4 (keine frühere Heparintherapie)
Thrombosen oder andere Komplikationen	Gesicherte neue Thrombose, Hautnekrosen, anaphylaktische Reaktion (nach Heparinbolus)	Fortschreitende oder rezidivierende Thrombose, Verdacht auf Thrombose (noch nicht bestätigt) oder nicht nekrotisierende Hautläsionen	Keine Komplikationen
Andere („oTher") Gründe für Thrombozytenabfall	Keine	Denkbar	Definitiv

gen – die Heparingabe zu stoppen und auf alternative Antikoagulantien umzustellen (Schmitz-Rixen et al. 2014). Ein Fazit für die Praxis haben Greinacher und Selleng (2018) publiziert:
- HIT II ist eine klinische Diagnose, Laboruntersuchungen bestätigen diese.
- Der 4 T-Score ermittelt die klinische Wahrscheinlichkeit der HIT II; bei einem 4 T-Score ≤ 3 Punkte ist eine HIT II unwahrscheinlich.
- PF4/Heparin-IgG-Antikörper werden im Antigentest nachgewiesen (ohne Antikörper keine HIT II, aber Antikörper allein machen auch keine HIT II).
- Nach positivem Antigentest ist immer ein Funktionstest durchzuführen.
- Positiver Antigentest und positiver Funktionstest sichern die Diagnose „HIT II".
- Bei der akuten HIT II alle Heparine vermeiden und alternativ antikoagulieren.
- Für die Therapie der akuten HIT II zugelassen sind Argatroban und Danaparoid; Fondaparinux und DOAK werden auch erfolgreich eingesetzt.
- Vitamin-K-Antagonisten sind bei der akuten HIT II kontraindiziert.
- Eine Reexposition mit Heparin ist kurzzeitig möglich, wenn der Funktionstest negativ ist.
- Eine Autoimmun-HIT II ist eine besonders aggressive Form der HIT mit schwerer Thrombozytopenie und fulminanten fortschreitenden Thrombosen auch ohne vorherige Heparinexposition (Trigger: große Operationen, bakterielle Infekte, Heparin).

Literatur

Devereaux PJ, Mrkobrada M, Sessler DI et al (2014) Aspirin in patients undergoing noncardiac surgery. N Engl J Med 370:1494–1503

Encke A, Haas S, Kopp I et al. S3-Leitlinie Prophylaxe der venösen Thromboembolie (VTE) 2. komplett überarbeitete Auflage, Stand: 15.10.2015. AWMF Leitlinien-Register Nr. 003/001. Klasse S3

Greinacher A, Selleng K (2018) Heparininduzierte Thrombozytopenie. Gefässchirurgie 23:193–207

Grönefeld G (2018) DOAKs im perioperativen Setting: Wann und wie absetzen? Dtsch Arztebl 115(44): [20]. DOI: ▶ https://doi.org/10.3238/PersKardio.2018.11.02.03

Keeling D, Tait RC, Watson H, Committee B, of Standards for Haematology (2016) Peri-operative management of anticoagulation and antiplatelet therapy. Br J Haematol 175:602–613

Schmitz-Rixen T, Adili F, Bauersachs R et al (2014) Antikoagulation mit Argatroban bei vaskulären und endovaskulären Operationen und Interventionen und Verdacht auf heparininduzierte Thrombozytopenie Typ II (HIT II). Gefässchirurgie 19:667–674

Waurick K, Riess H, van Aken H et al. Deutsche Gesellschaft für Anästhesiologie und Intensivmedizin e. V. (DGAI) (2014) Rückenmarksnahe Regionalanästhesien und Thromboembolieprophylaxe/antithrombotische Medikation. AWMF-Registernummer 001–005

Ernährung und ERAS

Reinhart T. Grundmann und Benjamin Kues

Inhaltsverzeichnis

9.1 S3-Leitlinie „Klinische Ernährung in der Chirurgie" (Weimann et al. 2013) – 66

9.2 American Society for Enhanced Recovery and Perioperative Quality Initiative Joint Consensus Statements (Wischmeyer et al. 2018) – 67

9.3 Das ERAS-Konzept – 69

Literatur – 70

© Der/die Autor(en), exklusiv lizenziert durch Springer-Verlag GmbH, DE, ein Teil von Springer Nature 2021
R. T. Grundmann und E. S. Debus (Hrsg.), *Evidenzbasiertes perioperatives Management in der Viszeralchirurgie*,
Evidenzbasierte Chirurgie, https://doi.org/10.1007/978-3-662-62848-5_9

9.1 S3-Leitlinie „Klinische Ernährung in der Chirurgie" (Weimann et al. 2013)

Die Leitlinie empfiehlt generell
- ein Screening auf Mangelernährung (z. B. Nutritional Risk Screening – NRS 2002) präoperativ bei der stationären Aufnahme oder dem ersten Patientenkontakt durch geschultes Personal
- die Definition eines krankheitsassoziierten „schweren metabolischen Risikos" bei chirurgischen Patienten im Fall des Vorliegens eines der folgenden Kriterien:
    - Gewichtsverlust > 10–15 % innerhalb von 6 Monaten
    - BMI < 18,5 kg/m²
    - Subjective Global Assessment (SGA) – Grad C oder NRS 2002 > 3
    - Serumalbumin < 30 g/L, sofern präoperativ Ausschluss einer Leber- oder Nierenfunktionsstörung
- Beobachtung und Dokumentation der oralen Nahrungsaufnahme
- routinemäßige Verlaufskontrolle des Gewichts und des BMI.

Spezielle Empfehlungen sind unter anderen:
- Bei den meisten Patienten ist eine präoperative Nüchternheit ab Mitternacht vor der Operation nicht erforderlich. Patienten ohne besonderes Aspirationsrisiko sollen bis 2 h vor Narkosebeginn klare Flüssigkeiten trinken. Feste Nahrung ist bis 6 h vor der Anästhesie erlaubt. [Empfehlungsgrad A]
- Die präoperative Glukosezufuhr ("carbohydrate loading") sollte bei Patienten ohne Diabetes mit dem Ziel einer Reduktion des präoperativen Diskomforts und bei abdominalchirurgischen Eingriffen einer Verkürzung der Krankenhausverweildauer in der Nacht präoperativ und 2 h vor dem Eingriff erfolgen. [Empfehlungsgrad B]
- Glukose sollte Patienten, die nicht enteral ernährt werden können, vor der Operation intravenös verabreicht werden. [Empfehlungsgrad B]
- Nach unkomplizierter Operation soll die orale Nahrungszufuhr nicht unterbrochen werden. [Empfehlungsgrad A]
- Auch nach kolorektalen Eingriffen soll die orale Nahrungszufuhr einschließlich klarer Flüssigkeiten innerhalb von Stunden postoperativ begonnen werden. [Empfehlungsgrad A]

Indikation zur künstlichen Ernährung:
- Eine künstliche Ernährung ist bei Patienten mit Mangelernährung und solchen ohne manifeste Mangelernährung indiziert, wenn vorherzusehen ist, dass der Patient für mehr als 7 Tage postoperativ unfähig zur oralen Kostzufuhr sein wird. Die Indikation besteht ebenfalls für Patienten, die für mehr als 10 Tage nicht in der Lage sind, mehr als 60–75 % der empfohlenen Energiemenge oral aufzunehmen. Für diese Patienten kann empfohlen werden, die künstliche Ernährung (bevorzugt enteral) ohne Verzögerung einzuleiten. [Empfehlungsgrad C]
- Sofern der Energie- und Substratbedarf nicht durch eine orale und/oder enterale Ernährung allein (< 60 % des Energiebedarfs) gedeckt werden kann, kann die Kombination von enteraler und parenteraler Ernährung (supplementierende parenterale Ernährung) empfohlen werden. [Empfehlungsgrad C]
- Eine kombinierte Ernährung ist nicht notwendig, wenn die erwartete Periode der parenteralen Ernährung unter 4 Tagen liegt. Wenn die voraussichtliche Dauer zwischen 4 und 7 Tagen liegt, kann die Ernährung hypokalorisch über einen peripheren Zugang verabreicht werden. [Empfehlungsgrad C]
- Wenn die Anlage des zentralvenösen Katheters zur Durchführung einer künstlichen Ernährung erforderlich ist, muss diese Indikation kritisch in Bezug auf

die voraussichtliche Ernährungsdauer gestellt werden. Erst bei einer Dauer von 7–10 Tagen kann die Anlage eines zentralvenösen Katheters empfohlen werden. [Empfehlungsgrad C]
- Bei der parenteralen Ernährung sollten Dreikammerbeutel (all-in-one) den Einzelkomponenten (Mehrflaschensysteme) vorgezogen werden. [Empfehlungsgrad B]

Postoperative Ernährung
- Eine frühzeitige Sondenernährung (Beginn: innerhalb von 24 h) soll bei den Patienten begonnen werden, bei denen eine frühe orale Ernährung nicht möglich ist. Dies gilt besonders für
  - Patienten mit großen Kopf- und Hals- sowie gastrointestinalen Eingriffen wegen eines Tumors [Empfehlungsgrad A]
  - Patienten mit schwerem Polytrauma einschließlich Schädel-Hirn-Trauma [Empfehlungsgrad A]
  - Patienten mit manifester Mangelernährung zum Operationszeitpunkt [Empfehlungsgrad A]
  - Patienten, bei denen die orale Zufuhr voraussichtlich für mehr als 10 Tage unter 60–75 % bleiben wird [Empfehlungsgrad C].
- Bei den meisten Patienten kann eine Standardnahrung mit einer adäquaten Menge an Proteinen ausreichend sein. Bei erhöhtem Risiko für Sondenobstruktion und Infektionen kann der Einsatz von selbst hergestellten Nahrungen zur Sondenernährung nicht empfohlen werden. [Empfehlungsgrad C]
- Der Einsatz einer immunmodulierenden Nahrung (angereichert mit Arginin, n-3-Fettsäuren und Ribonukleotiden) sollte bei
  - Patienten mit manifester Mangelernährung bzw. hohem metabolischem Risiko
  - Patienten mit Operationen wegen Kopf-Hals-Tumoren oder gastrointestinalen Karzinomen
  - schwerem Polytrauma

  erfolgen. [Empfehlungsgrad B]
- Wann immer möglich, sollte mit der Supplementierung vor der Operation begonnen werden [Empfehlungsgrad B] und diese postoperativ für 5–7 Tage auch nach unkomplizierten Eingriffen fortgesetzt werden [Empfehlungsgrad C].
- Die Platzierung einer nasojejunalen Sonde oder einer Feinnadelkatheterjejunostomie (FKJ) sollte routinemäßig bei allen Patienten mit Indikation zur Sondenernährung und besonders nach großen gastrointestinalen Eingriffen im Oberbauch sowie nach Pankreasresektionen erfolgen. [Empfehlungsgrad B]
- Eine enterale Sondenernährung soll innerhalb von 24 h postoperativ begonnen werden. [Empfehlungsgrad A]
- Es wird empfohlen, die Nahrungszufuhr mit einer niedrigen Flussrate (10 bis max. 20 mL/h) unter Beobachtung der intestinalen Toleranz zu beginnen. So kann es 5–7 Tage dauern bis das Kalorienziel der enteralen Sondennahrung erreicht wird. [Empfehlungsgrad C]
- Wenn eine längerfristige Sondenernährung (> 4 Wochen) erforderlich wird, z. B. bei schwerem Schädel-Hirn-Trauma, wird die Implantation einer perkutanen Sonde als perkutane endoskopische Gastrostomie (PEG) empfohlen. [starker Konsens]

9.2 American Society for Enhanced Recovery and Perioperative Quality Initiative Joint Consensus Statements (Wischmeyer et al. 2018)

Empfehlungen vor dem Eingriff
- Wir empfehlen das Screening des Ernährungszustands vor großem chirurgischem Eingriff mittels eines einfachen Screening-Hilfsmittels.

- Für das klinisch-basierte perioperative Ernährungs-Screening empfehlen wir die Fragen
  - Hat der Patient einen niedrigen BMI < 18,5 kg/m^2 (< 20 bei einem Alter > 65 Jahre)?
  - Hat der Patient einen Gewichtsverlust > 10 % in den letzten 6 Monaten?
  - Nahm der Patient in der letzten Woche > 50 % weniger oral zu sich?
  - Hat der Patient ein präoperatives Serum-Albumin < 3,0 g/dl?
- Wenn die Screening-Fragen hinsichtlich eines Ernährungsrisikos positiv sind, empfehlen wir eine Intervention oder Überweisung zur formalen Ernährungsbewertung.
- Wir empfehlen die Erfassung des Body Mass mittels CT, falls vorhanden, zur Unterstützung der Abschätzung des Ernährungsrisikos vor dem Eingriff.
- Wir empfehlen, dass eine Proteingesamtaufnahme wichtiger ist als eine Kaloriengesamtaufnahme mit dem Ziel einer Proteinaufnahme > 1,2 g/kg/Tag.
- Wir empfehlen, dass Patienten mit Ernährungsrisiko vor einem großen chirurgischen Eingriff eine präoperative orale Ernährungsergänzung für wenigstens 7 Tage vor dem Eingriff erhalten. Dies kann erreicht werden mit einer
  - Immunonutrition (enthaltend Arginin und Fischöle) oder mit
  - oraler Hoch-Protein-Supplementierung (2–3-mal am Tag, Minimum 18 g Protein/Dosis)
- Wir empfehlen für Patienten mit Ernährungsrisiko vor einem großen chirurgischen Eingriff – falls die orale Ernährungsergänzung nicht möglich ist – einen Ernährungsberater zu konsultieren und eine enterale Ernährungssonde zu legen und eine Heim-enterale Ernährung für wenigstens 7 Tage einzuleiten.
- Wenn eine orale Ernährungsergänzung weder über orale noch enterale Ernährung möglich ist oder wenn der Proteinbedarf (> 50 % der empfohlenen Einnahme) nicht adäquat gedeckt werden kann, empfehlen wir eine parenterale Ernährung, um das Outcome zu verbessern.
- Eine präoperative Immunonutrition sollte bei allen Patienten in Betracht gezogen werden, die sich einem großen chirurgischen Elektiveingriff unterziehen.
- Wir empfehlen, dass die präoperative Nüchternheit ab Mitternacht aufgegeben wird.
- Bei Patienten mit minimalem spezifischem Risiko für eine Aspiration regen wir zu unbegrenztem Zugang zu fester Nahrung an für bis zu 8 h vor Anästhesie und zu oraler Aufnahme von klarer Flüssigkeit bis zu 2 h vor Anästhesieeinleitung.
- Wir empfehlen ein Kohlenhydrat-Getränk präoperativ (wenigstens 45 g Kohlenhydrate), um die Insulin-Sensitivität zu verbessern (außer bei Typ I-Diabetikern). Wir empfehlen hierzu komplexe Kohlenhydrate, z. B. Maltodextrin, falls vorhanden.

Empfehlungen nach dem Eingriff
- Wir empfehlen, dass eine Hoch-Protein-Diät (über eine orale Diät oder Hoch-Protein-Ernährungsergänzung) in den meisten Fällen am Operationstag eingeleitet wird, mit Ausnahme von Patienten ohne Darmkontinuität, mit Darmischämie oder persistierender Darmobstruktion. Traditionelle "klare Flüssigkeit" und "ganze Flüssigkeit"- Diäten sollten nicht routinemäßig verwendet werden.
- Wir empfehlen, dass in der postoperativen Periode eine Proteingesamtaufnahme wichtiger ist als eine Kaloriengesamtaufnahme.

- Wir empfehlen, standardisierte Protokolle für die postoperative Ernährungsunterstützung einzuführen.
- Eine Immunonutrition sollte bei allen Patienten mit großen abdominalchirurgischen Eingriffen für wenigstens 7 Tage postoperativ in Betracht gezogen werden.
- Bei Patienten, die die Kriterien der Malnutrition erfüllen und von denen nicht angenommen wird, dass sie die Ernährungsziele durch orale Aufnahme erreichen (> 50 % Protein / kcal), empfehlen wir eine frühe enterale Ernährung oder Ernährungssonde innerhalb 24 h. Wenn die Ernährungsziele nicht durch enterale Ernährung erreicht werden, empfehlen wir frühe parenterale Ernährung, wenn möglich in Kombination mit enteraler Ernährung.
- Bei Patienten, bei denen mit der enteralen und/oder parenteralen Ernährung begonnen wurde, empfehlen wir die Fortsetzung der enteralen oder parenteralen Unterstützung solange sie nicht in der Lage sind, wenigstens 60 % ihres Protein/kcal-Bedarfs über oralem Weg aufzunehmen.
- Wir empfehlen die poststationäre orale Hoch-Protein-Ernährungsergänzung bei allen Patienten nach großen chirurgischen Eingriffen, um sowohl Kalorienbedarf als auch Proteinbedarf abzudecken, speziell bei zuvor mangelernährten, älteren und sarkopenischen Patienten.

Tab. 9.1 Prinzip von ERAS (nach Brindle et al. 2020)

Praeoperativ

- Beratungsgespräch vor Einweisung
- Flüssigkeits- und Kohlenhydratzufuhr („carbohydrate loading")
- Keine prolongierte Nüchternheit
- Keine / selektive Darmvorbereitung
- Antibiotikaprophylaxe
- Thromboseprophylaxe
- Keine Prämedikation

Intraoperativ

- Kurzwirksame Anästhetika
- Mittel-thorakale epidurale Anästhesie / Analgesie
- Keine Drainagen
- Vermeidung von Salz- und Wasserüberlastung
- Aufrechterhaltung der Normothermie (Körperwärmer / warme intravenöse Flüssigkeit)

Postoperativ

- Mittel-thorakale epidurale Anästhesie / Analgesie
- Keine nasogastrischen Sonden
- Vermeidung von Übelkeit und Erbrechen
- Vermeidung von Salz- und Wasserüberlastung
- Frühe Katheterentfernung
- Frühe orale Ernährung
- Keine opoidhaltige orale Analgesie / NSAIDs
- Frühe Mobilisation
- Stimulierung der Darmmotilität
- Audit von Compliance und Ergebnis

NSAID, non-steroidal anti-inflammatory drug

9.3 Das ERAS-Konzept

Das Konzept von ERAS (Enhanced Recovery After Surgery) beruht auf der Vorstellung, dass Maßnahmen, die den postoperativen Stress modulieren (wie frühe Mobilisierung und frühe Wiederaufnahme der enteralen Ernährung), die postoperative Erholung verbessern und zu früherer Krankenhausentlassung führen. Wesentliche ERAS-Prinzipien sind in ◘ Tab. 9.1 nach Brindle et al. (2020) wiedergegeben, Dokumentationsstandards finden sich bei Elias et al. (2019). Die Empfehlungen für spezifische Eingriffe werden bei diesen unten aufgeführt (Teil II).

Literatur

Brindle M, Nelson G, Lobo DN, Ljungqvist O, Gustafsson UO (2020) Recommendations from the ERAS® Society for standards for the development of enhanced recovery after surgery guidelines. BJS Open 4:157–163

Elias KM, Stone AB, McGinigle K et al (2019) The Reporting on ERAS Compliance, Outcomes, and Elements Research (RECOvER) Checklist: A Joint Statement by the ERAS® and ERAS® USA Societies. World J Surg 43:1–8

Weimann A, Breitenstein S, Breuer JP et al und das DGEM Steering Committee (2013) S3-Leitlinie der Deutschen Gesellschaft für Ernährungsmedizin (DGEM) in Zusammenarbeit mit der GESKES, der AKE, der DGCH, der DGAI, und der DGAV. Klinische Ernährung in der Chirurgie. Aktuel Ernahrungsmed 38:e155–e197

Wischmeyer PE, Carli F, Evans DC et al (2018) American Society for Enhanced Recovery and Perioperative Quality Initiative Joint Consensus Statement on Nutrition Screening and Therapy Within a Surgical Enhanced Recovery Pathway [published correction appears in Anesth Analg. 2018 Nov; 127(5): e95]. Anesth Analg. 126:1883–1895

Delirmanagement

Reinhart T. Grundmann und Benjamin Kues

Inhaltsverzeichnis

Literatur – 74

© Der/die Autor(en), exklusiv lizenziert durch Springer-Verlag GmbH, DE, ein Teil von Springer Nature 2021
R. T. Grundmann und E. S. Debus (Hrsg.), *Evidenzbasiertes perioperatives Management in der Viszeralchirurgie*,
Evidenzbasierte Chirurgie, https://doi.org/10.1007/978-3-662-62848-5_10

Das Delir ist eine akute Störung der zerebralen Funktion. Die Inzidenz ist abhängig vom Patientenkollektiv. Sie beträgt bei Intensivpatienten 30–80 % und liegt bei chirurgischen Patienten je nach Eingriff zwischen 5,1 und 52,2 %. Die frühere Bezeichnung „Durchgangssyndrom" suggerierte eine passagere Erkrankung. Das Delir geht jedoch mit einer erhöhten Letalität, einem längeren Krankenhausaufenthalt und einem schlechteren Behandlungsergebnis einher. Circa 25 % der Patienten behalten nach einem Delir kognitive Funktionsstörungen zurück. Ein Delir erfordert daher eine umgehende Einleitung der Behandlung (Zoremba und Coburn 2019). Mögliche Ursachen eines Delirs sind:

D	Medikamenten- oder Substanzentzug („drugs")	
E	Sensorische Sinnesstörungen („eye and ear")	
L	Hypoxie („low O_2 Status")	
I	Infektionen, Sepsis („infections")	
R	Harn- und Stuhlverhalt („retentions")	
I	Leberfunktionsstörungen („ictal state")	
U	Hypovolämie und Mangelernährung („underhydratation- and -nutrition")	
M	Metabolische Störungen („metabolic causes")	
(S)	ZNS-Pathologie („subdural hematoma")	

Differentialdiagnosen und Ursachen eines Delirs (Zoremba und Coburn 2019).

Nichtmedikamentöse Therapieoptionen zur Delirprävention und Delirtherapie im Krankenhaus haben Zoremba und Coburn zusammengestellt (2019). Dies sind:
- Reorientierung
  - eigene Brille und Hörgeräte benutzen
  - Uhren und Kalender sichtbar platzieren
  - aktuelle Tageszeitung
  - Zimmerwechsel vermeiden
  - Nachtruhe einhalten
  - Lichtreduktion zur Nacht
  - hohe Konstanz der Pflegepersonen einhalten
- Angstvermeidung
  - ausreichende Schmerztherapie
  - frühe Einbindung der Angehörigen
  - Lärm reduzieren
  - Kältereize reduzieren
  - schmerzhafte Untersuchungen erläutern und vor Durchführung ankündigen
- allgemeine Maßnahmen
  - Frühmobilisierung
  - Ergo- und Physiotherapie
  - Förderung geistiger Aktivität
  - ausreichende Oxygenierung
  - genügende Nahrungs- und Flüssigkeitszufuhr
  - Vermeidung einer Polypharmazie

Die S3 Leitlinie „Analgesie, Sedierung und Delirmanagement in der Intensivmedizin" empfiehlt unter anderem für die Intensivstation:
- Es soll ein regelmäßiges gezieltes Screening auf delirante Symptome mit einem validen und verlässlichem Delir-Score durchgeführt werden, z. B. der Confusion Assessment Method for the Intensive Care Unit (CAM-ICU) oder der Intensive Care Delirium Screening Checklist (ICDSC).
- Das Ergebnis des Delirmonitorings soll mindestens einmal pro Schicht (in der Regel 8-stündlich) dokumentiert werden.
- Als nicht-pharmakologische Therapieansätze sollten zur Reduktion von Schmerzen und Angst folgende Verfahren eingesetzt werden:
  - Nutzung muskulärer Reserven: Frühmobilisation, Atemtherapie, Physio- und Ergotherapie, TENS (Transkutane Elektrische Nerven Stimulation) und passive Bewegungstherapie, Handmassagen.

Delirmanagement

Tab. 10.1 Die Richmond Agitation-Sedation Scale (RASS) zum Monitoring des Sedierungszustands von Patienten auf der Intensivstation. (Nach Ely et al. 2003)

Score	Bezeichnung	Beschreibung
+4	Streitlustig	Offenkundig streitlustig, gewalttätig, unmittelbare Gefahr für das Personal
+3	Sehr agitiert	Zieht oder entfernt Schläuche oder Katheter; aggressiv
+2	Agitiert	Häufige ungezielte Bewegung, kämpft gegen das Beatmungsgerät
+1	Unruhig	Ängstlich, aber Bewegungen nicht aggressiv oder lebhaft
0	Aufmerksam und ruhig	
−1	Schläfrig	Nicht ganz aufmerksam, aber erwacht anhaltend (länger als 10 s), mit Augenöffnen/ Blickkontakt, auf Ansprache
−2	Leichte Sedierung	Erwacht kurzzeitig (kürzer als 10 s) mit Blickkontakt auf Ansprache
−3	Mäßige Sedierung	Bewegung oder Augenöffnen (aber ohne Blickkontakt) auf Ansprache
−4	Tiefe Sedierung	Keine Reaktion auf Ansprache, aber Bewegung oder Augenöffnen auf körperlichen Reiz
−5	Nicht erweckbar	Keine Reaktion auf Ansprache oder körperlichen Reiz

- Kognitive Stimulation: wie beispielsweise Musiktherapie.
- Analgesie:
  - Patienten auf Intensivstationen sollen eine an die individuelle Situation angepasste Schmerztherapie erhalten.
  - Zur Analgesie sollte bei intensivmedizinisch-behandelten Patienten in erster Linie eine Opioid-basierte Therapie verwendet werden.
  - In Abhängigkeit von der Schmerzsituation und den potenziellen Nebenwirkungen der Medikamente können alternativ oder adjuvant Nicht-Opioid-Analgetika und/oder Koanalgetika eingesetzt werden.
  - Bei wachen, kooperativen Patienten sollte die patientenkontrollierte Analgesie (PCA) bevorzugt gegenüber konventioneller bedarfsweise applizierter Schmerztherapie eingesetzt werden, da dadurch eine bessere Schmerzkontrolle und Patientenzufriedenheit erzielt wird.
- Sedierung
  - Bei intensivmedizinisch-behandelten Patienten soll ein RASS [Richmond Agitation-Sedation-Scale, Tab. 10.1] von 0/−1 angestrebt werden.
  - Eine Sedierung soll nicht regelhaft bei jedem Patienten erfolgen, sondern ist speziellen Situationen/Indikationen (zum Beispiel bei erhöhtem intrakraniellem Druck) vorbehalten.
  - Die Auswahl der Sedativa soll folgende Aspekte berücksichtigen: 1) spezifische Indikation und individuelles Sedierungsziel; 2) die Pharmakokinetik und Pharmakodynamik.
  - Zur Sedierung von intensivmedizinisch-behandelten Patienten sollen

- gut steuerbare Sedativa bevorzugt eingesetzt werden.
  - Bei invasiv-beatmeten Patienten soll Propofol (off-label-use: nach 7 Tagen Anwendung und unter 16 Jahren; Dosisbegrenzung <4 mg/kg Körpergewicht/h) erwogen werden.
  - Die inhalative Sedierung kann bei invasiv-beatmeten Patienten angewandt werden, wenn kurze Aufwachzeiten angestrebt werden.
  - Midazolam kann unter adäquatem Sedierungsmonitoring zu einer Sedierung mit Ziel-RASS ≤ -2 eingesetzt werden.
  - Wenn keine Kontraindikation vorliegt, soll nur bei Patienten mit Ist-RASS ≤ -2 ein täglicher Aufwach- und Spontanatmungsversuch erfolgen.
- Therapie
  - Eine symptomorientierte Therapie des Delirs soll zeitnah durchgeführt werden.
  - Die Behandlung des Delirs kann niedrig dosiert mit Haloperidol, Risperidon, Olanzapin oder Quetiapin erfolgen.
  - Die Beendigung einer länger dauernden sedierenden Therapie sollte zur Vermeidung von Entzugssyndromen ausschleichend erfolgen, ggf. unter Nutzung adjuvanter Substanzen (z. B. Alpha-2-Agonisten).
  - Eine kontinuierliche Alpha-2-Agonist-Gabe soll zur Therapie eines Delirs verwendet werden.

Intraoperative Dexmedetomidin-Gabe zur Delirprävention beim älteren Patienten

Die Frage zum Nutzen einer intraoperativen Dexmedetomidin-Gabe zur Delirprävention beim älteren Patienten ist in einer doppelblinden randomisierten Plazebo-kontrollierten Studie von Li et al. (2020) untersucht worden. In diese Studie gingen 309 Patienten ein, mittleres Alter 69 Jahre, die bei großen nicht-kardialen Eingriffen Dexmedetomidin erhielten (0,15 ml/kg Initialdosis [0,6 µg/kg] über 10 min vor Narkoseeinleitung, gefolgt von einer kontinuierlichen Infusionsrate von 0,125 ml/kg/Std. [0,5 µg/kg/Std.] bis 1 h vor Ende des Eingriffs). 310 Patienten dienten der Kontrolle. Dexmedetomidin war in der Lage, die Rate an postoperativem Delir signifikant zu senken. Die Delirinzidenz innerhalb 5 Tagen nach dem Eingriff machte in der Dexmedetomidin-Gruppe 5,5 % aus, in der Plazebogruppe 10,3 % ($p = 0{,}026$). Ebenso war die Gesamtinzidenz an Komplikationen innerhalb 30 Tagen nach dem Eingriff in der Dexmedetomidin-Gruppe mit 19,4 % signifikant geringer als in der Kontrollgruppe (26,1 %; $p = 0{,}047$). Die intraoperative Dexmedetomidin-Gabe senkte die Rate an Tachykardien, akuter Agitation und frühem PONV. Dexmedetomidin erhöhte allerdings das Risiko an Bradykardien und verbesserte nicht die postoperative Analgesie. Die Daten sprechen für die intraoperative Dexmedetomidin-Gabe beim älteren Patienten zur Delirprävention.

Literatur

Deutsche Gesellschaft für Anästhesiologie und Intensivmedizin (DGAI) und Deutsche Interdisziplinäre Vereinigung für Intensiv- und Notfallmedizin (DIVI) (2015) S3-Leitlinie Analgesie, Sedierung und Delirmanagement in der Intensivmedizin. AWMF-Registernummer: 001/012

Ely EW, Truman B, Shintani A et al (2003) Monitoring sedation status over time in ICU patients: reliability and validity of the Richmond Agitation-Sedation Scale (RASS). JAMA 289:2983–2991

Li CJ, Wang BJ, Mu DL, Hu J, Guo C, Li XY, Ma D, Wang DX (2020) Randomized clinical trial of intraoperative dexmedetomidine to prevent delirium in the elderly undergoing major non-cardiac surgery. Br J Surg 107:e123–e132

Zoremba N (2019) Coburn M (2019) Acute confusional states in hospital. Dtsch Arztebl Int 116:101–106

Perioperatives Management geriatrischer Patienten

Reinhart T. Grundmann und Benjamin Kues

Inhaltsverzeichnis

  Literatur – 78

© Der/die Autor(en), exklusiv lizenziert durch Springer-Verlag GmbH, DE, ein Teil von Springer Nature 2021
R. T. Grundmann und E. S. Debus (Hrsg.), *Evidenzbasiertes perioperatives Management in der Viszeralchirurgie*,
Evidenzbasierte Chirurgie, https://doi.org/10.1007/978-3-662-62848-5_11

In einer Übersicht zur perioperativen Altersmedizin machten Olutu et al. (2019) folgende Kernaussagen:
- Ältere Menschen stellen eine besonders vulnerable Patientengruppe mit einem erhöhten perioperativen Risiko dar und benötigen daher eigens auf diese Risiken abgestimmte Versorgungskonzepte.
- Diese Versorgungskonzepte sollten ein erweitertes präoperatives Assessment, einen strukturierten intraoperativen Ablauf und einen ebenso strukturierten postoperativ-stationären Behandlungspfad beinhalten.
- Den Hausärzten kommt in der präoperativen Vorbereitung der Patienten eine wichtige Rolle zu, die Zusammenarbeit zwischen ambulantem und stationärem Sektor muss dafür weiter ausgebaut werden.
- Die optimale perioperative Versorgung des älteren Patienten erfordert eine enge interdisziplinäre und interprofessionelle Zusammenarbeit.
- Die perioperative Delirprophylaxe ist ein wesentliches Therapieziel in der Versorgung des älteren Patienten.

Die wesentlichen perioperativen Maßnahmen, die von dieser Arbeitsgruppe gefordert wurden, finden sich in ◘ Tab. 11.1

Da Polymedikation bei geriatrischen Patienten einen perioperativen Risikofaktor darstellt, sollte präoperativ jede nichtnotwendige Medikation mit ausreichenden Abstand abgesetzt und die notwendige Medikation auf Aussetzen am Operationstag oder längerfristiges Pausieren hin geprüft werden (Abendroth und Klement 2020). Im Einzelfall (wie z. B. bei Gerinnungshemmern, Schmerzmitteln, Psychopharmaka) ist ein längerfristiges Ausschleichen/Pausieren/Bridging nur in Absprache mit dem Hausarzt planbar. Die Empfehlungen hinsichtlich der Länge der Pausen sind international nicht einheitlich, weshalb hier auf eine Auflistung verzichtet wird, Einzelheiten finden sich bei Abendroth und Klement (2020).

Besonders umfängliche Leitlinien zum perioperativen Management des geriatrischen Patienten haben das American College of Surgeons National Surgical Quality Improvement Program (NSQIP) und die American Geriatrics Society (AGS) erstellt (Mohanty et al. 2016). Danach sollten anhand einer Checkliste täglich kontrolliert bzw. behandelt werden:
- Delir, kognitive Einschränkung
- Perioperativer Akutschmerz
- Pulmonale Komplikationen und ihre Vorbeugung
- Sturzrisiko
- Die Fähigkeit, sich adäquat zu ernähren
- Prophylaxe von Harnwegsinfektionen
- Funktionelle Verschlechterung
- Druckulzera.

In ◘ Tab. 11.2 sind die Konsensusempfehlungen dieser Gesellschaften hinsichtlich des unmittelbaren prä- und intraoperativen Managements von geriatrischen Patienten aufgeführt.

Perioperatives Management geriatrischer Patienten

◘ **Tab. 11.1** Perioperative Maßnahmen in der Versorgung älterer Patienten (≥65 Jahre) nach Olutu et al. (2019)

Präoperativ
Screening auf Mangelernährung
Evaluation der kognitiven Funktion
Screening auf Frailty
Trinknahrung supplementieren bei Patienten mit Mangelernährung oder Frailty
Sturzprophylaxe beginnen bei Patienten mit erhöhtem Sturzrisiko
Medikation perioperativ optimieren bei Patienten mit potenziell inadäquater Medikation
Kohlenhydrathaltige Getränke am Vorabend und 2 h vor Operation
Atemtraining zur Pneumonieprophylaxe
Aufklärung über Delir und Delirprävention (Partizipation des Patienten)
Präoperative Nüchternheitszeiten so kurz wie möglich halten
Anämie ausschließen und gegebenenfalls therapieren
Prähabilitation (körperliches Training)
Angehörige gezielt einbinden
Intraoperativ
Benzodiazepine vermeiden (außer bei ausgeprägten Angstzuständen)
Hörgeräte, Brille und Zahnprothese mit in den Operationssaal nehmen
Besonders altersgerechtes chirurgisches Konzept (Risikopatienten)
Besonders altersgerechte Narkose: Prewarming, Relaxometrie, altersgerechte Medikation (Risikopatienten)
Postoperativ
Delirscreening im Aufwachraum und auf Station bis zum 5. postoperativen Tag
Beobachtung der oralen Nahrungsaufnahme ggf. Supplementierung
Maßnahmen zur Delirprävention auf Station: Orientierung erleichtern, geregelter Schlaf-Wach-Rhythmus, frühe Mobilisation, frühe Entfernung von Kathetern und Zugängen, Einbindung von Angehörigen (Risikopatienten)
Flüssigkeits- und Ernährungsmanagement auf Station (Risikopatienten)

Tab. 11.2 Prä- und intraoperatives Management des geriatrischen Patienten (nach Mohanty et al. 2016)

Sofortiges präoperatives Management

- Bestätige und dokumentiere die Ziele des Patienten und seine Behandlungspräferenzen einschließlich Patientenverfügung
- Bestätige und dokumentiere den Gesundheits-Bevollmächtigten des Patienten oder stellvertretenden Entscheider
- Bei Patienten mit Patientenverfügung: diskutiere neue Risiken in Zusammenhang mit dem chirurgischen Eingriff und einen Zugang zu potenziell lebensbedrohlichen Problemen in Übereinstimmung mit den Wertvorstellungen des Patienten und seinen Präferenzen („erforderliche Wiederüberlegung")
- Beachte ein knappes Flüssigkeitsfasten (klare Flüssigkeiten bis 2 h vor Anästhesie)
- Halte dich an die bestehenden beste Praxis-Empfehlungen hinsichtlich Antibiotika – und Thromboembolie-Prophylaxe
- Versichere dich, dass unwesentliche Medikationen gestoppt und wesentliche Medikamente eingenommen wurden

Intraoperatives Management

- Berücksichtigung von regionalen Techniken, um postoperative Komplikationen zu vermeiden und Schmerzkontrolle zu verbessern
- Gezielte Schmerzanamnese
- Multimodale oder Opioid-einsparende Techniken
- Risikostratifizierung für postoperative Übelkeit und Vorbeugungsstrategien
- Strategien zur Vermeidung von Druckgeschwüren und Nervenschäden
- Verhinderung von postoperativen pulmonalen Komplikationen und Hypothermie
- Vernünftiger Gebrauch von intravenöser Flüssigkeit
- Geeignetes hämodynamisches Management
- Fortsetzung der indizierten kardialen Medikation

Literatur

Abendroth J, Klement A (2020) Perioperatives Management von Polymedikation bei geriatrischen Patienten: Risikoreduktion und Abstimmung mit dem Hausarzt. Chirurg 91:115–120

Mohanty S, Rosenthal RA, Russell MM, Neuman MD, Ko CY, Esnaola NF (2016) Optimal perioperative management of the geriatric patient: a best practices guideline from the American college of surgeons NSQIP and the American geriatrics society. J Am Coll Surg 222:930–947

Olotu C, Weimann A, Bahrs C, Schwenk W, Scherer M, Kiefmann R (2019) The perioperative care of older patients. Dtsch Arztebl Int 116:63–69

Perioperativer Umgang mit Medikamenten

Reinhart T. Grundmann

Inhaltsverzeichnis

12.1 Antidiabetika – 80

12.2 Perioperativer Umgang mit antitumoralen Medikamenten – 80

12.3 Perioperativer Umgang mit immunsuppressiver Therapie – 82

12.4 Medikamente, die perioperativ nicht abgesetzt werden müssen – 83

Literatur – 85

© Der/die Autor(en), exklusiv lizenziert durch Springer-Verlag GmbH, DE, ein Teil von Springer Nature 2021
R. T. Grundmann und E. S. Debus (Hrsg.), *Evidenzbasiertes perioperatives Management in der Viszeralchirurgie*,
Evidenzbasierte Chirurgie, https://doi.org/10.1007/978-3-662-62848-5_12

12.1 Antidiabetika

Empfehlungen zum perioperativen Prozedere der oralen Diabetesmedikation finden sich in ◘ Tab. 12.1. Zum perioperativen Umgang mi Antidiabetika führen Wagner et al. (2018a) u. a. aus:
- Perioperative Hyperglykämien sind ein Risikofaktor für postoperative Komplikationen.
- Orale Antidiabetika sollten am Operationstag pausiert werden und je nach postoperativem Kostaufbau wieder begonnen werden.
- Insbesondere Metformin, das am häufigsten verwendete Medikament in der Therapie des Diabetes mellitus Typ 2, sollte aufgrund der schwerwiegenden Nebenwirkung einer Laktatazidose perioperativ pausiert werden.
- Zu Bedenken ist stets, dass Antidiabetika schwere Hypoglykämien verursachen können, was besonders im Rahmen der perioperativen Nüchternperiode von Bedeutung ist.

12.2 Perioperativer Umgang mit antitumoralen Medikamenten

Empfehlungen zum perioperativen Umgang mit oralen Tumortherapeutika finden sich in ◘ Tab. 12.2. Zum perioperativen Umgang mit antitumoralen Medikamenten führen Luber et al. (2018) u. a. aus:

◘ **Tab. 12.1** Empfehlungen zum perioperativen Prozedere der oralen Diabetesmedikation (nach Wagner et al. 2018a)

Medikament	Präoperativ	Postoperativ
Metformin	48 Std. pausieren	48 Std. pausieren
Sulfonylharnstoffe	12–24 Std. pausieren	Beginn mit der vollständig normalisierten Nahrungsaufnahme
Glinide	12–24 Std. pausieren	Beginn mit der vollständig normalisierten Nahrungsaufnahme
Thiazolidindione bzw. Glitazone	12 Std. pausieren	Beginn mit der vollständig normalisierten Nahrungsaufnahme
α-Glukosidasehemmer	Am Operationstag pausieren	Beginn mit der vollständig normalisierten Nahrungsaufnahme
GLP-1-Rezeptor-Agonisten	Am Operationstag pausieren	Beginn mit der vollständig normalisierten Nahrungsaufnahme
DPP-4-Hemmer	Am Operationstag pausieren	Beginn mit der vollständig normalisierten Nahrungsaufnahme
SGLT-2-Hemmer	Am Operationstag pausieren	Beginn mit der vollständig normalisierten Nahrungsaufnahme

DPP Dipeptidylpeptidase, GLP „glucagon-like peptide", SGLT „sodium dependent glucose cotransporter"

Tab. 12.2 Empfehlungen zum perioperativen Umgang mit oralen Tumortherapeutika (nach Luber et al. 2018)

Substanz	Einsatzgebiet	Perioperativer Umgang
Imatinib, Nilotinib, Dasatinib, Ponatinib	Operationell-kurativ bei CML	Pausierung nur so kurz wie möglich
Imatinib	Adjuvant, neoadjuvant oder palliativ bei GIST	Adjuvant: Einsatz in der Regel postoperativ nach abgeschlossener Wundheilung. Neoadjuvant („off-label-use"): keine Pausierung. Palliativ: Nutzen-Risiko-Abwägung.
Ibrutinib	Palliativ bei CLL, MZL und Immunozytom	Pausierung mindestens 3–7 Tage prä- und postoperativ
Ruxolitinib	Palliativ bei MPN	Pausierung nur so kurz wie möglich; Cave: Absetzsyndrom
Lenalidomid, Pomalidomid	Palliativ bei MM, NHL und MDS	Kurzfristige Pausierung in der Regel möglich
Capecitabin	Adjuvant bei CRC, palliativ bei u. a. CRC, Mamma-Ca, Magen-Ca	Therapieunterbrechung in der palliativen Situation nach Nutzen-Risiko-Abwägung; in der Adjuvans Therapieunterbrechung so kurz wie möglich
Trifluridin/Tipiracil	Palliativ bei CRC	Therapieunterbrechung in der palliativen Situation nach Nutzen-Risiko-Abwägung
Tegafur/Gimeracil/Oteracil	Palliativ bei Magen-Ca	Therapieunterbrechung in der palliativen Situation nach Nutzen-Risiko-Abwägung
Axitinib	Palliativ u. a. RCC	Mindestens 24 h vor operativem Eingriff absetzen, Wiederbeginn unter Berücksichtigung der Wundheilung
Pazopanib	Palliativ u. a. RCC	Mindestens 7 Tage vor operativem Eingriff absetzen, Wiederbeginn unter Berücksichtigung der Wundheilung

(Fortsetzung)

◘ **Tab. 12.2** (Fortsetzung)

Substanz	Einsatzgebiet	Perioperativer Umgang
Sunitinib	Palliativ u. a. RCC	Pausierung im Rahmen größerer Eingriffe ohne klare Zeitangabe
Sorafenib	Palliativ u. a. RCC	Pausierung im Rahmen größerer Eingriffe ohne klare Zeitangabe
Regorafenib	Palliativ bei CRC, GIST und HCC	Pausierung im Rahmen größerer Eingriffe ohne klare Zeitangabe
Lapatinib	Palliativ bei Mamma-Ca	Therapieunterbrechung in der palliativen Situation nach Nutzen-Risiko-Abwägung
Everolimus	Palliativ u. a. RCC und Mamma-Ca	In der Regel perioperative Pausierung (Fachinformation: „Vorsicht geboten")

Ca Karzinom, CLL chronisch-lymphatische Leukämie, CML chronisch-myeloische Leukämie, CRC kolorektales Karzinom, GIST gastrointestinaler Stromatumor, HCC hepatozelluläres Karzinom, MDS myelodysplastisches Syndrom, MM multiples Myelom, MPN myeloproliferative Neoplasien, MZL Mantelzelllymphom, NHL Non-Hodgkin-Lymphom, RCC Nierenzellkarzinom.

- Zum Umgang mit Tumortherapeutika im Rahmen einer Operation gibt es keine generelle Empfehlung. Es ist stets die Indikation und der potenzielle Nutzen der kontinuierlichen Antitumortherapie gegen das mögliche perioperative erhöhte Komplikationsrisiko abzuwägen.
- Orale Tumortherapeutika sollten perioperativ pausiert werden, jedoch sollte die Pausierung im interdisziplinären Kontext besprochen und möglichst kurzgehalten werden.
- Operationen, welche nach einer Chemotherapie erfolgen, sollten erst nach der Regeneration des Blutbildes bzw. zu einem Zeitpunkt, an dem die nächste Chemotherapieapplikation erfolgen könnte, durchgeführt werden.

12.3 Perioperativer Umgang mit immunsuppressiver Therapie

Empfehlungen zum perioperativen Umgang mit Immunomodulatoren finden sich in ◘ Tab. 12.3. Zum perioperativen Umgang mit immunsuppressiver Therapie führen Wagner et al. (2018b) u. a. aus:

Tab. 12.3 Übersicht über das perioperative Management von Immunomodulatoren (nach Wagner et al. 2018b)

Immunomodulator	Empfehlung für die perioperative Phase
Infliximab	S3-Leitlinie: Operation während Hauptwirkphase vermeiden
Methotrexat	Fortführen außer bereits bekannte Wundheilungsstörung oder postoperative Infektionen in der Vergangenheit
Glukokortikoide	S3-Leitlinie: Prednisolondosierungen von über 20 mg/Tag (über 6 Wochen) sollten reduziert werden
5-Aminosalicylsäure	Am Operationstag sowie an den ersten 3 postoperativen Tagen pausieren, Wiederbeginn bei normaler Nierenfunktion
Azathioprin, 6-Mercaptopurin	Am Operationstag sowie an den ersten 3 postoperativen Tagen pausieren, Wiederbeginn bei normaler Nierenfunktion - Voller Wirkungseitritt von Azathioprin: nach 4–6 Monaten; somit ist mutmaßlich erst bei einem längeren Pausieren (>6 Wochen) eine Veränderung des perioperativen Risikos zu erwarten
Ciclosporin	Fortführen der Therapie, engmaschige Kontrollen auf opportunistische Infektionen

Anmerkung: S3-Leitlinie: Preiß JC, Bokemeyer B, Buhr H-J et al. (2014) Aktualisierte S3-Leitlinie „Diagnostik und Therapie des M. Crohn" 2014. AWMF-Registriernummer: 021-004.

— Das Pausieren einer immunsuppressiven Therapie sollte im interdisziplinären Konsens anhand der zugrunde liegenden Erkrankung diskutiert werden, da es bei einer Fortführung zu einer erhöhten Rate an Komplikationen, vor allem Wundheilungsstörungen, kommen kann.
— Bei Patienten mit einer dauerhaften Kortisontherapie muss zwingend auf die perioperative Substitution – ggf. in höherer Dosis – geachtet werden

12.4 Medikamente, die perioperativ nicht abgesetzt werden müssen

In einem Übersichtsartikel haben Vogel Kahmann et al. (2011) eine Liste von Medikamenten zusammengestellt, die im Normalfall perioperativ nicht abgesetzt werden müssen, sie sind in (Tab. 12.4) aufgeführt.

☐ **Tab. 12.4** Medikamente, die im Normalfall perioperativ nicht abgesetzt werden müssen (nach Vogel Kahmann et al. 2011)

Kein Anpassen/Absetzen	Bemerkungen
Antiarrhythmika	
ACE-Hemmer	Evtl. Absetzen am Operationstag je nach klinischer Situation
Diuretika	Evtl. Absetzen am Operationstag je nach klinischer Situation
Betablocker	Therapie muss etabliert sein
Statine	Therapie muss etabliert sein
Nitrate	
Digitalispräparate	
Trizyclische Antidepressiva	Cave: Kreislaufreaktionen
Lithium	Nichtsteroidale Antirheumatika vermeiden, genügend Flüssigkeitssubstitution
Selektive Serotonin- Wiederaufnahmehemmer	Cave: Serotoninsyndrom
Antipsychotika	Cave: Kreislaufreaktionen
Opiate	Bei Regionalanästhesie: allenfalls reduzieren
Antiepileptika	
Antiparkinsonmittel	
Antiretrovirale Therapie	
Bronchodilatatoren	
Theophyllin	Präoperativ Spiegel bestimmen [a]
5-HT3-Antagonisten	
Kortikoide	Evtl. zusätzliche Substitution
Schilddrüsenhormone	
Methotrexat („low dose")	
Thyreostatika	Präoperativ klinische und laborchemische Euthyreose anstreben
Hormonelle Kontrazeptiva	Thromboembolieprophylaxe
Hormonersatztherapie	Thromboembolieprophylaxe
Antiinfektiva	Interaktionen mit der perioperativen Prophylaxe beachten

[a] Aufgrund der geringen therapeutischen Breite von Theophyllin muss der Spiegel perioperativ im Normbereich liegen

Literatur

Luber V, Wagner J, Lock JF, Dietz UA, Lichthardt S, Matthes N, Krajinovic K, Germer CT, Wiegering A, Knop S (2018) Perioperativer Umgang mit antitumoralen Medikamenten. Chirurg 89:108–115

Vogel Kahmann I, Ruppen W, Lurati Buse G, Tsakiris DA, Bruggisser M (2011) Langzeitmedikation und perioperatives Management. Internist (berl) 52:89–98

Wagner J, Luber V, Lock JF, Dietz UA, Lichthardt S, Matthes N, Krajinovic K, Germer CT, Knop S, Wiegering A (2018a) Perioperativer Umgang mit Antidiabetika. Chirurg 89:103–107

Wagner J, Luber V, Lock JF, Dietz UA, Lichthardt S, Matthes N, Krajinovic K, Germer CT, Knop S, Wiegering A (2018b) Perioperativer Umgang mit immunsuppressiver Therapie. Chirurg 89:116–121

Prozedurspezifisches Vorgehen

Inhaltsverzeichnis

Kapitel 13 Ösophaguschirurgie – 89
Reinhart T. Grundmann und Benjamin Kues

Kapitel 14 Magenresektion bei Karzinom – 97
Reinhart T. Grundmann und Benjamin Kues

Kapitel 15 Chirurgie von Leber- und Gallenwegen – 107
Reinhart T. Grundmann und Benjamin Kues

Kapitel 16 Pankreaschirurgie – 119
Reinhart T. Grundmann und Benjamin Kues

Kapitel 17 Kolorektale Chirurgie – 131
Reinhart T. Grundmann und E. Sebastian Debus

Kapitel 18 Divertikulitis – 147
Reinhart T. Grundmann und E. Sebastian Debus

Kapitel 19 Entzündliche Darmerkrankungen – Morbus Crohn und Colitis ulcerosa – 151
Reinhart T. Grundmann und E. Sebastian Debus

Kapitel 20 Appendizitis/Appendektomie – 157
Reinhart T. Grundmann und E. Sebastian Debus

Kapitel 21 Cholezystektomie – 163
Reinhart T. Grundmann und E. Sebastian Debus

Kapitel 22 Bariatrische Chirurgie – 171
Reinhart T. Grundmann und E. Sebastian Debus

Kapitel 23 **Schilddrüsenchirurgie – 183**
Reinhart T. Grundmann und E. Sebastian Debus

Kapitel 24 **Leistenhernienversorgung – 191**
Reinhart T. Grundmann und E. Sebastian Debus

Kapitel 25 **Nierentransplantation – 197**
Reinhart T. Grundmann und E. Sebastian Debus

Kapitel 26 **Lebertransplantation – 205**
Reinhart T. Grundmann und E. Sebastian Debus

Kapitel 27 **COVID-19- Patienten – 213**
Reinhart T. Grundmann und E. Sebastian Debus

Ösophaguschirurgie

Reinhart T. Grundmann und Benjamin Kues

Inhaltsverzeichnis

13.1 ERAS allgemein – 90
13.1.1 ERAS®-Empfehlungen – 90
13.1.2 Übersichten und Studien – 90

13.2 Spezielle Fragestellungen – 91
13.2.1 Ernährung – 91
13.2.2 Antibiotikatherapie – 93
13.2.3 Nasogastrische Dekompression – 93
13.2.4 Perioperative Bluttransfusion – 93
13.2.5 Schmerzbehandlung – 94
13.2.6 Management der Anastomoseninsuffizienz – 94

Literatur – 96

© Der/die Autor(en), exklusiv lizenziert durch Springer-Verlag GmbH,
DE, ein Teil von Springer Nature 2021
R. T. Grundmann und E. S. Debus (Hrsg.), *Evidenzbasiertes perioperatives Management in der Viszeralchirurgie*,
Evidenzbasierte Chirurgie, https://doi.org/10.1007/978-3-662-62848-5_13

13.1 ERAS allgemein

13.1.1 ERAS®-Empfehlungen

ERAS®-Empfehlungen (Empfehlungsstärke in Klammer) zum perioperativen Management bei Ösophagektomie sind unter anderen (Low et al. 2019):
- Rauchen sollte für 4 Wochen vor dem Eingriff beendet werden und reguläre hohe Alkoholkonsumenten sollten für wenigstens 4 Wochen vor dem Eingriff abstinent sein, um postoperative Komplikationen zu reduzieren. (stark)
- Eine Prüfung des Ernährungszustands sollte bei allen Patienten vorgenommen werden hinsichtlich der Entdeckung und Optimierung des Ernährungszustands vor Operation. (stark)
- In Hochrisikofällen ist eine enterale Unterstützung angezeigt, bevorzugt über den gastrointestinalen Trakt bei selektivem Gebrauch von Ernährungssonden. (stark)
- Eine mechanische Darmvorbereitung reduziert nicht die Inzidenz an postoperativen Komplikationen und sollte nicht routinemäßig vor Ösophagusresektion mit Magenrekonstruktion verwendet werden. Die meisten Chirurgen würden weiterhin die mechanische Darmvorbereitung bei geplanter Kolonrekonstruktion empfehlen, obwohl Evidenz fehlt. (stark)
- Vermeide die Drainage der Anastomosenregion bei zervikalen Anastomosen (kein Nutzen gezeigt). (mäßig)
- Eine nasogastrische Sondendekompression wird zurzeit bei der Ösophagusresektion empfohlen unter dem Vorbehalt, eine frühe Entfernung ins Auge zu fassen (2. postoperativer Tag), wenn klinisch möglich. (stark)
- Eine frühe enterale Ernährung mit der Zielernährungsrate an Tag 3–6 sollte stark nach Ösophagektomie erwogen werden. Es können sowohl eine Ernährungsjejunostomie als auch nasojejunale/nasoduodenale Sonden verwendet werden. (mäßig)
- Eine optimale Flüssigkeitsbilanz sollte im Fokus stehen unter Berücksichtigung aller beitragenden Faktoren. Eine positive Bilanz mit einer Gewichtszunahme von > 2 kg/Tag ist zu vermeiden. (stark)
- Die thorakale Epiduralanalgesie sollte als das Vorgehen erster Wahl zur postoperativen Analgesie nach Ösophagektomie angesehen werden. (stark)
- Paravertebrale Blockaden sind gute Alternativen zur thorakalen Epiduralanalgesie nach Ösophagektomie. (stark)
- Zu einer frühen postoperativen Mobilisation sollte sobald als möglich ermuntert werden unter Nutzung eines standardsierten und strukturierten Zugangs mit täglichen Zielsetzungen. (stark)
- Eine schnelle Entfernung des Urinkatheters kann die Rate an postoperativen Harnwegsinfektionen positiv beeinflussen. Jedoch birgt bei Patienten mit Thorakotomie und Epiduralkatheter die Entfernung des Urinkatheters vor der Entfernung des Epiduralkatheters ein signifikantes Risiko einer Wiederplatzierung eines Urinkatheters speziell bei Männern. (stark)
- Harnwegsinfektionen sind geringer bei Verwendung eines suprapubischen Katheters, wenn eine Harnableitung für mehr als 4 Tage erforderlich ist. (mäßig).

13.1.2 Übersichten und Studien

Bond-Smith et al. (2016) erstellten einen Cochrane Review zu der Frage der Wertigkeit von ERAS-Protokollen für Eingriffe am oberen Gastrointestinaltrakt, Leber und Pankreas. Auf Basis von 9 randomisierten Studien mit insgesamt 1014 Teilnehmern und niedriger Qualität der Evidenz kamen sie zu dem Schluss, dass ERAS-Protokolle bei der genannten Patientenklientel die Länge des stationären Aufenthaltes und damit die Kosten zu reduzieren vermögen. Die Wertigkeit der Ergebnisse ist jedoch ungewiss aufgrund des Bias-Risikos in den Studien und der Art, wie das Outcome bestimmt wurde. Es fehlen randomisierte Studien mit niedrigem Biasrisiko und Bestimmung klinisch wichtiger Outcome-Endpunkte, die auch die Zeit nach 3 Monaten und einem Jahr erfassen.

Eine weitere Metaanalyse schloss vier randomisierte Studien und vier nichtrandomisierte Studien mit insgesamt 1133 Patienten nach Ösophagusresektion wegen Karzinom ein (Triantafyllou et al.2020). Diese Autoren fanden in der ERAS-Gruppe im Vergleich zur Standardbehandlung eine signifikant geringere Morbidität und Rate an pulmonalen Komplikationen, bei fehlenden Unterschieden in Anastomoseninsuffizienzen, Sterblichkeit und Krankenhauswiederaufnahmen. Inwieweit die Ergebnisse aber auch durch Einführung der minimalinvasiven Ösophagektomie positiv beeinflusst wurden, ließ sich nicht genau differenzieren.

Über die Behandlung von 26 Patienten mit Ösophaguskarzinom und Hybrid-Ivor-Lewis-Ösophagektomie anhand eines standardisierten ERAS-Protokolls mit dem Ziel, die Patienten am 10. postoperativen Tag aus der stationären Behandlung zu entlassen, berichtete ein deutsches Schwerpunktzentrum (Mallmann et al. 2021). Die Studie zeigte, dass die meisten Kernelemente eines ERAS-Programms umgesetzt werden können (wie frühe postoperative und regelmäßige intensivierte Mobilisation des Patienten durch ein physiotherapeutisches Team, routinemäßige Extubation des Patienten im Operationssaal). Schwieriger war die Umsetzung des perioperativen Ernährungsmanagement, die beiden Elemente „präoperative Nüchternheit" und „Zufuhr eines glukosehaltigen Getränkes 2 h präoperativ" wurden bei einer relevanten Anzahl von Patienten nicht eingehalten. Dies war in erster Linie organisatorischen Schwierigkeiten geschuldet, da die Umsetzung der Anordnungen außerhalb der Kernarbeitszeiten erfolgte. Auf der Intensivstation konnte zwar bei fast allen Patienten am 1. postoperativen Tag mit der oralen Zufuhr von Flüssigkeit begonnen werden, der Kostaufbau aber wie geplant nur bei zwei Drittel der Patienten bis zum 7. postoperativen Tag abgeschlossen werden. Die limitierende Determinante des ERAS-Protokolls war die frühe und kalorisch ausreichende enterale Belastung des hochgezogenen Schlauchmagens bis zum Zeitpunkt der Entlassung am 10. postoperativen Tag.

13.2 Spezielle Fragestellungen

13.2.1 Ernährung

Peng et al. (2016) verglichen auf Basis von 10 randomisierten Studien in einer Metaanalyse die frühe parenterale mit der frühen enteralen Ernährung nach Ösophagektomie wegen Ösophaguskarzinom. Die Autoren fanden nach früher enteraler Ernährung eine geringere Morbidität (weniger pulmonale Komplikationen und Anastomosenleckagen) und besseren Ernährungsstatus.

> Die frühe enterale Ernährung sollte nach dieser Metaanalyse der parenteralen Ernährung vorgezogen werden.

In einer randomisierten Studie mit insgesamt 280 Patienten mit minimalinvasiver Ösophagektomie nach McKeown verglichen Sun et al. (2018) eine frühe orale Ernährung (ab erstem postoperativem Tag) mit einer Gruppe von Patienten, die nach dem Eingriff zunächst über eine nasoenterale Sonde bis zum 7.Tag pOp ernährt und dann erst auf orale Kostzufuhr umgestellt wurde. Bei Patienten mit der frühen oralen Ernährung kam die Darmfunktion schneller in Gang und die Lebensqualität war 14 Tage nach dem Eingriff stärker verbessert, ohne Unterschiede in postoperativen kardialen, respiratorischen oder gastrointestinalen Komplikationen zwischen den Gruppen. Die Anastomoseninsuffizienzrate machte in der Gruppe mit früher oraler Ernährung 3,6 %, in der Gruppe mit verzögerter oraler Ernährung 4,3 % aus. Die 30-Tageletalität betrug im Gesamtkollektiv Null. Inwieweit diese Ergebnisse allgemein übertragbar sind, ließen die Autoren offen, es handelte sich um relativ junge Patienten mit wenigen Komorbiditäten und niedriger Rate an neoadjuvanter Therapie (31,1 %). Diese Ergebnisse gehen konform mit einer weiteren randomisierten Studie, in der gezeigt werden konnte, dass ein Beginn der oralen Ernährung unmittelbar nach minimalinvasiver Ösophagektomie in einer funktionellen Erholungsrate resultierte, die sich nicht von der unterschied, die bei Patienten beobachtet wurde, die für 5 Tage nach dem Eingriff oral nichts zu sich nehmen durften (Berkelmans et al. 2020).

> Der direkte Start der oralen Ernährung erhöhte nicht die Komplikationsraten wie Anastomoseninsuffizienz oder postoperative Pneumonie.

Mudge et al. (2018) untersuchten in einer randomisierten Studie den Nutzen einer Immunonutrition (IMPACT®) bei insgesamt 268 Patienten mit Ösophagusresektion. Mit der Immunonutrition wurde 7 Tage vor dem Eingriff begonnen, die Patienten der Kontrollgruppe erhielten für den gleichen Zeitraum eine isokalorische Standardernährung. Immunonutrition bzw. Standardernährung wurden für wenigstens 7 Tage nach dem Eingriff über eine nasojejunale Ernährungssonde oder Ernährungsjejunostomie fortgesetzt.

> In dieser Studie hatte die Immunonutrition keinen Vorteil vor einer Standardernährung, dies galt für Komplikationsrate, Krankenhausaufenthaltsdauer, Aufenthalt auf der Intensivstation und Klinikletalität.

In einer anderen randomisierten Studie mit allerdings sehr kleinen Fallzahlen (2 × 15 Patienten) ergaben sich bei Patienten mit Ösophagektomie ebenfalls klinisch keine Vorteile, ob sie präoperativ für 5 Tage mit einer immunmodulatorischen Ernährung oder mit einer Standarddiät versorgt wurden. Lediglich die postoperativen TNF-α-Spiegel waren nach immunmodulierender Diät signifikant niedriger (Kitagawa et al. 2017). Eine weitere japanische Arbeitsgruppe (Matsuda et al. 2017) fand in einer randomisierten Studie mit insgesamt 72 ausgewerteten Patienten mit thorakaler Ösophagektomie eine bessere postoperative Oxygenierung, wenn sie mit einer ω-3-Fettsäuren-haltigen Sondennahrung postoperativ versorgt wurden im Vergleich zur Standard-Sondennahrung. Postoperative Komplikationsraten und Krankenhausaufenthaltsdauer waren aber in beiden Gruppen nicht different. Die verbesserte Oxygenierung der Patienten erklärten die Autoren mit dem antiinflammatorischen Effekt einer immunmodulierenden Diät.

In einer randomisierten Doppelblindstudie überprüften Healy et al. (2017) den Nutzen einer verlängerten enteralen Ernährung bei Patienten mit Ösophagektomie über einen Monat nach Entlassung. Die Patienten erhielten über eine Jejunostomie entweder eine isokalorische isonitrogene Standarddiät oder eine Sondenernährung mit Zusatz von Eicosapentaensäure (EPA) als Immunmodulator. Im Mittel erfolgte die Ernährungsunterstützung für 51 (36 bis 78) Tage. In dieser Studie kam es trotz Ernährungsunterstützung zu einem deutlichen Gewichtsverlust der Patienten ($-7{,}4 \pm 6{,}6$ kg $= 9{,}3$ %) innerhalb von 6 Monaten nach dem Eingriff. Der Zusatz von EPA hatte keinen Einfluss auf klinischen Verlauf, Ernährungszustand, Körperzusammensetzung, Immunantwort, Körperfunktion oder Lebensqualität.

> Die Daten belegen, dass Gewichts- und Muskelmasseverlust bei diesen Patienten

ein multifaktorielles Geschehen darstellen, das nicht allein durch die Ernährung angegangen werden kann.

Auch in einer prospektiven Kohortenstudie mit insgesamt 149 Patienten konnte eine verlängerte jejunale Sondenernährung (Heimenterale Ernährung) über im Mittel 49 Tage den postoperativen Gewichtsverlust nicht verhindern, verlief aber komplikationsarm und war von hoher Patientenzufriedenheit begleitet (Donohoe et al. 2017).

Ob bei der frühen enteralen postoperativen Ernährung nach Ösophagektomie eine Ernährungsjejunostomie angelegt werden soll oder ob die enterale Ernährung über eine nasojejunale Sonde erfolgen kann, untersuchten Weijs et al. (2014) in einer systematischen Übersicht über 17 Studien.

> Postoperative nasojejunale Sondenernährung unterschied sich von der Ernährungsjejunostomie nicht signifikant hinsichtlich Komplikationen oder Kathetereffektivität in der einzigen randomisierten Studie zu diesem Thema (n = 150).

Insgesamt gab es keine signifikanten Unterschiede zwischen beiden Zugängen bezüglich des kurzfristigen Ergebnisses, jedoch fehlten Daten zur Patientenzufriedenheit und dem längerfristigem Outcome. Die Autoren verwiesen darauf, dass größere Sonden-bezogene Komplikationen immerhin in 0–2,9 % der Patienten nach Jejunostomie eine Relaparotomie erforderlich machten.

13.2.2 Antibiotikatherapie

In einer retrospektiven Erhebung an insgesamt 173 Patienten mit thorakoabdomineller Ösophagektomie reduzierte eine 5-tägige Antibiotikatherapie mit Moxifloxacin nicht die pulmonale Infektionsrate oder Klinikletalität im Vergleich zu einer perioperativen Antibiotikaprophylaxe,

> eine prolongierte Antibiotikaprophylaxe konnte nicht empfohlen werden

(Hochreiter et al. 2018).

13.2.3 Nasogastrische Dekompression

Weijs et al. (2017) erstellten eine systematische Übersicht mit Metaanalyse zu der Frage, ob eine routinemäßige nasogastrische Dekompression nach Ösophagektomie notwendig sei. Die perioperative oder frühe Entfernung (zweiter postoperativer Tag) der Sonde führte im Vergleich zu einem konventionellen Belassen der Sonde über die ersten postoperativen Tage weder in den einzelnen Studien noch in der Metaanalyse zu unterschiedlichen Raten an Anastomoseninsuffizienzen, pulmonalen Komplikationen oder Sterblichkeit. Ob demnach auf eine Magensonde postoperativ routinemäßig verzichtet werden soll, ließen die Autoren gleichwohl offen und verwiesen auf die klinische Praxis, nach der sich die Entfernung der Sonde häufig nach der Schwere der postoperativen Gastroparese (Fördermenge der Sonde) richte, eine Strategie, die nicht exakt überprüft werden konnte.

13.2.4 Perioperative Bluttransfusion

In einer retrospektiven Monozenterstudie mit 565 Ösophagektomien wegen Ösophaguskarzinom hatte die perioperative allogene Bluttransfusion einen negativen Einfluss auf perioperative Morbidität und Sterblichkeit. Krankheitsspezifisches Überleben und Überleben über alles waren in der nichttransfundierten Gruppe im Langzeitverlauf besser. Die Autoren erklärten dies mit einem frühen immunmodulatorischen Effekt der Bluttransfusion, der lange anhält.

> Die Daten sprechen für eine restriktive Transfusionspolitik bei diesen Patienten.

Diese Aussage wird durch eine Metaanalyse von 20 Studien bestätigt (Boshier et al. 2018), in der ebenfalls gezeigt werden konnte, dass perioperative allogene Bluttransfusionen das Langzeitüberleben von Patienten mit Ösophaguskarzinom nach Ösophagusresektion negativ beeinflussen. Auch diese Autoren führten das Ergebnis auf einen immunsuppressiven Effekt der Bluttransfusion zurück bei Patienten, die bereits von ihrer Ausgangslage her in ihrer Immunantwort geschwächt sind. Blutsparende operative Techniken und strenge Regeln für die Indikation der allogenen Bluttransfusion sind bei dieser Patientenklientel zu fordern.

13.2.5 Schmerzbehandlung

Zur postoperativen Schmerzbehandlung nach Ösophagektomie liegt auf Basis von 5 randomisierten Studien und 5 Kohortenstudien eine systematische Übersicht mit Metaanalyse vor (Visser et al. 2017). Danach waren postoperative Schmerzbehebung und pulmonale Komplikationsraten zwischen den verschiedenen Modalitäten vergleichbar (systemische vs. Epiduralanalgesie und systemische vs. Paravertebralanalgesie). Die zunehmende minimalinvasive Durchführung des Eingriffs scheint mit reduzierten Schmerzen verbunden zu sein.

> Für Patienten nach Ösophagektomie lassen die Ergebnisse einen Trend für die Bevorzugung der Paravertebralanalgesie im Vergleich zur systemischen und Epiduralanalgesie erkennen,

mit reduzierter Übelkeit und Erbrechen und verkürzter stationärer Liegezeit im Vergleich zur systemischen Analgesie. Das Risiko der Hypotension war bei Paravertebralanalgesie geringer als bei Epiduralanalgesie.

In einer randomisierten Studie verglichen Jin et al. (2020) die technisch einfache, risikoarme Ultraschall-gesteuerte kontinuierliche thorakale Paravertebralblockade mit der PCA bei insgesamt 180 geriatrischen Patienten mit Ösophagektomie. Patienten mit Paravertebralblock hatten niedrigere CRP, IL-1b, IL-6, and TNF-α-Spiegel im Vergleich zur PCA-Gruppe, was die Autoren auf eine reduzierte inflammatorische Reaktion zurückführten. Gleichzeitig wurden die Schmerzen speziell beim Husten stärker behoben. Damit einher ging eine Reduktion der Rate an postoperativem Delir, womit der Paravertebralblock der PCA eindeutig überlegen war.

Wei et al. (2018) überprüften in einer randomisierten Studie mit insgesamt 55 auswertbaren Patienten, ob bei minimalinvasiver Ösophagektomie die postoperative Schmerzbehandlung mittels Epiduralanalgesie als kontinuierliche Infusion oder besser intermittierend als Bolus (auf Patientenanforderung hin = „patient controlled") verabreicht werden sollte. In dieser Studie hatte die Patienten-kontrollierte Epiduralanalgesie Vorteile vor der kontinuierlichen Infusion hinsichtlich geringerem Schmerzmittelverbrauch bei vergleichbarer Schmerzerleichterung, geringerer Inzidenz an Durchbruchschmerzen (= akute Schmerzeskalation) und geringeren systemischen hämodynamischen Beeinträchtigungen.

13.2.6 Management der Anastomoseninsuffizienz

Zu einem Vergleich von endoskopischer Vakuumtherapie vs. endoskopisches Stenting bei Behandlung von Anastomosenleckagen nach Ösophagektomie liegt eine Metaanalyse von 4 Studien mit insgesamt 163 Patienten vor (Rausa et al. 2018). Die Vakuumtherapie hatte die höhere Erfolgsrate, kürzere Behandlungszeit und geringere Komplikationsrate einschließlich Kliniklethalität im Vergleich zur Stentapplikation. Bei der insgesamt geringen Zahl an behandelten Fällen und fehlenden Leitlinien hinsichtlich eines Behandlungsalgorithmus bei Anastomoseninsuffizienzen in Abhängigkeit von Größe der Leckage, Lokalisation und Behandlungsverzögerung nach Ösophagektomie lassen sich aber nur vorläufige Aussagen zur Indikation machen. Verstegen et al. (2019) erstellten eine systematische Übersicht zur Behandlung von zervikalen und intrathorakalen Anastomosenleckagen nach Ösophagektomie bei Ösophaguskarzinom. Sie fanden 19 retrospektive Studien mit insgesamt 273 Patienten. Behandelt wurde konservativ (n=78; 28,6 %), mit endoskopischem Stent (n=76; 27,8 %), Drainage (n=95; 34,8 %), endoskopische Vakuumtherapie (n=5; 1,8 %), Dilatation (n=13; 4,8 %) und chirurgisch (n=6; 2,2 %). Aufgrund der kleinen Kohorten, Heterogenität der Studien und fehlenden Daten hinsichtlich Leckage-Charakteristika ergab sich keine Evidenz, die eine bestimmte Behandlung für Anastomosenleckagen nach Ösophagektomie favorisierte. Die Autoren forderten einen Score zur Definition des Schweregrads der Leckage als Voraussetzung, um eine optimale Behandlungsstrategie zu definieren. Im Moment handelt es sich bei der Behandlung der Anastomoseninsuffizienz nach Ösophagektomie um eine individualisierte Therapie, abhängig von den Folgen der Leckage und dem Zustand des Patienten. Die drei Pfeiler der Behandlung von Anastomosenleckagen nach Ösophagektomie haben Grimminger et al. (2018) wie in ◘ Tab. 13.1 aufgeführt beschrieben.

◘ Tab. 13.1 Management von Anastomosenleckagen nach Ösophagektomie

Konservativ
- Nasogastrische Sonde/Jejunostomie
- Parenterale Ernährung
- Intravenöse Antibiotika (Antimykotika)
- Öffnen der zervikalen Wunde, Spülen; möglicherweise Mediastinaldrainage
- Frühe Dilatation der Anastomose / Pylorus
- Intravenöse Anticholinergika (Speichelreduktion)

Endoskopische interventionelle Behandlung
- Endoskopische Vakuumtherapie (intraluminal /intrakavitär) / Endo-Sponge
- Selbstexpandierende Metallstents
- Stent-über-Sponge-Behandlung
- "Bear claw"/over-the-scope-clip (OTSC) System
- OverStitch
- Fibrinkleber, kombiniert mit Vicryl-Plug

Chirurgische Revision
- Sternocleidomastoid-Lappen für komplexe zervikale Leckagen
- Linksseitiger Pectoralis-major-Muskellappen, um komplexe Leckagen abzudecken (z. B. bei ösophagotrachealer Fistel)
- Resektion der Magenfundus-Spitzennekrose und Neuerstellung der Anastomose (lokale Ischämie)
- Umleitungschirurgie (Ausbau des Magenconduits und Ösophagostoma (diffuse Ischämie und Magenconduit-Nekrose)

Literatur

Berkelmans GHK, Fransen LFC, Dolmans-Zwartjes ACP et al (2020) Direct oral feeding following minimally invasive esophagectomy (NUTRIENT II trial): an international, multicenter, open-label randomized controlled trial. Ann Surg 271:41–47

Bond-Smith G, Belgaumkar AP, Davidson BR, Gurusamy KS (2016) Enhanced recovery protocols for major upper gastrointestinal, liver and pancreatic surgery. Cochrane Database Syst Rev 2:CD011382.

Boshier PR, Ziff C, Adam ME, Fehervari M, Markar SR, Hanna GB (2018) Effect of perioperative blood transfusion on the long-term survival of patients undergoing esophagectomy for esophageal cancer: a systematic review and meta-analysis. Dis Esophagus 31(10):1093

Donohoe CL, Healy LA, Fanning M et al (2017) Impact of supplemental home enteral feeding postesophagectomy on nutrition, body composition, quality of life, and patient satisfaction. Dis Esophagus 30:1–9

Grimminger PP, Goense L, Gockel I et al (2018) Diagnosis, assessment, and management of surgical complications following esophagectomy. Ann N Y Acad Sci 1434:254–273

Healy LA, Ryan A, Doyle SL et al (2017) Does prolonged enteral feeding with supplemental omega-3 fatty acids impact on recovery post-esophagectomy: results of a randomized double-blind trial. Ann Surg 266:720–728

Hochreiter M, Uhling M, Sisic L et al (2018) Prolonged antibiotic prophylaxis after thoracoabdominal esophagectomy does not reduce the risk of pneumonia in the first 30 days: a retrospective before-and-after analysis. Infection 46:617–624

Jin L, Yao R, Heng L, et al (2020) Ultrasound-guided continuous thoracic paravertebral block alleviates postoperative delirium in elderly patients undergoing esophagectomy: A randomized controlled trial. Medicine (Baltimore) 99(17):e19896.

Kitagawa H, Namikawa T, Yatabe T et al (2017) Effects of a preoperative immune-modulating diet in patients with esophageal cancer: a prospective parallel group randomized study. Langenbecks Arch Surg 402:531–538

Low DE, Allum W, De Manzoni G et al (2019) Guidelines for perioperative care in esophagectomy: enhanced recovery after surgery (ERAS®) society recommendations. World J Surg 43:299–330

Mallmann C, Drinhaus H, Fuchs H, et al (2021). Perioperatives „Enhanced-recovery-after-surgery"-Programm der Ivor-Lewis-Ösophagektomie: Erste Erfahrungen eines High-volume-Zentrums. Chirurg 92:158–167.

Matsuda Y, Habu D, Lee S, Kishida S, Osugi H (2017) Enteral diet enriched with ω-3 fatty acid improves oxygenation after thoracic esophagectomy for cancer: a randomized controlled trial. World J Surg 41:1584–1594

Mudge LA, Watson DI, Smithers BM et al (2018) (2018) Multicentre factorial randomized clinical trial of perioperative immunonutrition versus standard nutrition for patients undergoing surgical resection of oesophageal cancer. Br J Surg. 105(10):1262–1272

Peng J, Cai J, Niu ZX, Chen LQ (2016) Early enteral nutrition compared with parenteral nutrition for esophageal cancer patients after esophagectomy: a meta-analysis. Dis Esophagus 29:333–341

Rausa E, Asti E, Aiolfi A, Bianco F, Bonitta G, Bonavina L (2018) Comparison of endoscopic vacuum therapy versus endoscopic stenting for esophageal leaks: systematic review and meta-analysis. Dis Esophagus. 31(10):1093

Reeh M, Ghadban T, Dedow J et al (2017) Allogenic blood transfusion is associated with poor perioperative and long-term outcome in esophageal cancer. World J Surg. 41:208–215

Sun HB, Li Y, Liu XB et al (2018) Early oral feeding following mckeown minimally invasive esophagectomy: an open-label, randomized, controlled, non-inferiority trial. Ann Surg 267:435–442

Triantafyllou T, Olson MT, Theodorou D, Schizas D, Singhal S (2020) Enhanced recovery pathways vs standard care pathways in esophageal cancer surgery: systematic review and meta-analysis. Esophagus 17:100–112

Verstegen MHP, Bouwense SAW, van Workum F et al (2019) Management of intrathoracic and cervical anastomotic leakage after esophagectomy for esophageal cancer: a systematic review. World J Emerg Surg 14:17

Visser E, Marsman M, van Rossum PSN et al (2017) Postoperative pain management after esophagectomy: a systematic review and meta-analysis [published correction appears in Dis Esophagus. 2018 Apr 1;31(4):]. Dis Esophagus 30:1–11

Wei K, Min S, Hao Y, Ran W, Lv F (2018) Postoperative analgesia after combined thoracoscopic-laparoscopic esophagectomy: a randomized comparison of continuous infusion and intermittent bolus thoracic epidural regimens. J Pain Res 12:29–37

Weijs TJ, Kumagai K, Berkelmans GH, Nieuwenhuijzen GA, Nilsson M, Luyer MD (2017) Nasogastric decompression following esophagectomy: a systematic literature review and meta-analysis. Dis Esophagus 30:1–8

Weijs TJ, Berkelmans GH, Nieuwenhuijzen GA et al (2015) Routes for early enteral nutrition after esophagectomy. A Systematic Review. Clin Nutr 34:1–6

Magenresektion bei Karzinom

Reinhart T. Grundmann und Benjamin Kues

Inhaltsverzeichnis

14.1   ERAS allgemein – 98
14.1.1   ERAS®-Empfehlungen – 98
14.1.2   Übersichten/Studien – 98

14.2   Spezielle Fragestellungen – 99
14.2.1   Antibiotikaprophylaxe – 99
14.2.2   Perioperative Bluttransfusion – 101
14.2.3   Komplikationen der Ernährungs-Jejunostomie – 102
14.2.4   Drainage bei Gastrektomie – 103
14.2.5   Routinemäßige postoperative röntgenologische Kontrolle auf Nahtinsuffizienz – 103
14.2.6   Schmerzbehandlung – 104

Literatur – 104

© Der/die Autor(en), exklusiv lizenziert durch Springer-Verlag GmbH, DE, ein Teil von Springer Nature 2021
R. T. Grundmann und E. S. Debus (Hrsg.), *Evidenzbasiertes perioperatives Management in der Viszeralchirurgie*,
Evidenzbasierte Chirurgie, https://doi.org/10.1007/978-3-662-62848-5_14

14.1 ERAS allgemein

14.1.1 ERAS®-Empfehlungen

ERAS®-Empfehlungen (Empfehlungsstärke in Klammer) zum perioperativen Management bei Gastrektomie sind unter anderen (Mortensen et al. 2014):

- Die routinemäßige präoperative künstliche Ernährung ist nicht erforderlich, aber signifikant unterernährte Patienten sollten mit oraler Ergänzung oder enteraler Ernährung vor dem Eingriff verbessert werden. (stark)
- Distale Magenresektion: die Evidenz unterstützt die laparoskopisch assistierte distale Magenresektion bei Magenfrühkarzinom, da sie zu weniger Komplikationen und schnellerer Erholung führt und in einem Standard ausgeführt werden kann, der onkologisch der offenen Chirurgie gleichwertig ist. (stark)
- Nasogastrische/nasojejunale Dekompression: nasogastrische Sonden sollten in ERAS-Protokollen der Magenchirurgie nicht verwendet werden. (stark)
- Drainage um die Anastomose: das Vermeiden von abdominellen Drainagen kann die Drainage-bezogenen Komplikationen reduzieren und den Krankenhausaufenthalt nach Gastrektomie verkürzen. (stark)
- Patienten mit totaler Gastrektomie sollten Trinken und Nahrung nach Wunsch vom 1. postoperativen Tag an angeboten werden. Es sollte ihnen geraten werden, vorsichtig zu beginnen und die Aufnahme nach Toleranz zu steigern. (schwach)
- Eindeutig unterernährten Patienten oder solchen, die nicht in der Lage sind, 60 % des Bedarfs per os aufzunehmen, sollte eine individualisierte Ernährungsunterstützung geboten werden. (stark)

Hinsichtlich den Eingriffs-unspezifischen ERAS-Elementen, die auch für die Magenchirurgie gelten, verweisen diese Empfehlungen auf die ERAS-Empfehlungen zur Pankreatikoduodenektomie (Lassen et al. 2013). Um Redundanzen zu vermeiden, sind diese unten bei Pankreaschirurgie aufgeführt.

14.1.2 Übersichten/Studien

Lee et al. (2020) fanden 18 randomisierte kontrollierte Studien mit insgesamt 3129 Patienten, in denen die Ergebnisse der elektiven Magenkarzinomchirurgie bei ERAS vs. Standardbehandlung verglichen wurden. ERAS-Protokolle waren mit verkürzter Krankenhausaufenthaltsdauer, geringeren Kosten, verkürzter Zeit bis zum Flatus- und Stuhlabgang und früherer Mobilisierung sowie früherer oraler Ernährung assoziiert. Allerdings führte ein ERAS-Protokoll zu keiner Senkung pulmonaler Komplikationen und hatte keinen Einfluss auf Wundinfektion, Anastomosendehiszenz und postoperative Komplikationen insgesamt. Die Rate an Krankenhauswiederaufnahmen war bei ERAS höher. Die Qualität der Evidenz für alle Outcome-Parameter war nur mäßig oder gering und das Bias-Risiko bei den Aussagen war hoch. Eine weitere Metaanalyse (Wee et al. 2019) schloss 23 Studien (randomisierte kontrollierte Studien und Beobachtungsstudien) mit 2686 Patienten ein. Die Aussagen entsprachen denen von Lee et al.: im Vergleich zur konventionellen Versorgung verkürzt ERAS den Krankenhausaufenthalt und reduziert Kosten, chirurgische Stressantwort und Zeit bis zur Wiederaufnahme der Darmtätigkeit, ohne dass es zu einer erhöhten Morbidität kommt. Aber auch diese Autoren stellten fest, dass mit ERAS das Risiko der Krankenhauswiederaufnahme ansteigt.

Kang et al. (2018) berichteten über eine randomisierte kontrollierte Studie bei 97 Patienten mit totaler laparoskopischer distaler Magenresektion. In dieser Studie erholten sich die Patienten in der ERAS-Gruppe schneller als in der konventionellen Behandlungsgruppe und hatten weniger Schmerzen. Insgesamt waren die Ergebnisunterschiede (ERAS vs. konventionell) aber sehr gering: postoperativer Aufenthalt 5,4 (4–12) vs. 5,8 (4–12) Tage, Komplikationsrate insgesamt 13,6 % vs. 17,6 %, keine perioperative Sterblichkeit in beiden Gruppen. In dieser Untersuchung wurden ERAS und konventionelle perioperative Therapie eindeutig definiert, die Unterschiede gibt ◘ Tab. 14.1 wieder. Sie waren gering, was die weitgehend identischen Ergebnisse zu erklären vermag.

Wie ERAS in realiter bei nicht-bariatrischer Magenresektion in Spanien umgesetzt wird, zeigt eine Umfrage bei 162 dortigen Chirurgen. Antibiotikaprophylaxe und antithrombotische Prophylaxe wurden regelhaft vorgenommen, 62,7 % empfahlen, die orale Flüssigkeitsaufnahme für mehr als 6 h vor dem Eingriff zu pausieren, die Verabreichung eines kohlenhydrathaltiges Getränkes wurde nur von 6 % der Chirurgen präoperativ durchgeführt. 56,8 % verwendeten eine Epiduralanästhesie und von 53,8 % wurden immer Drains bei totaler Gastrektomie eingelegt. Nasogastrische Sonden wurden von 34,6 % selektiv und von 11,3 % immer platziert, von 77,2 % wurde der Blasenkatheter innerhalb der ersten 24 h entfernt. Weniger als 20 % verordnen eine orale Flüssigkeitszufuhr innerhalb der ersten 24 h nach dem Eingriff und nur 15,4 % mobilisieren in dieser Zeit ihre Patienten. 49,3 % verordnen das Umhergehen des Patienten nach 24 Stunden. Klinische Ablaufpfade wurden von 30,4 % verwendet, ERAS-Protokolle von 15,2 %. Die Daten demonstrieren, dass ERAS zumindest in diesem Land noch wenig verbreitet ist.

14.2 Spezielle Fragestellungen

14.2.1 Antibiotikaprophylaxe

Die perioperative Antibiotikaprophylaxe gehört zu den starken ERAS-Empfehlungen bei Gastrektomie (Mortensen et al. 2014). Inwieweit sie über die intraoperative Gabe hinaus verlängert werden sollte, haben Zhang et al. (2013) in einer systematischen Übersicht überprüft. Sie fanden 4 randomisierte Studien mit insgesamt 1095 Patienten. Eine verlängerte postoperative Antibiotikaprophylaxe reduzierte nicht die Komplikationsrate nach Gastrektomie und beeinflusste im Vergleich zur intraoperativen Gabe weder Infektionsrate noch die Raten an Anastomoseninsuffizienz oder Sterblichkeit.

> Die Daten sprechen dafür, die perioperative Antibiotikaprophylaxe nicht über den Eingriff hinaus auszudehnen.

Mittlerweile wurde in einer weiteren randomisierten Studie mit insgesamt 464 Patienten untersucht, ob bei offener totaler Gastrektomie eine perioperative Antibiotikaprophylaxe über 24 h einer Prophylaxe über 72 h nicht unterlegen ist. Dies war hinsichtlich der Wundinfektionsrate der Fall, jedoch war die Rate sogenannter vom Operationsgebiet entfernt liegender Infektionen (mehrheitlich pulmonale Infektionen) mit 10,5 % vs. 4,7 % in der Gruppe mit 24-h-Prophylaxe höher. Insgesamt hielten die Autoren aber die 24-h-Prophylaxe für die offene totale Gastrektomie mit Lymphadenektomie für adäquat.

Ob bei totaler laparoskopischer distaler Magenresektion wegen Karzinom eine perioperative Antibiotikaprophylaxe von Nutzen ist, untersuchten Na et al. (2019) in einer Propensity-gematchten Studie mit allerdings kleiner Fallzahl (n = 65 in je-

◘ **Tab. 14.1** Protokolle von ERAS und konventionellem Management bei Patienten mit laparoskopischer Magenresektion. (Nach Kang et al. 2018)

ERAS	Konventionell
Prästationär	Prästationär
• Patientenbelehrung (einschließlich Videos) • Operative Risikoaufklärung	• Operative Risikoaufklärung
Präoperativ	Präoperativ
• Beratung mit Patient und Familie • Schriftliche Eingriffseinwilligung • Keine Darmvorbereitung • Präoperatives Fasten bis zu 6 h vor dem Eingriff • Orale Kohlenhydratlösung (500 ml, 2,5 %) bis zu 2 Std. vor dem Eingriff • Anlage des Epiduralkatheters in der Schmerzklinik • Flüssigkeitsrestriktion (Offenhalten der Vene)	• Beratung mit Patient und Familie • Schriftliche Eingriffseinwilligung • Keine Darmvorbereitung • Mitternachtsfasten • Flüssigkeit 60–80 ml/Std. (Glukose 5 % und Hartmann-Lösung nach Körpergewicht)
Operationstag	Operationstag
• Insertion des Foley-Katheters • Keine nasogastrische Sonde • Totale laparoskopische distale Magenresektion • Epidural PCA • Routineeinsatz einer geschlossenen Drainage • Sitzen im Stuhl für 1 Std. und Beginn des Gehens am Abend, wenn möglich • O_2-Inhalation (3 L/min) • Flüssigkeitsrestriktion (1–2 L) • Routinegabe von Antiemetika	• Insertion des Foley-Katheters • Keine nasogastrische Sonde • Totale laparoskopische distale Magenresektion • i.v. PCA • Routineeinsatz einer geschlossenen Drainage • Bettruhe • O_2-Inhalation (3 L/min) • Flüssigkeit (Glukose 5 % und Hartmann-Lösung nach Körpergewicht) • Antiemetika symptomabhängig
Tag 1 pOp	Tag 1 pOp
• Schluckweise Wasser, falls toleriert • Epidural PCA • Entfernung des Foley-Katheters am Morgen • O_2-Inhalation (3 L/min) • Setze Umhergehen fort und ermutige hierzu • Flüssigkeitsrestriktion (2 l)	• Nichts per os • i.v. PCA • Entfernung des Foley-Katheters am Morgen • O_2-Inhalation (3 L/min) • Umhergehen am Morgen • Flüssigkeit (Glukose 5 % und Hartmann-Lösung nach Körpergewicht)

Magenresektion bei Karzinom

◘ Tab. 14.1 (Fortsetzung)

ERAS	Konventionell
Tag 2 pOp	Tag 2 pOp
• Halbflüssige Diät, falls toleriert • Entfernung des Epiduralkatheters und orale Analgetika • Keine weitere Flüssigkeitszufuhr • Blutlabor	• Beginn mit schluckweise Wasser • Entfernung der i.v. PCA und orale Analgetika • Flüssigkeit (Glukose 5 % n. Körpergewicht) • Blutlabor
Tag 3 pOp	Tag 3 pOp
• Weiche Kost, falls toleriert • Drain- Entfernung	• Beginn halbflüssige Diät • Drain-Entfernung • Flüssigkeit (Hartmann)
Tag 4 pOp	Tag 4 pOp
• Prüfung der Entlassungskriterien	• Start weiche Kost
• Entlassung empfohlen, falls möglich	• Prüfung der Entlassungskriterien
	• Entlassung empfohlen, falls möglich
Tag 5 pOp	Tag 5 pOp
• Prüfung der Entlassungskriterien	• Prüfung der Entlassungskriterien
• Entlassung empfohlen, falls möglich	• Entlassung empfohlen, falls möglich

der Gruppe). In dieser Erhebung fanden sich keine signifikanten Unterschiede in postoperativer Morbidität und Wundinfektionsraten zwischen Patienten mit und ohne perioperative Antibiotikaprophylaxe (Klinikletalität Null, Wundinfektionsrate 3,1 % ohne vs. 1,5 % mit Prophylaxe). Die Rate an postoperativem Fieber war aber in der Nicht-Antibiotikagruppe signifikant höher (27,7 % vs. 12,3 %, p = 0,028). Der Nutzen der perioperativen Antibiotikaprophylaxe bei laparoskopischer distaler Gastrektomie ist demnach nicht eindeutig belegt, randomisierte Studien stehen aus.

14.2.2 Perioperative Bluttransfusion

Eine systematische Übersicht und Metaanalyse ging anhand von 38 Studien dem Einfluss der perioperativen allogenen Bluttransfusion auf die Prognose von Patienten mit kurativer Magenresektion bei Karzinom nach (Agnes et al. 2018). Es fand sich eine signifikante Assoziation zwischen Bluttransfusionsrate und weniger günstigem Überleben über alles, krankheitsfreiem Überleben, krankheitsspezifischem Überleben und postoperativer Komplikationsrate.

Die Qualität der Evidenz war aber gering. Gleichwohl sollten Bluttransfusionen möglichst vermieden werden, durch
- Präoperative Behandlung der Anämie (Eisensubstitution)
- Entwicklung patientenzentrierter Transfusionskriterien
- Minimierung des intraoperativen Blutverlusts durch Einsatz minimal-invasiver Operationstechniken.

Diese Forderungen nach Blood-Management-Strategien bei Gastrektomie werden durch eine retrospektive Analyse von 2884 Patienten der American College of Surgeons National Surgical Quality Improvement Program- Datenbasis unterstützt, bei denen eine elektive Magenresektion wegen Karzinom durchgeführt wurde. Die allogene Bluttransfusion war in dieser Erhebung unabhängig mit erhöhter 30-Tagesterblichkeit, größerer Morbidität, infektiösen und kardialen Komplikationen, respiratorischem Versagen und verlängertem Krankenhausaufenthalt assoziiert (Elmi et al. 2016). Unklar bei allen retrospektiven Erhebungen zur Bluttransfusion ist allerdings, ob die Bluttransfusion als solche einen negativen Einfluss auf die Ergebnisse hat oder ob sie lediglich einen Indikator für eine ungünstige Ausgangslage des Patienten darstellt. Dieser Frage gingen Xiao et al. (2018) anhand von 1020 Patienten mit radikaler Magenresektion bei Stadium II/III Magenkarzinom nach. In ihrer Analyse waren präoperative Anämie, eine multiviszerale Resektion, Tumorgröße ≥ 5 cm, ein intraoperativer Blutverlust ≥ 300 ml, ein Patientenalter ≥ 65 Jahre und eine Operationszeit ≥ 240 min unabhängige Risikofaktoren für eine Bluttransfusion. Die Bluttransfusion war signifikant mit verringertem Überleben über alles und verringertem krankheitsfreiem Überleben assoziiert.

> Bei gleichen Ausgangsbedingungen (Propensity Score Matching; 205 Paare) gab es aber keine signifikanten Ergebnisunterschiede, die Bluttransfusion als solche war kein unabhängiger Risikofaktor für Gesamtüberleben und krankheitsspezifisches Überleben.

Die ungünstigeren onkologischen Ergebnisse in der Bluttransfusionsgruppe beruhten auf den Umständen, die eine Bluttransfusion erforderlich machten, einschließlich längerer Operationszeit (schwierigerer Befund) und fortgeschrittenerem Tumorstadium.

14.2.3 Komplikationen der Ernährungs-Jejunostomie

Über Komplikationen bei der Ernährungsjejunostomie berichteten Choi et al. (2017) anhand von 117 Patienten (61 mit Ösophagogastrektomie und 56 mit Magenresektion). Bei 65 Patienten (55,6 %) kam es zu keinen Komplikationen, 1 Komplikation wurde bei 35,9 % der Patienten, mehr als 1 Komplikation bei 8,5 % beobachtet. Am häufigsten handelte es sich um mechanische Komplikationen wie Dislokationen oder Verstopfungen (n = 54). Infektionen (n = 4) oder Dünndarmobstruktionen (n = 3) waren etwas Selteneres. Trotz Ernährungsjejunostomie mussten 22/117 Patienten (18,8 %) total parenteral ernährt werden. Komplikationen nach Ernährungsjejunostomie sind demnach relativ häufig, aber in der Regel gut beherrschbar. Dem entspricht eine Analyse von 2980 Patienten mit Gastrektomie (total und partiell) wegen Magenkarzinom in der American College of Surgeons National Surgical Quality Improvement Program-Datenbasis. Unter diesen Patienten erhielten 715 (24 %) eine Ernährungsjejunostomie. Nach Adjustierung der Daten mittels Propensity Sore Matching gab es keine statistisch signifikanten Unterschiede zwischen Patienten mit und ohne Ernährungsjejunostomie hinsichtlich 30-Tage-Komplikationsrate über alles (38,8 % vs. 36,1 %) oder Sterblichkeit

5,8 % vs. 3,75). Gleiches galt für Majorkomplikationsrate, Wundinfektionen oder Reoperationen.

> Die Daten belegen, dass Sicherheitsbedenken kein Grund sind, auf die Ernährungsjejunostomie bei Gastrektomie zu verzichten. Umgekehrt ist aber auch nicht eindeutig geklärt, welche Patienten nach Magenresektion tatsächlich von der Ernährungsjejunostomie profitieren.

14.2.4 Drainage bei Gastrektomie

Wang et al. (2015) fanden für einen Cochrane Review zu der Frage, ob nach Gastrektomie (total und subtotal) intraoperativ eine Drainage gelegt werden sollte, 4 randomisierte kontrollierte Studien mit insgesamt 438 Patienten. Sie beobachteten keine überzeugende Evidenz, die das routinemäßige Platzieren einer Drainage bei Gastrektomie unterstützte. So unterschieden sich die Gruppen nicht signifikant hinsichtlich perioperativer Sterblichkeit, Reoperationen, postoperativen Wundinfektionen oder Pneumonien, intraabdominellen Abszessen oder Anastomosenleckagen. Jedoch verlängerte die Platzierung von Drainagen die Operationszeit und die Länge des postoperativen Aufenthalts und führte zu Drainage-bezogenen Komplikationen.

> Die Evidenz dieser Aussagen war sehr niedrig bzw. niedrig, jedoch kann im Moment das routinemäßige Platzieren von Drainagen nach Gastrektomie nicht empfohlen werden.

Dies gilt möglicherweise auch für die laparoskopische Magenresektion bei Karzinom. Shimoike et al. (2019) bildeten zu dieser Frage in einer Monozenterstudie zwei Propensity Score gematchte Gruppen von je 145 Patienten. Sie fanden keine signifikanten Unterschiede in der Inzidenz an postoperativen Komplikationen zwischen der Drain- und Nicht-Drain-Gruppe (19,3 % vs. 11,0 %, p=0,071). In der Drain-Gruppe war jedoch die Zeit bis zur flüssigen Nahrungsaufnahme postoperativ länger (6,3±7,4 vs. 4,9±2,9 Tage, p=0,036) und auch die Länge des postoperativen Aufenthaltes (15,7±12,9 vs. 13,0±6,3 Tage, p=0,023) war erhöht. Die 30-Tageletalität war in dieser Untersuchung Null. Aufgrund des retrospektiven Charakters dieser Auswertung waren die Autoren hinsichtlich Empfehlungen allerdings sehr vorsichtig.

14.2.5 Routinemäßige postoperative röntgenologische Kontrolle auf Nahtinsuffizienz

Ob es sich empfiehlt, vor Nahrungszufuhr nach Gastrektomie die Dichtigkeit der Anastomose mittels eines Kontrastmittels röntgenologisch zu überprüfen, untersuchten Struecker et al. (2017) retrospektiv anhand einer konsekutiven Serie von 377 Patienten mit Magenresektion wegen Karzinom. In dieser Serie wurde bei den Patienten am 5. Tag nach Resektion über die nasogastrische Sonde mittels Gastrografin die Dichtigkeit der Anastomose überprüft und bei unauffälligem Befund nach Entfernung der Sonde mit dem oralen Kostaufbau begonnen. Insgesamt wurde bei 14 von 377 Patienten (4 %) eine Anastomoseninsuffizienz beobachtet. 4 Anastomoseninsuffizienzen traten vor dem routinemäßig angesetzten Kontrolltermin auf, 7 später und nur bei 3 Patienten wurde am Kontrolltermin ein Anastomoseninsuffizienz entdeckt.

> Bei der geringen Sensitivität der Untersuchung empfahlen die Autoren, keine routinemäßige röntgenologische Kontrastmitteluntersuchung nach Magenre-

sektion („Gastrografinschluck") vorzunehmen und stattdessen bei klinischem Verdacht auf Nahtinsuffizienz eine CT-Untersuchung mit oraler Kontrastmittelgabe einzuleiten.

14.2.6 Schmerzbehandlung

Wang et al. (2018) verglichen in einer monozentrischen retrospektiven Erhebung mittels Propensity Score Matching jeweils 917 Patienten, die entweder eine Patientenkontrollierte Epiduralanalgesie (PCEA) oder eine Patienten-kontrollierte intravenöse Analgesie (PCIA) nach Magenresektion wegen Karzinom erhalten hatten. Patienten in der PCEA-Gruppe wiesen signifikant geringere Schmerzscores im Aufwachraum sowie am ersten und zweiten postoperativen Tag auf. Die Darmtätigkeit (Flatus) kam früher nach PCEA in Gang. Hinsichtlich Krankenhausaufenthaltsdauer oder postoperativen Komplikationen unterschieden sich beide Gruppen nicht. Inwieweit nun die PCEA der PCIA vorgezogen werden soll, ließen die Autoren aber offen, da zumindest ältere Patienten ein höheres Risiko der Hypotension hatten (Hypotensionsrate insgesamt 21,3 % bei PCEA, 17,5 % bei PCIA; $p = 0{,}009$).

Literatur

Agnes A, Lirosi MC, Panunzi S, Santocchi P, Persiani R, D'Ugo D (2018) The prognostic role of perioperative allogeneic blood transfusions in gastric cancer patients undergoing curative resection: a systematic review and meta-analysis of non-randomized, adjusted studies. Eur J Surg Oncol 44:404–419

Bruna M, Navarro C, Báez C, Ramírez JM, Ortiz MÁ (2018) Results of a national survey about perioperative care in gastric resection surgery. resultados de la encuesta nacional sobre cuidados perioperatorios en cirugía resectiva gástrica. Cir Esp 96:410–418

Choi AH, O'Leary MP, Merchant SJ et al (2017) Complications of feeding jejunostomy tubes in patients with gastroesophageal cancer. J Gastrointest Surg 21:259–265

Elmi M, Mahar A, Kagedan D et al (2016) The impact of blood transfusion on perioperative outcomes following gastric cancer resection: an analysis of the American College of Surgeons National Surgical Quality Improvement Program database. Can J Surg 59:322–329

Kang SH, Lee Y, Min SH et al (2018) Multimodal enhanced recovery after surgery (eras) program is the optimal perioperative care in patients undergoing totally laparoscopic distal gastrectomy for gastric cancer: a prospective, randomized, clinical Trial. Ann Surg Oncol 25:3231–3238

Lassen K, Coolsen MM, Slim K et al (2013) Guidelines for perioperative care for pancreaticoduodenectomy: enhanced recovery after surgery (ERAS®) society recommendations. World J Surg 37:240–258

Lee Y, Yu J, Doumouras AG, Li J, Hong D (2020) Enhanced recovery after surgery (ERAS) versus standard recovery for elective gastric cancer surgery: a meta-analysis of randomized controlled trials. Surg Oncol 32:75–87

Mortensen K, Nilsson M, Slim K et al (2014) Consensus guidelines for enhanced recovery after gastrectomy: enhanced recovery after surgery (ERAS®) society recommendations. Br J Surg 101:1209–1229

Na Y, Kang JH, Jung MR, Ryu SY, Jeong O (2019) Feasibility of no prophylactic antibiotics use in patients undergoing total laparoscopic distal gastrectomy for gastric carcinoma: a propensity score-matched case-control study. J Gastric Cancer 19:451–459

Shimoike N, Akagawa S, Yagi D et al (2019) Laparoscopic gastrectomy with and without prophylactic drains in gastric cancer: a propensity score-matched analysis. World J Surg Oncol 17:144

Struecker B, Chopra S, Heilmann AC et al (2017) Routine radiologic contrast agent examination after gastrectomy for gastric cancer is not useful. J Gastrointest Surg 21:801–806

Sun Z, Shenoi MM, Nussbaum DP et al (2016) Feeding jejunostomy tube placement during resection of gastric cancers. J Surg Res 200:189–194

Takagane A, Mohri Y, Konishi T et al (2017) Randomized clinical trial of 24 versus 72 h antimicrobial prophylaxis in patients undergoing open total gastrectomy for gastric cancer. Br J Surg 104:e158–e164

Wang L, Li X, Chen H, Liang J, Wang Y (2018) Effect of patient-controlled epidural analgesia versus patient-controlled intravenous analgesia on postoperative pain management and short-term outcomes after gastric cancer resection: a retrospective analysis of 3,042 consecutive patients between 2010 and 2015. J Pain Res 11:1743–1749

Wang Z, Chen J, Su K, Dong Z (2015) Abdominal drainage versus no drainage post-gastrectomy for gastric cancer. Cochrane Database Syst Rev. CD008788.

Wee IJY, Syn NL, Shabbir A, Kim G, So JBY (2019) Enhanced recovery versus conventional care in gastric cancer surgery: a meta-analysis of randomized and non-randomized controlled trials. Gastric Cancer 22:423–434

Xiao H, Liu W, Quan H, Ouyang Y (2018) Peri-operative blood transfusion does not influence overall and disease-free survival after radical gastrectomy for stage ii/iii gastric cancer: a propensity score matching analysis. J Gastrointest Surg 22:1489–1500

Zhang CD, Zeng YJ, Li Z et al (2013) Extended antimicrobial prophylaxis after gastric cancer surgery: a systematic review and meta-analysis. World J Gastroenterol 19:2104–2109

Chirurgie von Leber- und Gallenwegen

Reinhart T. Grundmann und Benjamin Kues

Inhaltsverzeichnis

15.1   ERAS allgemein – 108
15.1.1   Enhanced Recovery After Surgery (ERAS) Society-Empfehlungen – 108
15.1.2   Metaanalysen und randomisierte Studien – 109

15.2   Spezielle Fragestellungen – 110
15.2.1   Ernährung – 110
15.2.2   Antibiotikaprophylaxe – 111
15.2.3   Mechanische Darmvorbereitung – 111
15.2.4   Nasogastrische Sonde – 112
15.2.5   Abdominaldrainage – 112
15.2.6   Galleleckagen nach Leberresektion – 113
15.2.7   Perioperative Bluttransfusion – 113
15.2.8   Analgesie – 114

Literatur – 116

© Der/die Autor(en), exklusiv lizenziert durch Springer-Verlag GmbH, DE, ein Teil von Springer Nature 2021
R. T. Grundmann und E. S. Debus (Hrsg.), *Evidenzbasiertes perioperatives Management in der Viszeralchirurgie*,
Evidenzbasierte Chirurgie, https://doi.org/10.1007/978-3-662-62848-5_15

15.1 ERAS allgemein

15.1.1 Enhanced Recovery After Surgery (ERAS) Society-Empfehlungen

Empfehlungen zur Leberchirurgie (Empfehlungsstärke in Klammer) sind unter anderem (Melloul et al. 2016):
- Risikopatienten (Gewichtsverlust > 10–15 % innerhalb 6 Monaten, BMI < 18,5 kg/m^2 und Serumalbumin < 30 g/l bei fehlender Leber- oder Nierendysfunktion) sollten für 7 Tage vor dem Eingriff orale Nahrungsergänzungsmittel erhalten. Bei schwer mangelernährten Patienten (>10 % Gewichtsverlust) sollte der Eingriff für wenigstens 2 Wochen verschoben werden, um den Ernährungsstatus zu verbessern und es den Patienten zu ermöglichen, an Gewicht zuzunehmen. (stark)
- Eine orale mechanische Darmvorbereitung ist in der Leberchirurgie nicht indiziert. (schwach)
- Prämedikation: Lang-wirksame Anxiolytika sollten vermieden werden. Kurzwirksame Anxiolytika können verwendet werden, um eine Regionalanästhesie vor Anästhesieeinleitung durchzuführen. (stark)
- Perioperative Steroidmedikation: Steroide (Methylprednisolon) können bei normalem Leberparenchym vor Leberresektion eingesetzt werden, da dies Leberschädigung und intraoperativen Stress reduziert, ohne Erhöhung des Komplikationsrisikos. Bei Diabetikern sollten Steroide nicht gegeben werden. (schwach)
- Antimikrobielle Prophylaxe: Die Einmalgabe eines Antibiotikums sollte vor Hautschnitt gegeben werden, weniger als 1 h vor Leberresektion. Postoperative „prophylaktische" Antibiotika werden nicht empfohlen. (stark)
- Hautpräparaton: Die Hautpräparation mit Chlorhexidin 2 % ist der Präparation mit Povidon-Jod-Lösung überlegen. (stark)
- Eine prophylaktische nasogastrische Sonde erhöht das Risiko pulmonaler Komplikationen nach Leberresektion. Der Routineeinsatz ist nicht indiziert. (stark)
- Die vorhandene Evidenz ist nicht schlüssig, es kann keine Empfehlung für oder gegen eine prophylaktische Drainage nach Leberresektion gegeben werden. (schwach)
- Die meisten Patienten können am Tag 1 nach Leberchirurgie normale Nahrung zu sich nehmen. Postoperative enterale oder parenterale Ernährung sollte mangelernährten Patienten vorbehalten bleiben oder Patienten mit verlängertem Fasten aufgrund von Komplikationen (z. B. Ileus > 5 Tage, verzögerte Magenentleerung). (stark)
- Eine Insulintherapie wird empfohlen, um eine Normoglykämie aufrecht zu erhalten. (stark)
- Ein Netzlappen, um die Schnittfläche der Leber zu bedecken, reduziert das Risiko einer verzögerten Magenentleerung nach linksseitiger Leberresektion. (stark)
- Eine Stimulation der Darmbewegung nach Leberchirurgie ist nicht indiziert. (stark)
- Eine routinemäßige thorakale Epiduralanästhesie kann bei offener Leberchirurgie für ERAS-Patienten nicht empfohlen werden. Wundinfusionskatheter oder intrathekale Opiate können gute Alternativen darstellen, kombiniert mit multimodaler Analgesie. (stark)
- Zur Vermeidung von postoperativer Übelkeit und Erbrechen (PONV) sollte ein multimodaler Zugang gewählt werden. Die Patienten sollten eine PONV-Prophylaxe mit zwei Antiemetika erhalten. (stark)

Chirurgie von Leber- und Gallenwegen

– Es wird geraten, einen niedrigen zentralvenösen Druck (unter 5 cm Wassersäule) mit engem Monitoring während des Lebereingriffs aufrechtzuerhalten. Balanzierte kristalloide Lösungen sollten einer 0,9 %-NaCl-Lösung oder Kolloiden vorgezogen werden, um das intravaskuläre Volumen aufrecht zu erhalten und eine hyperchlorämische Azidose bzw. Nierendysfunktion zu vermeiden. (stark)

15.1.2 Metaanalysen und randomisierte Studien

Noba et al. (2020) verglichen in einer systematischen Übersicht mit Metaanalyse die Auswirkungen von ERAS-Protokollen im Vergleich zur Standardbehandlung auf Krankenhauskosten, Länge der Liegezeit, Komplikationen, Wiederaufnahmen und Klinikletalität bei Patienten mit Lebereingriffen anhand von 6 randomisierten kontrollierten Studien und 21 Kohortenstudien mit insgesamt 3739 Patienten. Eingeschlossen waren sowohl Patienten mit laparoskopischer als auch mit offener Leberchirurgie. Die Krankenhauskosten waren in der ERAS-Gruppe signifikant geringer, die stationäre Aufenthaltsdauer signifikant kürzer. Eine Reduktion der Komplikationsrate über alles konnte aber nicht demonstriert werden, dies war nach Ansicht der Autoren erst mit der Verwendung laparoskopischer Techniken zu erreichen. Hinsichtlich Klinikletalität und Wiederaufnahmerate unterschieden sich beide Gruppen nicht. In einer Metaanalyse zum Wert von ERAS-Protokollen in der laparoskopischen Leberchirurgie kamen Yang et al. (2016) bei insgesamt allerdings nur 580 Patienten zu dem Ergebnis, dass sich Patienten in der ERAS-Gruppe hinsichtlich intraoperativem Blutverlust und Operationszeit nicht von Patienten mit konventioneller Behandlung unterschieden, dass aber bei ERAS-Patienten die Darmtätigkeit schneller in Gang kam, der Krankenhausaufenthalt kürzer, die Gesamtkomplikationsrate geringer und die Krankenhauskosten reduziert waren.

Ni et al. (2013) sahen in einer randomisierten Studie von je 80 Patienten in der ERAS-Gruppe im Vergleich zur konventionellen Therapie nach partieller Leberresektion eine geringere Komplikationsrate ($p < 0,05$), kürzerer Zeit an PONV, paralytischem Ileus und Aufenthaltsdauer, was für ERAS bei Leberresektion sprach. Ähnliche Vorteile von ERAS wurden auch von Liang et al. (2018) in einer randomisierten Studie für die laparoskopische Leberchirurgie beschrieben. Ihr Protokoll findet sich in ◘ Tab. 15.1.

In eine randomisierte britische Studie wurden ausschließlich Patienten mit offener Leberchirurgie inkludiert (46 Patienten mit ERAS, 45 mit Standardversorgung) (Jones et al. 2013). ERAS-Patienten zeigten eine statistisch signifikant kürzere stationäre Aufenthaltsdauer und die Komplikationsrate über alles war im Trend niedriger (17 % vs. 31 %, $p = 0,126$), wobei hinsichtlich Leberchirurgie-spezifischen Komplikationen keine Unterschiede bestanden. Allgemeinen Komplikationen waren aber bei ERAS signifikant seltener. Die Klinikletalität betrug in beiden Gruppen 2 %. Die Lebensqualität war über 28 Tage nach ERAS signifikant besser, hinsichtlich der Patientenzufriedenheit unterschieden sich beide Gruppen aber nicht.

Eine finnische Arbeitsgruppe (Savikko et al. 2015) schließlich berichtete über eine Serie von 134 Leberresektionen (126 offen, 8 laparoskopisch) bei 132 Patienten, die anhand eines ERAS-Protokolls versorgt wurden und verglich diese Daten mit einer historischen Kontrollgruppe von 100 Patienten. Der mediane postoperative Aufenthalt betrug in der ERAS-Gruppe 4 (2 bis 11) Tage) und war damit signifikant kürzer als in der Kontrolle. 79,1 % der Patienten konnten bis zum 5. postoperativen Tag ent-

Tab. 15.1 ERAS-Protokoll bei laparoskopischer Leberresektion. (Nach Liang et al. 2018)

Präoperativ	• Patienteninformation über Mobilisation und Ernährungsziele • Erhebung des Ernährungsstatus (speziell bei Zirrhose) • Keine Routine-Darmvorbereitung • Normale orale Ernährung bis 6 Std. vor Eingriff
Operationstag	• Kohlenhydratgetränk bis 2 Std. vor Eingriff (400 ml) • Kurzwirksames i.v. Anästhetikum • Kombinierte Trachealintubation und Allgemeinanästhesie • Lokalanästhesie (0,2 % Ropivacain) • 5 mg Dexamethason vor Gefäßausklemmung • „Goal directed"- Flüssigkeitsmanagement • Warme i.v. Flüssigkeit + Körperwarmhaltungsgerät • Keine nasogastrische Sonde oder entfernt so schnell wie möglich • Möglichst wenige Drainagen
Tag 0	• Trinke Wasser 6 Std. nach dem Eingriff • Restriktive i.v. Flüssigkeitszufuhr • PONV geprüft und multimodale PONV-Prophylaxe • Visite des akuten Schmerzdienstes • Multimodale Analgesie: 40 mg Parecoxib-Natrium (Dynastat) i.v. alle 12 Std. und 50–100 mg Tramadol zweimal tgl. oral • PCIA falls notwendig (niedrigdosierte Opioide)
Tag 1	• Orale Ernährungsergänzung (flüssig) oder halb-flüssige Diät • 2-mal tägliche Mobilisierung • Urinkatheter entfernt • Restriktive i.v. Flüssigkeitszufuhr
Tag 2	• Orale halbflüssige Ernährung • Beendigung der i.v. Flüssigkeitszufuhr • 4-mal tägliche Mobilisierung • Entfernung des zentralvenösen Katheters
Tag 3	• Beendigung der i.v. Analgesie; Anwendung von oralem Tramadol oder Celecoxib • Normale Mobilisierung • Normale Kost • Überprüfung der Entlassungskriterien
Tag 4 – nach Hause	• Fortsetzung der Maßnahmen wie Tag 3 • Überprüfung der Entlassungskriterien • Information über Entlassung und Erholungsplan für zu Hause

lassen werden. 37,3 % der ERAS-Patienten und 71 % der Kontrollgruppe entwickelten wenigstens 1 Komplikation (meistens minor), was sich bei ERAS nicht auf die Länge des postoperativen Aufenthalts auswirkte. Die 30-Tageletalität war in beiden Gruppen Null. Die niedrige Wiederaufnahmerate von 3 % nach Entlassung demonstrierte nach Ansicht der Autoren die Sicherheit des ERAS-Protokolls.

15.2 Spezielle Fragestellungen

15.2.1 Ernährung

Takagi et al. (2019) überprüften anhand des sog. CONUT-Score (Controlling Nutritional Status) (◘ Tab. 15.2) den Zusammenhang zwischen präoperativer Mangelernährung und postoperativem Ergebnis

Chirurgie von Leber- und Gallenwegen

◘ Tab. 15.2 CONUT-Score zur Bewertung des Ernährungsstatus des Patienten. (Nach Takagi et al. 2019)

	Unterernährt			
	normal	leicht	mäßig	schwer
Albumin, g/dl – Score	≥ 3,5 0	3,0–3,49 2	2,5–2,9 4	< 2,5 6
Gesamtlymphozyten,/µl Score	> 1600 0	1200–1599 1	800–1199 2	< 800 3
Gesamtcholesterol, mg/dl – Score	> 180 0	140–180 1	100–139 2	< 100 3
Gesamtscore	0–1	2–4	5–8	9–12

Bewertung: ≤ 4 niedriger CONUT-Score ≥ 5 hoher CONUT-Score

nach Leberresektion wegen hepatozellulärem Karzinom bei 331 Patienten. Patienten mit hohem CONUT-Score hatten eine signifikant höhere Inzidenz an 30-Tageletalität (p < 0,001), Klinikletalität (p = 0,002), Aszites (p = 0,006) und Sepsis (p = 0,01) als solche mit niedrigem Score. In einer multivariaten Analyse war ein hoher CONUT-Score ein unabhängiger Prädiktor für die Krankenhaussterblichkeit nach Leberresektion (Hazard Ratio 9,41; p = 0,038).

> In dieser Untersuchung zeigte speziell ein niedriges Serumalbumin die Mangelernährung an.

Die Daten unterstützen die ERAS-Empfehlung, bei schwer mangelernährten Patienten den Ernährungsstatus präoperativ zu verbessern. Eine weitere japanische Arbeitsgruppe (Harimoto et al. 2018) berichtete über 2461 konsekutive Patienten, die in 13 Institutionen wegen eine hepatozellulären Karzinoms leberreseziert wurden. Verglichen wurden Patienten mit niedrigem CONUT-Score ≤ 3 mit solchen mit CONUT-Score ≥ 4.

> Nach Propensity Score Matching war ein hoher CONUT-Score mit schlechterem Überleben und rezidivfreiem Überleben assoziiert.

15.2.2 Antibiotikaprophylaxe

In einer randomisierten japanischen Multizenterstudie wurde bei insgesamt 480 Patienten überprüft, inwieweit die perioperative Antibiotikaprophylaxe über 1 Tag bei Leberresektion wegen hepatozellulärem Karzinom einer 3-tägigen Applikation nicht unterlegen ist (Takayama et al. 2019). In der Gruppe mit 1-tägiger Applikation wurde das Antibiotikum 30 min vor dem Eingriff, dann alle 3 h während des Eingriffs und 6 h nach dem Eingriff verabreicht. Bei 3-tägiger Applikation wurde die Antibiose zweimal täglich für zwei Tage fortgesetzt. Es gab keine Unterschiede in den Wundinfektionsraten (1 Tag: 9,5 %; 3 Tage: 9,8 %) oder den Drain-bezogenen Infektionen (2,2 % vs. 1,7 %).

> Die Studie belegt mit robuster Evidenz, dass eine perioperative Antibiotikaprophylaxe nach Leberresektion nicht über 24 h hinausgehen sollte.

15.2.3 Mechanische Darmvorbereitung

> Zur mechanischen Darmvorbereitung in der Leberchirurgie liegen keine randomisierten Studien vor. Eine retrospektive

Erhebung (Hokutu et al. 2016) an insgesamt 227 Patienten mit kurativer Leberresektion zeigte keine Unterschiede in der Gesamtkomplikationsrate oder den Wundinfektionsraten in Abhängigkeit davon, ob die Patienten am Vortag der Operation eine Polyethylenglykol-Lavage erhielten oder nicht. Die Untersuchung unterstützt die Empfehlung, auf eine mechanische Darmvorbereitung bei Leberresektion zu verzichten.

15.2.4 Nasogastrische Sonde

In einer retrospektiven Auswertung von 555 Patienten mit elektiver Leberresektion erwies sich die Platzierung einer nasogastrischen Sonde als signifikanter unabhängiger Risikofaktor für eine postoperative Pneumonie (Nobili et al. 2012). Dem Wert einer nasogastrischen Sonde bei Leberresektion wurde des Weiteren von Ichida et al. (2016) in einer randomisierten Studie mit insgesamt 210 Patienten nachgegangen. In dieser Studie hatte die routinemäßige Platzierung einer nasogastrischen Sonde keine Vorteile, aber auch keine Nachteile: beide Gruppen unterschieden sich nicht in postoperativer Morbidität über alles, pulmonalen Komplikationen, Häufigkeit des postoperativen Erbrechens, Zeit bis zur oralen Nahrungsaufnahme oder Länge des postoperativen stationären Aufenthalts. In der Gruppe ohne Sonde musste bei 3 Patienten die Sonde nach 0–3 Tagen erneut platziert werden, umgekehrt klagten 5 Patienten in der Sondengruppe über erhebliche Beschwerden. In der Gruppe ohne Sonde war diese noch im Operationssaal entfernt worden, Patienten mit Sonde behielten diese, bis die Darmfunktion in Gang kam, im Mittel für 2 (1–5) Tage.

> Die Daten sprachen gegen die routinemäßige Platzierung einer nasogastrischen Sonde nach Leberresektion.

15.2.5 Abdominaldrainage

Ob bei Leberresektion eine prophylaktische Abdominaldrainage gelegt werden soll oder nicht, untersuchten Gavriilidis et al. (2017) in einer systematischen Übersicht mit Metaanalyse, in die 6 randomisierte Studien eingingen. Bei allen Patienten wurden geschlossene Drainagesysteme verwendet. Die Rate an Aszites-Leckagen war in der Gruppe mit Drains signifikant höher (Odds Ratio = 3,33 [95 % Konfidenz Intervall 1,66–5,28]). Hinsichtlich infizierten abdominellen Flüssigkeitsansammlungen, Wundinfektionen, thorakalen Infektionen, Gallefisteln, Krankenhausaufenthaltsdauer und Sterblichkeit unterschieden sich beide Gruppen statistisch nicht signifikant. Aufgrund der wenigen Studien mit kleinen Fallzahlen kamen die Autoren zu dem Schluss, dass es keine Evidenz dafür gibt, bei unkomplizierter Leberresektion routinemäßig eine Drainage einzulegen. Letztlich handelt es sich bei der Frage der Drainage um eine individuelle Entscheidung des Operateurs, abhängig vom Operationsbefund.

Bei der Unsicherheit, ob eine Drainage gelegt werden soll oder nicht, kommt der möglichst frühen postoperativen Entfernung der Drainage besondere Bedeutung zu, um Drainagekomplikationen, wie z. B. Infekte, zu vermeiden. In einer retrospektiven Propensity Score gematchten Untersuchung von je 109 Patienten mit Leberresektion überprüften Hokutu et al. (2017) die Sicherheit eines Protokolls, bei dem die Drainage am 3. postoperativen Tag gezogen wurde, wenn die Drainage < 500 ml an diesem Tag förderte und die Bilirubinkonzentration in der Drainageflüssigkeit weniger als das 3-fache der Serumkonzentration ausmachte. Dieses Vorgehen erwies sich hinsichtlich verzögerten Galleleckagen oder abdominellen Flüssigkeitsansammlungen als sicher, die Patienten unterschieden sich nicht von der konventionellen Gruppe, bei der im Mittel die Drainagen erst am fünften Tag gezogen wurden, jedoch war der stationäre Aufenthalt signifikant kürzer. Eine weitere japanische Arbeitsgruppe (Ichida et al. 2020) empfahl anhand einer retrospektiven Untersuchung ebenfalls, routinemäßig die Drainage am 3. postoperativen Tag zu ziehen, wenn die Drainage an diesem Tag weniger als 500 ml förderte, die Bilirubinkonzentration in der Drainageflüssigkeit unter 3 mg/dl lag und kein Anhalt für Blutung oder Infektion bestand. Auch hier wurden bei kürzerer Drainageliegedauer eine verkürzte Krankenhausaufenthaltsdauer und weniger Drainageinfektionen gesehen im Vergleich zu Patienten mit längerer Drainageliegedauer. Die Autoren empfahlen zusätzlich, bereits am 1. postoperativen Tag die Kriterien zu überprüfen, um eventuell die Drainagen noch früher entfernen zu können.

> Eine routinemäßige Platzierung von Drainagen wurde von den Autoren gleichwohl favorisiert, um Nachblutungen und Gallefisteln entdecken zu können.

15.2.6 Galleleckagen nach Leberresektion

Eine Galleleckage nach Leberresektion liegt vor, wenn am oder nach dem 3. postoperativen Tag im Drainagesekret eine Gallenkonzentration über dem 3-Fachen der Blutkonzentration gemessen wird (Drainage-Serumbilirubin(gesamt)-Verhältnis) (Arend et al. 2015). Arend et al. (2015) führten aus, dass die Mehrzahl der Galleleckagen nach Leberresektion spontan (69–94 %) sistiert und keiner weiteren Therapie bedarf. Dies trifft vor allem auf Leckagen aus der Leberresektionsfläche zu. Zentrale Galleleckagen haben ein höheres Gallenvolumen mit einer schlechteren Prognose. Persistiert die Gallensekretion (>7 Tage) oder besteht eine High-Volume-Fistel (>100 ml/Tag), sollte eine ERC frühzeitig erwogen werden.

Dabei variiert der Zeitpunkt der endoskopischen Therapie zwischen den einzelnen Studien vom 6. bis zum 14. postoperativen Tag.

> Durch die endoskopische Therapie können bis zu 75 % der Galleleckagen erfolgreich behandelt werden.

Damit stellt die interventionelle Endoskopie die Therapie der Wahl in dieser Situation dar. Bei den selten auftretenden, chronisch persistierenden Gallelecks kann die Ausbildung einer nahtfähigen Biliomwand abgewartet werden. An diese kann dann eine Jejunalschlinge anastomosiert werden. Therapierefraktären Galleleckagen lassen sich so risikoarm nach innen drainieren (Faber et al. 2015).

15.2.7 Perioperative Bluttransfusion

In einer systematischen Übersicht über insgesamt 6832 Patienten mit Leberresektion (22 Studien) (Bennett et al. 2017) hatten perioperative Bluttransfusionen einen eindeutigen negativen Einfluss auf die postoperative Komplikationsrate, nicht aber auf die postoperative Sterblichkeit. Hinsichtlich des Einflusses von perioperativen Bluttransfusionen auf das langfristige Tumorüberleben (krankheitsspezifisch und über alles) waren die Ergebnisse nicht eindeutig, obwohl es einige Evidenz dafür gab, dass perioperative Bluttransfusionen das langfristige Ergebnis negativ beeinflussen. Die Daten sprechen dafür, ein Blutmanagement-Programm bei Leberresektion konsequent umzusetzen, einschließlich der Behandlung einer präoperativen Anämie, unter Verwendung restriktiver Transfusionstrigger, um eine Bluttransfusion wenn möglich zu vermeiden. Bestätigt werden diese Forderungen durch eine retrospektive Auswertung einer Beobachtungsstudie mit insgesamt 292 Patienten, bei denen wegen kolorekta-

◘ **Tab. 15.3** **Blutmanagement bei Leberresektion.** (Nach Latchana et al. 2019)

Präoperative Strategie

- Routine-Abklärung einer Anämie (Komplettes Blutbild, Ferritin, Transferrin-Sättigung, Vitamin B12, Kreatinin)
- Orale Eisentherapie bei Patienten mit Eisenmangelanämie (Serum-Ferritin < 30 µg/L oder Serum Ferritin < 100 µg/L falls Transferrinsättigung < 20 %)
- Intravenöses Eisen bei Patienten mit oraler Eisen-Intoleranz oder bei Patienten mit Eingriff unterhalb 4 Wochen
- Erythropoetin (EPO) sollte speziellen Indikationen vorbehalten bleiben (z. B. Alloimmunisierung, Verweigerung von Bluttransfusion, Versagen der Eisentherapie)

Intraoperative Strategie

- Pringle-Manöver in 15–20 min. Intervallen, mit 5 min. Lücken für die Leberreperfusion
- „Clamp-crush"-Technik: operative Klemme, um das Parenchym zu komprimieren und Gefäße/Gallenwege darzustellen, die anschließend geklippt, kauterisiert, ligiert oder versiegelt werden können
- Fibrin, Kollagen und oxidierte Zellulose (nach Vorhandensein und Erfahrung)
- Tranexamsäure
- Niedriger ZVD (< 5 cm H2O) während der prähepatischen Resektionsphase. Schließt vernünftige Gabe von Flüssigkeit ein (< 1 ml/kg/Std.), Akzeptanz von marginaler Urinausscheidung (25 ml/Std.) und Trendelenburglagerung (15°)
- Akute normovolämische Hämodilution bei Patienten mit dem Risiko eines großen Blutverlustes
- Intraoperativer Cell-Saver bei Patienten mit einem Risiko > 25 %, eine Bluttransfusion zu erhalten

Postoperative Strategien

- Ziehe eine Bluttransfusion in der unmittelbaren Phase nach Resektion bei einem Hb ≤ 7,5 g/ dl in Betracht
- Ziehe in der späten postoperativen Phase bei hämodynamisch stabilen Patienten eine Bluttransfusion bei einem Hb ≤ 7,0 g/ dl in Betracht
- Ziehe in der späten postoperativen Phase bei Patienten mit koronarer Herzerkrankung eine Bluttransfusion bei einem Hb ≤ 8,0 g/ dl in Betracht

len Metastasen eine Leberresektion vorgenommen wurde. In dieser Erhebung war die allogene Bluttransfusion mit einem signifikant reduzierten Rezidiv-freien Überleben assoziiert (32 vs. 72 Monate; p = 0,008) (Schiergens et al. 2015). Das Rezidiv-freie Überleben war speziell reduziert, wenn mehr als 2 Einheiten Erythrozytenkonzentrate perioperativ verabreicht wurden (Überleben 27 Monate; p = 0,02). Das Überleben über alles wurde allerdings von der Transfusion nicht signifikant beeinflusst (48 vs. 63 Monate; p = 0,08).

Latchana et al. (2019) wiesen in einem narrativen Review ebenfalls auf die negativen Auswirkungen einer perioperativen Bluttransfusion bei Leberresektion hin und empfahlen ein Blutmanagement-Protokoll, das in ◘ Tab. 15.3 aufgeführt ist.

15.2.8 Analgesie

Eine weltweite Umfrage bei 495 Chirurgen und 418 Anästhesisten zeigte die große Heterogenität beim Schmerzmanagement in der Leberchirurgie und den Bedarf weiterer Studien, um das Management in Zukunft besser zu standardisieren. Die verschiedenen Praktiken sind in ◘ Tab. 15.4 aufgeführt, die Tabelle demonstriert die Vielzahl der akzeptierten Vorgehensweisen.

Chirurgie von Leber- und Gallenwegen

Tab. 15.4 Schmerzmanagement in der offenen Leberchirurgie. Ergebnisse einer weltweiten Umfrage (verkürzt nach Mungroop et al. 2019)

	Chirurgen (= 495)	Anästhesisten (n = 418)
Welche Art des Schmerzmanagements wird in Ihrem Krankenhaus bei offener großer Leberchirurgie bevorzugt?		
– Patientenkontrollierte Epiduralanalgesie	54 %	48 %
– Patientenkontrollierte Analgesie (mit Opioiden)	27 %	23 %
– Kontinuierliche Wundinfusion oder infiltrative Katheter	6 %	5 %
– Transversus-abdominis-plane-Block (TAP-Block)	6 %	8 %
– Spinalanalgesie	3 %	7 %
Welche Methode des Schmerzmanagements ist nach Ihrer Erfahrung die effektivste?		
– Patientenkontrollierte Epiduralanalgesie	62 %	70 %
– Patientenkontrollierte Analgesie (mit Opioiden)	21 %	14 %
Wenn es sich um eine größere laparoskopische Leberresektion (≥ 3 Couinaud-Segmente) handeln würde, was wäre Ihre Wahl?		
– Patientenkontrollierte Epiduralanalgesie	23 %	20 %
– Patientenkontrollierte Analgesie (mit Opioiden)	55 %	48 %
– Kontinuierliche Wundinfusion oder infiltrative Katheter	6 %	4 %
– Transversus-abdominis-plane-Block (TAP-Block)	11 %	16 %
– Spinalanalgesie	3 %	5 %

> Ganz offensichtlich ist in der offenen Leberchirurgie die Patientenkontrollierte Epiduralanalgesie das bevorzugte Verfahren, während umgekehrt bei laparoskopischer Leberresektion der intravenösen Patientenkontrollierten Analgesie der Vorzug gegeben wird.

Da bei thorakaler Epiduralanalgesie jedoch auch schwere Komplikationen bis hin zur permanenten Paraplegie beschrieben wurden, prüften Hausken et al. (2019) in einer prospektiven randomisierten kontrollierten Studie, ob eine intravenöse Patientenkontrollierte Analgesie (IV-PCA) einer multimodalen thorakalen Epiduralanalgesie (TEA) bei offener Leberchirurgie im Rahmen eines ERAS-Programms nicht unterlegen ist. Die Studie belegte, dass dies so ist. Zwar waren auf der numerischen Schmerzskala die Schmerzscores an Tag 0 und 1 bei TEA etwas niedriger, dies war aber ohne klinische Relevanz, da in beiden Gruppen die Scores bei 2 oder darunter lagen. Ab Tag 3 bis 5 waren dann die Schmerzscores bei TEA gleich oder höher als bei IV-PCA. Bei IV-PCA war der Krankenhausaufenthalt signifikant kürzer und der Opioid-Verbrauch geringer, was die Autoren veranlasste, in der IV-PCA eine gute Alternative zur TEA bei offener Leberchirurgie zu sehen. Im Gegensatz hierzu empfahlen Aloia et al. (2017) auf Basis einer ebenfalls prospektiv randomisierten Studie die TEA der IV-PCA vorzuziehen. In diese Studie gingen Patienten mit hepatopancreaticobiliärer Chirurgie (fast ausschließlich offene Leberresektionen) ein. Bei ähnlichen Komplikationsraten, Länge des postoperativen Aufenthalts und Sterblichkeit waren die Schmerzkontrolle und das Patienten-berichtete Outcome in den ersten 48 h postoperativ in der TEA-Gruppe signifikant besser.

Jacquenod et al. (2018) untersuchten das Sicherheitsprofil der Epiduralanalgesie bei 795 Patienten mit Leberresektion unter dem Gesichtspunkt, dass nach Resektion Koagulopathien auftreten können mit der Konsequenz eines epiduralen Hämatoms. Sie fanden in den ersten 5 Tagen nach Resektion bei 53,5 % der Patienten ein abnormes Gerinnungsprofil. 17 % der Patienten wiesen noch an Tag 4 bis 5 eine INR ≥ 1,5 und/oder eine Thrombozytenzahl < 80 G/L auf. 5 Faktoren waren unabhängig mit postoperativen Störungen des Gerinnungsstaus assoziiert: eine vorbestehende Leberzirrhose, ein präoperative INR ≥ 1,3, präoperative Thrombozytenzahl < 150 G/L, große Leberresektion und geschätzter Blutverlust ≥ 1000 ml. Die Inzidenz eines epiduralen Hämatoms betrug in dieser Serie 1 auf 315 Patienten mit abnormem Gerinnungsprofil.

> Die Autoren folgerten, dass bei der hohen Zahl an postoperativen Gerinnungsstörungen die Sicherheit von Epiduralkathetern speziell bei Patienten mit Zirrhose, großer Resektion und vorbestehendem gestörtem Gerinnungsprofil ungewiss ist, vor allem, wenn es zu unbeabsichtigten vorzeitigen Dislokationen postoperativ kommt.

Die Platzierung von Epiduralkathetern erfordert eine sorgfältige Nutzen-Risikoabschätzung. In einer Literaturübersicht kamen Tang und Weinberg (2019) auf Basis von 11 Studien zu der Ansicht, dass die intrathekale Einmalgabe von Morphin eventuell eine bessere Erstlinienstrategie im Schmerzmanagement bei der großen offenen hepatopancreaticobiliären Chirurgie darstellt als die Epiduralanalgesie, jedoch ist die Datenbasis für diese Aussage begrenzt.

Literatur

Aloia TA, Kim BJ, Segraves-Chun YS et al (2017) A Randomized Controlled Trial of Postoperative Thoracic Epidural Analgesia Versus Intravenous Patient-controlled Analgesia After Major Hepatopancreatobiliary Surgery. Ann Surg 266:545–554
Arend J, Schütte K, Weigt J et al (2015) Gallenleckage nach Leberresektion. Vermeidung und Behandlung [Biliary leaks after liver resection. Prevention and treatment]. Chirurg 86:132–138
Bennett S, Baker LK, Martel G et al (2017) The impact of perioperative red blood cell transfusions in patients undergoing liver resection: a systematic review. HPB (oxford). 19:321–330
Faber W, Schöning W, Denecke T et al (2015) Therapie chronisch persistierender Biliome nach Leberresektion durch enterale Drainage [Therapy of chronic persisting biloma after liver resection by enteral drainage]. Chirurg 86:682–686
Gavriilidis P, Hidalgo E, de'Angelis N, Lodge P, Azoulay D (2017) Re-appraisal of prophylactic drainage in uncomplicated liver resections: a systematic review and meta-analysis. HPB (Oxford)19:16–20.
Harimoto N, Yoshizumi T, Inokuchi S et al (2018) Prognostic significance of preoperative controlling nutritional status (CONUT) Score in patients undergoing hepatic resection for hepatocellular carcinoma: a multi-institutional study. Ann Surg Oncol 25:3316–3323
Hausken J, Fretland ÅA, Edwin B et al (2019) Intravenous patient-controlled analgesia versus thoracic epidural analgesia after open liver surgery: a prospective, randomized, controlled, noninferiority trial. Ann Surg 270:193–199
Hokuto D, Nomi T, Yasuda S et al (2017) The safety of the early removal of prophylactic drainage after liver resection based solely on predetermined criteria: a propensity score analysis. HPB (oxford) 19:359–364
Hokuto D, Nomi T, Yamato I, Yasuda S, Obara S, Nakajima Y (2016) Impact of mechanical bowel preparation on postoperative outcomes after liver resection for patients with hepatocellular carcinoma: a single-center retrospective cohort study. Dig Surg 33:51–57
Ichida A, Kono Y, Sato M et al (2020) Timing for removing prophylactic drains after liver resection: an evaluation of drain removal on the third and first postoperative days. Ann Transl Med 8:454
Ichida H, Imamura H, Yoshimoto J, Sugo H, Ishizaki Y, Kawasaki S (2016) Randomized controlled trial for evaluation of the routine use of nasogastric tube decompression after elective liver surgery. J Gastrointest Surg 20:1324–1330
Jacquenod P, Wallon G, Gazon M et al (2018) Incidence and risk factors of coagulation profile derangement after liver surgery: implications for the use of epidural analgesia-a retrospective cohort study. Anesth Analg 126:1142–1147
Jones C, Kelliher L, Dickinson M et al (2013) Randomized clinical trial on enhanced recovery versus standard care following open liver resection. Br J Surg 100:1015–1024

Latchana N, Hirpara DH, Hallet J, Karanicolas PJ (2019) Red blood cell transfusion in liver resection. Langenbecks Arch Surg 404:1–9

Liang X, Ying H, Wang H et al (2018) Enhanced recovery care versus traditional care after laparoscopic liver resections: a randomized controlled trial. Surg Endosc. 32:2746–2757

Melloul E, Hübner M, Scott M et al (2016) Guidelines for perioperative care for liver surgery: enhanced recovery after surgery (eras) society recommendations. World J Surg 40:2425–2440

Mungroop TH, Geerts BF, Veelo DP et al (2019) Fluid and pain management in liver surgery (MILESTONE): A worldwide study among surgeons and anesthesiologists. Surgery 165:337–344

Ni CY, Yang Y, Chang YQ et al (2013) Fast-track surgery improves postoperative recovery in patients undergoing partial hepatectomy for primary liver cancer: a prospective randomized controlled trial. Eur J Surg Oncol 39:542–547

Noba L, Rodgers S, Chandler C, Balfour A, Hariharan D, Yip VS (2020) Enhanced recovery after surgery (ERAS) Reduces hospital costs and improve clinical outcomes in liver surgery: a systematic review and meta-analysis. J Gastrointest Surg 24:918–932

Nobili C, Marzano E, Oussoultzoglou E et al (2012) Multivariate analysis of risk factors for pulmonary complications after hepatic resection. Ann Surg 255:540–550

Savikko J, Ilmakunnas M, Mäkisalo H, Nordin A, Isoniemi H (2015) Enhanced recovery protocol after liver resection [published correction appears in Br J Surg. 2016 Apr; 103(5):617]. Br J Surg 102:1526–1532

Schiergens TS, Rentsch M, Kasparek MS, Frenes K, Jauch KW, Thasler WE (2015) Impact of perioperative allogeneic red blood cell transfusion on recurrence and overall survival after resection of colorectal liver metastases. Dis Colon Rectum 58:74–82

Takagi K, Umeda Y, Yoshida R et al (2019) Preoperative controlling nutritional status score predicts mortality after hepatectomy for hepatocellular carcinoma. Dig Surg. 36:226–232

Takayama T, Aramaki O, Shibata T et al (2019) Antimicrobial prophylaxis for 1 day versus 3 days in liver cancer surgery: a randomized controlled non-inferiority trial. Surg Today 49:859–869

Tang JZJ, Weinberg L (2019) A Literature Review of Intrathecal Morphine Analgesia in Patients Undergoing Major Open Hepato-Pancreatic-Biliary (HPB) Surgery. Anesth Pain Med 9:e94441.

Yang R, Tao W, Chen YY et al (2016) Enhanced recovery after surgery programs versus traditional perioperative care in laparoscopic hepatectomy: a meta-analysis. Int J Surg 36(Pt A):274–282

Pankreaschirurgie

Reinhart T. Grundmann und Benjamin Kues

Inhaltsverzeichnis

16.1 ERAS allgemein – 120
16.1.1 Enhanced Recovery After Surgery (ERAS®) Society-Empfehlungen – 120
16.1.2 Metaanalysen – 121

16.2 Spezielle Fragestellungen – 122
16.2.1 Nasogastrische Sonde – 122
16.2.2 Ernährung nach Pankreatikoduodenektomie – 122
16.2.3 Nasojejunale Sonde oder Jejunostomie bei enteraler Ernährung – 123
16.2.4 Orale Ernährung bei postoperativer Pankreasfistel – 124
16.2.5 Antibiotikaprophylaxe bei vorangegangener Intervention an den Gallewegen – 125
16.2.6 Intraperitoneale Drainage – 126
16.2.7 Perioperative Bluttransfusion und restriktives Flüssigkeitsmanagement – 127
16.2.8 Analgesie – 128

Literatur – 128

© Der/die Autor(en), exklusiv lizenziert durch Springer-Verlag GmbH, DE, ein Teil von Springer Nature 2021
R. T. Grundmann und E. S. Debus (Hrsg.), *Evidenzbasiertes perioperatives Management in der Viszeralchirurgie*,
Evidenzbasierte Chirurgie, https://doi.org/10.1007/978-3-662-62848-5_16

16.1 ERAS allgemein

16.1.1 Enhanced Recovery After Surgery (ERAS®) Society-Empfehlungen

Empfehlungen zur Pankreatikoduodenektomie (PD) (Empfehlungsstärke in Klammer) sind unter anderem (Lassen et al. 2013):
- Eine präoperative endoskopische biliäre Drainage sollte nicht routinemäßig bei Patienten mit einem Serum-Bilirubin <250 μmol/l platziert werden. (schwach)
- Bei Alkoholikern ist eine 1-Monat-Abstinenz vor dem Eingriff nützlich und sollte versucht werden. Für Raucher, die täglich konsumieren, ist eine 1-Monat-Abstinenz vor dem Eingriff nützlich. Bei entsprechenden Gruppen sollte beides versucht werden. (stark)
- Eine routinemäßige präoperative künstliche Ernährung ist nicht angebracht, aber signifikant unterernährte Patienten sollten mit oraler Ergänzung oder enteraler Ernährung präoperativ verbessert werden. (schwach)
- Ausgeglichene Evidenz empfiehlt, dass eine Immunonutrition für 5 bis 7 Tage perioperativ in Betracht gezogen werden sollte, da sie die Rate an infektiösen Komplikationen bei Patienten, die einem größeren offenen bauchchirurgischen Eingriff unterzogen werden, zu reduzieren vermag. (schwach)
- Die Extrapolation von Daten aus Studien in der Kolonchirurgie und retrospektive Studien in der Pankreatikoduodenektomie (PD) zeigen, dass die mechanische Darmvorbereitung keinen bewiesenen Nutzen hat. Die mechanische Darmvorbereitung sollte nicht angewendet werden. (stark)
- Eine antimikrobielle Prophylaxe verhindert Wundinfektionen und sollte als Einmalgabe durchgeführt werden mit Beginn 30 bis 60 min vor Hautschnitt. Wiederholte intraoperative Gaben können notwendig werden, abhängig von der Halbwertszeit des Medikamentes und Dauer des Eingriffs. (stark)
- Eine mittelthorakale Epiduralanalgesie wird auf Basis von Studien der großen Abdominalchirurgie empfohlen, die eine bessere Schmerzerleichterung und weniger respiratorische Komplikationen im Vergleich zu intravenösen Opioiden zeigen. (schwach)
- Einige Evidenz unterstützt die PCA oder intravenöse Lidocaininfusion als Analgesiemethoden. Für das Ergebnis nach PD gibt es keine genügende Information. (schwach)
- Einige Evidenz unterstützt die Anwendung von Wundkathetern oder TAP-Block in der Bauchchirurgie. Die Ergebnisse sind widersprüchlich und variabel und stammen meist aus Studien in der Chirurgie des unteren Gastrointestinaltrakts. (schwach)
- Daten der Literatur zur gastrointestinalen Chirurgie bei Patienten mit PONV-Risiko zeigen den Nutzen verschiedener Pharmaka, abhängig von der PONV-Anamnese des Patienten, Art des Eingriffs und Art der Anästhesie. Eine multimodale Intervention während und nach dem Eingriff ist angezeigt. (stark)
- Die Wahl der Inzision bleibt dem Chirurgen überlassen, und sollte in der Länge ausreichend sein, um eine gute Freilegung zu sichern. (stark)
- Insulinresistenz und Hyperglykämie sind stark mit postoperativer Morbidität und Sterblichkeit assoziiert. Die Behandlung der Hyperglykämie mit intravenösem Insulin auf der Intensivstation verbessert das Ergebnis, aber es bleibt das Risiko der Hypoglykämie. Verschiedene ERAS-Protokoll-Elemente schwächen die Insulinresistenz ab und erleichtern die Glykämiekontrolle ohne

Risiko einer Hypoglykämie. Hyperglykämie sollte möglichst vermieden werden, ohne das Risiko einer Hypoglykämie zu induzieren. (stark)
- Die präemptive Verwendung von nasogastrischen Sonden postoperativ verbessert nicht das Outcome und ihre Verwendung ist routinemäßig nicht berechtigt. (stark)
- Eine nahezu Null-Flüssigkeitsbalance, die die Überlastung mit Salz und Wasser vermeidet, verbessert das Outcome. Das perioperative Monitoring des Schlagvolumens mit dem transösophagealen Doppler, um das Herzzeitvolumen mit Flüssigkeitsboli zu optimieren, verbessert das Outcome. Balanzierte kristalloide Lösungen sollten 0,9 % Kochsalzlösung vorgezogen werden. (stark)
- Die frühe Entfernung von Drains nach 72 h kann bei Patienten mit niedrigem Risiko für die Entwicklung einer Pankreasfistel angeraten werden (d. h. Amylasekonzentration im Drain <5000 Einheiten/L). Es gibt keine ausreichende Evidenz, die Routineverwendung von Drainagen zu empfehlen, sondern ihr Gebrauch beruht nur auf niedriger Evidenzstufe. (stark)
- Somatostatin und seine Analoga haben keinen nützlichen Effekt auf das Ergebnis nach PD. Im Allgemeinen ist ihre Anwendung nicht gerechtfertigt. Subgruppenanalysen hinsichtlich der Variabilität von Wandbeschaffenheit und Pankreasganggröße stehen nicht zur Verfügung. (stark)
- Die suprapubische Katheterisierung ist der transurethralen überlegen bei einer Verwendung über 4 Tage. (schwach). Transurethrale Katheter können sicher am 1. oder 2. postoperativen Tag entfernt werden, wenn nicht andererseits angezeigt. (stark)
- Es gibt keine anerkannten Strategien, um eine verzögerte Magenentleerung zu vermeiden. Künstliche Ernährung sollte selektiv in Betracht gezogen werden bei Patienten mit verzögerter Magenentleerung längerer Dauer. (stark)
- Den Patienten sollte nach dem Eingriff eine normale Diät ohne Einschränkungen erlaubt werden. Sie sollten gewarnt werden, vorsichtig zu beginnen und die Zufuhr abhängig von der Toleranz über 3 bis 4 Tage zu steigern. Enterale Sondenernährung sollte nur bei spezifischen Indikationen gegeben werden und eine parenterale Ernährung sollte nicht routinemäßig verwendet werden. (stark)

16.1.2 Metaanalysen

Zum Wert von ERAS-Protokollen bei PD liegen mehrere Metaanalysen vor. Xiong et al. (2016) kamen auf Basis von 14 Beobachtungsstudien (keine randomisierten Studien) mit insgesamt 2719 Patienten zu folgendem Ergebnis: Patienten mit PD hatten in der ERAS-Gruppe einen signifikant kürzeren postoperativen Aufenthalt im Vergleich zu konventioneller Versorgung (gewichtete mittlere Differenz 4,17 Tage). Hinsichtlich postoperativer Pankreasfisteln gab es keine Unterschiede zwischen beiden Gruppen. Die Rate an verzögerten Magenentleerungen war in der ERAS-Gruppe signifikant geringer, gleiches galt für die postoperative Morbidität über alles (OR: 0,63; 95 %KI: 0,54–0,74, $p<0,00.001$). Hinsichtlich Wiederaufnahmerate, Reeingriffen und postoperativer Sterblichkeit unterschieden sich beide Gruppen nicht. Die Krankenhauskosten wurden in 4 Studien analysiert, alle zeigten eine Abnahme der Kosten bei Verwendung eines ERAS-Protokolls. Die Daten sprechen für die Verwendung von ERAS-Protokollen bei PD. Ji et al. (2018) konnten in ihre Metaanalyse, Basis waren 20 Studien mit insgesamt 3694 Patienten, ebenfalls keine randomisierten

Studien inkludieren. Sie beobachteten hinsichtlich postoperativen Pankreasfisteln keine Unterschiede zwischen der ERAS-Gruppe und der Kontrolle, die Rate an verzögerten Magenentleerungen war bei ERAS jedoch signifikant geringer, gleiches galt für milde postoperative Komplikationen und abdominale Infekte. Der Krankenhausaufenthalt war nach ERAS kürzer. Hinsichtlich schweren Komplikationen, Wiederaufnahmen, Reoperationen oder Sterblichkeit unterschieden sich beide Gruppen nicht, sodass letztlich die Ergebnisse von Xiong et al. (2016) bestätigt wurden. In eine dritte Metaanalyse (Sun et al. 2020) mit insgesamt 3613 Patienten gingen unter insgesamt 20 Studien auch 4 randomisierte Studien ein. Die Ergebnisse unterschieden sich nicht von den vorgenannten, mit signifikant geringerer postoperativer Komplikationsrate, geringeren Raten an verzögerter Magenentleerung und kürzerem Krankenhausaufenthalt in der ERAS-Gruppe im Vergleich zur Kontrolle.

16.2 Spezielle Fragestellungen

16.2.1 Nasogastrische Sonde

Kleive et al. (2019) überprüften in einer retrospektiven Untersuchung an insgesamt 201 Patienten mit PD, inwieweit sich das ERAS-Prinzip des Verzichts auf die nasogastrische Sonde in Praxis umsetzen ließ. Bei allen Patienten wurde intraoperativ noch vor endotrachealer Extubation die Sonde entfernt. Bei 45 (22 %) Patienten musste eine nasogastrische Sonde reinseriert werden, darunter bei 19 Patienten mit Relaparotomie. Reinsertionen der Sonde waren überwiegend bei Auftreten größerer Komplikationen erforderlich und wurden nur bei 19 Patienten vorgenommen, die keine solchen Komplikationen aufwiesen.

> Die Daten sprechen dafür, bei Durchführung eines ERAS-Protokolls auf die routinemäßige nasogastrische Sonde postoperativ zu verzichten.

16.2.2 Ernährung nach Pankreatikoduodenektomie

Zu der Frage enterale vs. parenterale Ernährung nach PD haben Adiamah et al. (2019) eine Metaanalyse auf Basis von 5 randomisierten Studien mit insgesamt 690 Patienten erstellt. Die Rate an verzögerter Magenentleerung machte nach enteraler Ernährung 53/293 (18,1 %), nach parenteraler Ernährung 44/219 (20,1 %) aus, ohne Unterschiede im relativen Risiko. Auch hinsichtlich postoperativen Pankreasfisteln, postoperativen Blutungen und infektiösen Komplikationen bestanden keine Unterschiede, jedoch war die Länge des stationären Aufenthaltes in der Gruppe mit enteraler Ernährung signifikant kürzer.

> Die Autoren kamen zu dem Schluss, dass aufgrund der bereits früher bewiesenen Kosteneffektivität der enteralen Ernährung und der hier nachgewiesenen kürzeren stationären Aufenthaltsdauer in der klinischen Praxis die enterale Ernährung gegenüber der parenteralen Ernährung Vorteile habe.

Eine weitere Metaanalyse basiert auf 8 randomisierten kontrollierten Studien mit insgesamt 955 Patienten (Tanaka et al. 2019). In der Auswertung wurde nach enteraler Ernährung (reguläre enterale Ernährung und enterale Sondenernährung) im Vergleich zu keiner enteralen Ernährung (reguläre orale Ernährung mit und ohne intravenöse Ernährung) unterschieden. Bei enteraler Ernährung wurde eine geringere Inzidenz an Infektionen und ein kürzerer Krankenhausaufenthalt bei Patienten mit

PD gesehen. Perkutane Sondenernährung hatte eine geringere Inzidenz an infektiösen Komplikationen und einen kürzeren Krankenhausaufenthalt als eine parenterale Ernährung, während eine enterale Ernährung über eine nasojejunale Sonde mit keinem verbesserten postoperativem Outcome assoziiert war.

> Die Autoren kamen zu dem Schluss, dass eine enterale Ernährung in Ergänzung zu einer regulären oralen Ernährung, speziell wenn sie über eine perkutane Sonde durchgeführt wird, das Outcome nach PD zu verbessern vermag.

Die Aussagen zur enteralen Ernährung stehen in einem deutlichen Widerspruch zu einer großen französischen Multizenterstudie (Perinel et al. 2016), in die 204 Patienten mit PD, überwiegend wegen Karzinom, eingingen, 103 Patienten mit früher nasojejunaler enteraler Ernährung (NJEEN) vs. 101 Patienten mit totaler parenteraler Ernährung (TPN). Die mittlere Dauer der Ernährungsunterstützung machte in der NJEEN-Gruppe 11,6±22,9 Tage, in der TPN-Gruppe 14,2±13,9 Tage aus. Insgesamt waren postoperative Komplikationen bei NJEEN signifikant häufiger als bei TPN (77,5 % vs. 64,4 %; p=0,040), das gleiche galt für die Rate an schweren postoperativen Pankreasfisteln. Hinsichtlich der 30-Tagesterblichkeit gab es zwischen beiden Gruppen keine signifikanten Unterschiede, ebenso nicht hinsichtlich postoperativer Blutung, verzögerter Magenentleerung, infektiösen Komplikationen und Länge des stationären Aufenthalts. In dieser Studie konnten nur 63 % der NJEEN-Patienten auf diese Weise erfolgreich ernährt werden, 37 % erhielten am 5. postoperativen Tag weniger als 50 % ihres Ernährungsbedarfs und benötigten für 72 h oder mehr eine TPN aufgrund niedriger Toleranz der enteralen Ernährung. Die Autoren konstatierten, dass aufgrund von Sicherheit und Machbarkeit die NJEEN bei Patienten mit PD nicht empfohlen werden sollte.

> Das ERAS-Konzept sollte eine selektive Indikation für die künstliche Ernährung, nicht aber eine Routineanwendung beinhalten.

16.2.3 Nasojejunale Sonde oder Jejunostomie bei enteraler Ernährung

In einer kleinen randomisierten Studie mit je 34 Patienten verglichen Zhu et al. (2014) eine nasojejunale Sonde mit einer Jejunostomie zur enteralen Ernährung nach PD. Hinsichtlich infektiöser Komplikationen gab es keine Unterschiede zwischen beiden Gruppen, jedoch war die Sonden-bezogene Komplikationsrate bei Jejunostomie signifikant höher (35,3 % vs. 20,6 %). Eine intestinale Obstruktion trat bei Jejunostomie 4-mal auf, bei nasojejunaler Sonde einmal. Die Rate an verzögerter Magenentleerung war bei nasojejunaler Sonde geringer, die Hospitalisierungszeit kürzer. Aufgrund der höheren Sicherheit empfahlen die Autoren die nasojejunale Sonde der Jejunostomie bei enteraler Ernährung nach PD vorzuziehen. Diese Empfehlung deckt sich mit den Ergebnissen einer retrospektiven Monozenterstudie (Gerritsen et al. 2012), bei der es zwar nach nasojejunaler Sonde (n=48) zu einer sehr hohen Rate an Dislokationen kam (34 %), verglichen mit nur 8 % in der Jejunostomie-Gruppe (ebenfalls n=48), jedoch war die Jejunostomie mit den deutlich schwereren Komplikationen behaftet, darunter 3 Relaparotomien bei 4 Patienten mit 1 Todesfall bei Strangulation und Dünndarmischämie.

› Auch diese Autoren empfahlen, die nasojejunale Sonde trotz hoher Dislokationsrate aufgrund der weniger schwerwiegenden Komplikationen vor der Jejunostomie zu favorisieren.

16.2.4 Orale Ernährung bei postoperativer Pankreasfistel

Die International Study Group on Pancreatic Surgery (ISGPS) definiert eine postoperative Pankreasfistel Grad B als solche, bei der die Drainagen für eine längere Zeit (3 Wochen) belassen werden müssen oder es handelt sich um Fisteln, bei denen es notwendig wird, die operativ gesetzten Drainagen durch interventionelle Maßnahmen zu repositionieren oder eine nicht drainierte intraabdominelle Flüssigkeitsansammlung unter Bildgebung interventionell zu dekomprimieren. Grad C-Fisteln sind solche, die einen operativen Reeingriff erfordern (◘ Tab. 16.1).

› Aufgrund möglicher Fistel-bedingter Komplikationen wird empfohlen, dass Patienten mit Grad B-Fisteln nichts oral zu sich nehmen und entweder enteral oder parenteral ernährt werden (Bassi et al. 2017).

In einer randomisierten kontrollierten Studie mit 114 Patienten überprüften Wu et al. (2019), inwieweit eine orale Ernährung einer enteralen Ernährung bei postoperativen

◘ Tab. 16.1 Klassifikation von postoperativen Pankreasfisteln der International Study Group on Pancreatic Surgery (ISGPS). (Nach Bassi et al. 2017)

Ereignis	„Biochemisches" Leck	Grad B-Fistel	Grad C-Fistel
Serum-Amylasekonzentration >3-fach über Normalwert	Ja	Ja	Ja
Persistierende peripankreatische Drainage >3 Wochen	Nein	Ja	Ja
Klinisch relevante Veränderungen im Management der Fistel[a]	Nein	Ja	Ja
Perkutane oder endoskopische spezifische Interventionen für Flüssigkeitsansammlungen	Nein	Ja	Ja
Angiographische Prozeduren für Fistel-bezogene Blutungen	Nein	Ja	Ja
Reoperation wegen Fistel	Nein	Nein	Ja
Fistel-bezogene Infektionszeichen	Nein	Ja, ohne Organversagen	Ja, mit Organversagen
Fistelbezogenes Organversagen[b]	Nein	Nein	Ja
Fistel-bezogener Tod	Nein	Nein	Ja

[a]Bedeutet verlängerte Krankenhaus- oder Intensivstationsaufenthaltsdauer und schließt therapeutische Medikation speziell für Pankreasfisteln ein
[b]Postoperatives Organversagen ist definiert als Notwendigkeit der Reintubation, Hämodialyse, und/oder inotrope Medikation für >24 h wegen respiratorischer, renaler oder kardialer Insuffizienz.

Pankreasfisteln unterlegen ist. Pankreasfisteln wurden in dieser Studie definiert als ein Drainage-Output jeglicher Menge ab 3. postoperativem Tag bei einer Amylasekonzentration, die das 3-fache der normalen oberen Serumamylase überstieg. In dieser Studie war die orale Ernährung einer enteralen nicht unterlegen (Fistelverschluss nach 30 Tagen 88 % bzw. 89 %). Orale Ernährung war aber mit signifikant reduzierten Krankenhauskosten und kürzerer Liegezeit assoziiert. Der Prozentsatz an Patienten, die Pankreasfistel Grad B oder C entwickelten, war zwischen beiden Gruppen nicht unterschiedlich. Die Autoren schränkten ihre Aussagen zur Möglichkeit der oralen Ernährung bei Pankreasfisteln dahin gehend ein, dass diese Feststellungen nur für Patienten mit Pankreatikoduodenektomie gelten. Bei Erhalt des Duodenums führt die orale Ernährung zur Cholecystokininausschüttung und damit Stimulation der exokrinen Pankreassekretion, was die Fistelverschlussrate negativ beeinflussen könnte.

In einer weiteren kleinen randomisierten japanischen Studie wurde es Patienten mit postoperativer Pankreasfistel nach PD erlaubt, sich ab dem 6. postoperativen Tag oral mit leichter Kost (zunächst Reis) zu ernähren, die Kontrollgruppe erhielt eine TPN (Fujii et al. 2015). Die orale Ernährung verschlimmerte nicht die Fisteln und verlängerte nicht die Drainageliegezeit oder die Krankenhausaufenthaltsdauer im Vergleich zur Kontrolle.

16.2.5 Antibiotikaprophylaxe bei vorangegangener Intervention an den Gallewegen

In einer 3-Zenterstudie mit 1623 Patienten mit PD gaben Fong et al. (2016) trotz perioperativer Antibiotikaprophylaxe eine postoperative Wundinfektionsrate von 8,2 % an. Ein präoperatives Stenting der Gallenwege war der stärkste unabhängige Prädiktor für eine Wundinfektion. Untersuchungen der Wundabstriche zeigten, dass in allen drei Institutionen Mittel zur Antibiotikaprophylaxe verwendet wurden, auf die die in den Wundabstrichen gefundenen Keime nicht ansprachen. Die Autoren kamen zu dem Schluss, dass die in der Kolonchirurgie empfohlene Antibiotikaprophylaxe mit Cephalosporinen oder Ampicillin/Sulbactam in der Pankreaschirurgie aufgrund der häufig gefundenen Kontamination der Gallenwege fragwürdig ist.

> Sie empfahlen bei Patienten mit vorangegangener ERCP die intraoperative Abnahme von Gallekulturen, um postoperativ eine zielgerichtete Antibiotikatherapie vornehmen zu können. Die Kulturen aus den Gallenwegen korrelierten stark mit den Kulturen der Wundabstriche.

Mit diesem Vorschlag geht eine randomisierte Studie (126 Patienten mit hepatopankreato-biliärer Chirurgie, HPB, bei Malignom) konform, in der eine perioperative Standard-Antibiotikaprophylaxe mit einer Antibiotikaprophylaxe verglichen wurde, die sich an dem Keimspektrum der präoperativ abgenommenen Gallekulturen orientierte (Okamura et al. 2017). In dieser Studie wurde die Antibiotikaprophylaxe bis zum 2. postoperativen Tag fortgesetzt, die Wundinfektionsrate war in der Gruppe mit gezielter Antibiotikatherapie anhand der Gallekulturen signifikant verringert.

Eine dritte Studie ging ebenfalls dem Problem der Wundinfektionsraten bei PD und vorangegangener Drainage der Gallenwege nach (Degrandi et al. 2019). Die Autoren verglichen zwei historische Kollektive, eine Gruppe von Patienten mit perioperativer Antibiotikaprophylaxe und ein zweite Gruppe, bei der eine postoperative Antibiotikatherapie über mehrere Tage fortgesetzt wurde, bis die bakteriologischen Untersuchungen der intraoperativ abgenommenen Gallekulturen vorlagen. Davon abhängig, wurde dann die Antibiotikatherapie bis zum 5. postoperativen Tag weitergeführt. Die Gruppe mit Antibiotikatherapie hatte die signifikant geringeren Infektionsraten und einen kürzeren stationären Aufenthalt. Die Antibiotikatherapie erwies sich als signifikant effektiver als eine perioperative Antibiotikaprophylaxe.

16.2.6 Intraperitoneale Drainage

Ob bei pankreaschirurgischen Eingriffen eine intraabdominelle Drainage gelegt werden soll, untersuchten Nitsche et al. (2014) anhand einer systematischen Übersicht mit Metaanalyse von 8 Studien. In dieser Untersuchung erhöhte die prophylaktische intraabdominelle Drainage die postoperative Komplikationsrate, aber nicht die Klinikletalität. In der Subgruppe „Pankreatikoduodenektomie" unterschieden sich die Komplikationsraten nicht danach, ob eine Drainage gelegt wurde oder nicht, jedoch war die Sterblichkeit bei Verzicht auf eine Drainage höher.

> Die Autoren folgerten, dass insgesamt gesehen eine Drainage wohl weder schädlich, aber auch nicht generell von Nutzen ist. Bei Pankreatikoduodenektomie sei es aber schwer, für den Verzicht auf eine Drainage zu plädieren.

In diesem Zusammenhang muss auf die randomisierte Studie von van Buren et al. (2014) hingewiesen werden, in der der Verzicht auf eine intraperitoneale Drainage die Häufigkeit und Schwere der Komplikationen bei PD erhöhte. Nach distaler Pankreasresektion fand dieselbe Arbeitsgruppe (van Buren et al. 2017) hingegen in einer weiteren randomisierten kontrollierten Studie ein vergleichbares Outcome bei Patienten mit und ohne intraperitoneale Drainage. In dem sog. PANDRA-Trial (Witzigmann et al. 2016) schließlich war ein Verzicht auf eine intraperitoneale Drainage bei Patienten mit Pankreaskopfresektion und Pankreatiko-jejunaler Anastomose einer intraperitonealen Drainage hinsichtlich Reinterventionen nicht unterlegen, aber überlegen hinsichtlich klinisch relevanter Pankreasfisteln und Fistel-assoziierten Komplikationen.

Eine weitere systematische Übersicht schloss 10 Studien mit insgesamt 2419 Patienten ein (Lyu et al. 2019). Verglichen wurden die Ergebnisse von peritonealer Drainage vs. keine Drainage bei Pankreatikoduodenektomie (PD) und/oder distaler Pankreasresektion (DP). In der „keine-Drainage"-Gruppe war die Rate an postoperativen Pankreasfisteln signifikant geringer, dies galt aber nicht für die Analyse der Subgruppen DP und DP + PD. Die Sterblichkeit war nur in der PD + DP-Subgruppe bei Platzieren einer Drainage erhöht. Insgesamt waren die Ergebnisse nach PD und DP mit und ohne Drainage vergleichbar. Bei beschränkter Datenbasis ließen sich keine eindeutigen Empfehlungen hinsichtlich des Platzierens von abdominellen Drainagen abgeben.

> Schließlich liegt zu der Frage der prophylaktischen Abdominaldrainage in der Pankreaschirurgie noch ein Cochrane Review vor (Zhang et al. 2018). Danach lässt eine mäßige Qualität der Evidenz vermuten, dass eine routinemäßige Abdominaldrainage wahrscheinlich die Sterblichkeit nach 90 Tagen leicht reduziert.

Niedrige Qualität der Evidenz besagt, dass die Verwendung von aktiven Drains (mit Sog) im Vergleich zu passiven Drains (ohne Sog) die Länge des stationären Aufenthaltes in der Pankreaschirurgie leicht zu reduzieren vermag und die frühe Entfernung der Drainagen mag der späten Entfernung überlegen sein bei Patienten mit geringem Risiko für eine postoperative Pankreasfistel.

16.2.7 Perioperative Bluttransfusion und restriktives Flüssigkeitsmanagement

Zur Assoziation zwischen perioperativer Bluttransfusion und Patientenüberleben nach Eingriffen wegen Pankreaskarzinom liegt eine systematische Übersicht über 23 Studien vor, von denen 19 Studien mit 3646 Patienten in eine Metaanalyse eingingen (Mavros et al. 2015). Bei den meisten Eingriffen (91,1 %) handelte es sich um eine PD. In dieser Analyse war eine perioperative Bluttransfusion mit einer beinahe 2,5-fach niedrigeren 5-Jahresüberlebensrate assoziiert (OR 2,43, 95 % KI 1,90–3,10), unabhängig von der Indikation des Eingriffs.

> Die perioperative Bluttransfusion führt zu ungünstigeren onkologischen Ergebnissen, ihre Rate sollte mittels Blutmanagement-Strategien auch in der Pankreaschirurgie so gering wie möglich gehalten werden.

Eine theoretische Möglichkeit, die Bluttransfusionsrate zu senken, ist die Durchführung einer akuten normovolämischen Hämodilution. Fischer et al. (2010) führten hierzu eine randomisierte kontrollierte Studie im Memorial Sloan-Kettering Cancer Center, New York, bei insgesamt 130 Patienten mit PD durch. Die Effektivität der Hämodilution war gering, beide Gruppen (mit und ohne Hämodilution) unterschieden sich nicht in der Rate an allogenen Bluttransfusionen. Die 90-Tageletalität war sowohl in der Gruppe mit als auch ohne akute normovolämische Hämodilution Null. Im langfristigen krankheitsspezifischen Überleben gab es zwischen beiden Gruppen keine signifikanten Unterschiede. In dieser Studie unterschieden sich beide Gruppen nicht in ihrer perioperativen Morbidität. Komplikationen, die sich auf die Pankreasanastomose bezogen, waren aber in der Gruppe mit akuter normovolämischer Hämodilution signifikant häufiger. Die Autoren führten dies auf das signifikant größere Flüssigkeitsvolumen zurück, das in der Gruppe mit akuter normovolämischer Hämodilution im Vergleich zur Kontrolle verabreicht wurde, was wiederum zu einer verringerten Gewebeoxygenierung führen mag (eine restriktive Flüssigkeitsbilanz gehört zu den ERAS-Forderungen). Die akute normovolämische Hämodilution hatte folglich in dieser randomisierten Studie keinen Nutzen bei PD.

In der randomisierten kontrollierten HYLAR-Studie überprüften Lavu et al. (2014) den Einfluss eines restriktiven intraoperativen Flüssigkeitsmanagements mittels Verabreichung hypertoner Kochsalzlösung (3 %) vs. Ringer-Laktat bei insgesamt 259 Patienten mit PD. In ihrer Studie war die Zahl der Komplikationen in der hypertonen Kochsalzgruppe signifikant reduziert (93 vs. 123), mit einer Inzidenz-Ratio von 0,74 [95 % KI (0,56–0,97); p = 0,027]. Nach Adjustierung der Daten nach Alter und Gewicht betrug die Inzidenz-Ratio 0,69 [95 % KI (0,52–0,90); p = 0,0068]. Hinsichtlich Reoperationen, Krankenhausaufenthaltsdauer oder 90-Tagesterblichkeit unterschieden sich beide Gruppen aber nicht. Die Autoren empfahlen den Einsatz der hypertonen Kochsalzlösung als Standard bei PD. Im Gegensatz hierzu sahen Grant et al. (2016) in einer prospektiv randomisierten Studie keine signifikanten Unterschiede in den perioperativen Komplikationsraten nach Pankreasresektion, wenn sie eine liberale vs. restriktive intraoperative Flüssigkeitszufuhr miteinander verglichen, wobei sich die applizierten Mengen zwischen dem 1,5-fachen bis 2-fachen voneinander unterschieden.

Zum Einfluss des perioperativen Flüssigkeitsmanagements auf das perioperative Ergebnis bei PD erstellten Huang et al. (2017) eine systematische Übersicht. In ihre Metaanalyse gingen 7 Studien ein, davon 4 randomisierte Studien.

> Es fanden sich keine statistisch signifikanten Unterschiede in dem postoperativen Komplikationen zwischen Patienten mit hoher und niedriger Flüssigkeitsvolumen-Belastung. Dies mag auch daran liegen, dass der Beleg für eine geringe oder starke Volumenbelastung nur schwer zu erbringen ist und nicht an der Infusionsmenge allein abgelesen werden darf, in Betracht gezogen werden müssen auch Blutverlust, Dauer des Eingriffs und Gewicht des Patienten.

16.2.8 Analgesie

In eine Metaanalyse zum Vergleich von Epiduralanalgesie vs. nicht-epidurale Alternativen zum Schmerzmanagement bei Patienten mit PD schlossen Groen et al. (2019) drei randomisierte kontrollierte und acht Kohortenstudien ein. Nicht-epidurale Alternativen waren intravenöses Morphin, kontinuierliche Wundinfiltration, bilaterale paravertebrale thorakale Katheter und intrathekales Morphin. Im Vergleich zu intravenösem Morphin erzielte die Epiduralanalgesie an den postoperativen Tagen 0–3 geringfügig niedrigere Schmerzscores, jedoch kam es bei 28,5 % der Patienten zum Therapieversagen aufgrund von hämodynamischer Instabilität oder inadäquater Schmerzkontrolle. Des Weiteren ergab sich ein Nutzen der Epiduralanalgesie im Vergleich zu intravenösem Morphin hinsichtlich Komplikationen, Pneumonien, Länge des Krankenhausaufenthalts und Sterblichkeit. Die Daten sprachen für eine schwache Empfehlung der Epiduralanalgesie im Vergleich zu intravenösem Morphin.

Bei insgesamt 53 Patienten mit offener Pankreaschirurgie verglichen Hutchins et al. (2018) in einer kleinen randomisierten kontrollierten Studie die ultraschallgestützte Paravertebralanästhesie mit der thorakalen Epiduralanästhesie. Hinsichtlich der Schmerzscores unterschieden sich beide Gruppen an jedem der ersten 5 postoperativen Tage nicht signifikant. Das gleiche galt für Länge des Krankenhausaufenthaltes, Übelkeit oder Erbrechen.

> Die modalitätsbezogenen unerwünschten Nebenwirkungen waren aber nach Paravertebralanalgesie seltener als nach Epiduralanästhesie, was für die Paravertebralanästhesie sprach.

In der randomisierten kontrollierten PAKMAN-Studie wurde bei insgesamt 248 Patienten überprüft, ob eine postoperative IV-PCA im Vergleich zu einer perioperativen thorakalen Epiduralanalgesie (TEA) das Auftreten gastrointestinaler Komplikationen nach Pankreaseingriffen zu reduzieren vermag (Klotz et al. 2020). Dies war nicht der Fall, es wurden ähnliche Raten an gastrointestinalen Komplikationen gefunden. Auch das Schmerzniveau unterschied sich in beiden Gruppen nicht signifikant. Bei gleicher Effektivität und vergleichbarer Morbidität von IV-PCA und TEA unterstützten die Ergebnisse keinen der potenziellen Vorteile, die der Epiduralanalgesie in ERAS-Protokollen zugewiesen werden, die IV-PCA ist eine wenigstens gleichwertige Alternative.

Literatur

Adiamah A, Ranat R, Gomez D (2019) Enteral versus parenteral nutrition following pancreaticoduodenectomy: a systematic review and meta-analysis. HPB (oxford) 21:793–801

Bassi C, Marchegiani G, Dervenis C et al (2017) The 2016 update of the International Study Group (ISGPS) definition and grading of postoperative pancreatic fistula: 11 Years After. Surgery 161:584–591

Degrandi O, Buscail E, Martellotto S et al (2019) Perioperative antibiotherapy should replace prophylactic antibiotics in patients undergoing pancreaticoduodenectomy preceded by preoperative biliary drainage. J Surg Oncol 120:639–645

Fischer M, Matsuo K, Gonen M et al (2010) Relationship between intraoperative fluid administration and perioperative outcome after pancreaticoduodenectomy: results of a prospective randomized trial of acute normovolemic hemodilution compared with standard intraoperative management. Ann Surg 252:952–958

Fong ZV, McMillan MT, Marchegiani G et al (2016) Discordance between perioperative antibiotic prophylaxis and wound infection cultures in patients undergoing pancreaticoduodenectomy. JAMA Surg 151:432–439

Fujii T, Nakao A, Murotani K et al (2015) Influence of food intake on the healing process of postoperative pancreatic fistula after pancreatoduodenectomy: a multi-institutional randomized controlled trial. Ann Surg Oncol 22:3905–3912

Gerritsen A, Besselink MG, Cieslak KP et al (2012) Efficacy and complications of nasojejunal, jejunostomy and parenteral feeding after pancreaticoduodenectomy. J Gastrointest Surg 16:1144–1151

Grant F, Brennan MF, Allen PJ et al (2016) Prospective randomized controlled trial of liberal vs restricted perioperative fluid management in patients undergoing pancreatectomy [published correction appears in Ann Surg. 2018 Mar; 267(3):e61]. Ann Surg 264:591–598

Groen JV, Khawar AAJ, Bauer PA et al (2019) Meta-analysis of epidural analgesia in patients undergoing pancreatoduodenectomy. BJS Open 3:559–571

Huang Y, Chua TC, Gill AJ, Samra JS (2017) Impact of perioperative fluid administration on early outcomes after pancreatoduodenectomy: a meta-analysis. Pancreatology 17:334–341

Hutchins JL, Grandelis AJ, Kaizer AM, Jensen EH (2018) Thoracic paravertebral block versus thoracic epidural analgesia for post-operative pain control in open pancreatic surgery: a randomized controlled trial. J Clin Anesth 48:41–45

Ji HB, Zhu WT, Wei Q, Wang XX, Wang HB, Chen QP (2018) Impact of enhanced recovery after surgery programs on pancreatic surgery: a meta-analysis. World J Gastroenterol 24:1666–1678

Kleive D, Sahakyan MA, Labori KJ, Lassen K (2019) Nasogastric tube on demand is rarely necessary after pancreatoduodenectomy within an enhanced recovery pathway. World J Surg 43:2616–2622

Klotz R, Larmann J, Klose C et al (2020) Gastrointestinal complications after pancreatoduodenectomy with epidural vs patient-controlled intravenous analgesia: a randomized clinical trial. JAMA Surg 155:e200794

Lassen K, Coolsen MM, Slim K et al (2013) Guidelines for perioperative care for pancreaticoduodenectomy: Enhanced Recovery After Surgery (ERAS®) society recommendations. World J Surg 37:240–258

Lavu H, Sell NM, Carter TI et al (2014) The HYSLAR trial: a prospective randomized controlled trial of the use of a restrictive fluid regimen with 3% hypertonic saline versus lactated Ringers in patients undergoing pancreaticoduodenectomy. Ann Surg 260:445–455

Lyu Y, Cheng Y, Wang B, Zhao S, Chen L (2019) Peritoneal drainage or no drainage after pancreaticoduodenectomy and/or distal pancreatectomy: a meta-analysis and systematic review [published online ahead of print, 2019 Dec 6]. Surg Endosc. ▶ https://doi.org/10.1007/s00464-019-07293-w.

Mavros MN, Xu L, Maqsood H et al (2015) Perioperative blood transfusion and the prognosis of pancreatic cancer surgery: systematic review and meta-analysis. Ann Surg Oncol 22:4382–4391

Nitsche U, Müller TC, Späth C et al (2014) The evidence based dilemma of intraperitoneal drainage for pancreatic resection – a systematic review and meta-analysis. BMC Surg 14:76

Okamura K, Tanaka K, Miura T et al (2017) Randomized controlled trial of perioperative antimicrobial therapy based on the results of preoperative bile cultures in patients undergoing biliary reconstruction. J Hepatobiliary Pancreat Sci 24:382–393

Perinel J, Mariette C, Dousset B et al (2016) Early enteral versus total parenteral nutrition in patients undergoing pancreaticoduodenectomy: a randomized multicenter controlled trial (Nutri-DPC). Ann Surg 264:731–737

Sun YM, Wang Y, Mao YX, Wang W (2020) The safety and feasibility of enhanced recovery after surgery in patients undergoing pancreaticoduodenectomy: an updated meta-analysis. Biomed Res Int 2020:7401276

Tanaka M, Heckler M, Mihaljevic AL et al (2019) Meta-analysis of effect of routine enteral nutrition on postoperative outcomes after pancreatoduodenectomy. Br J Surg 106:1138–1146

Van Buren G, 2nd, Bloomston M, Hughes SJ, et al (2014) A randomized prospective multicenter trial of pancreaticoduodenectomy with and without routine intraperitoneal drainage. Ann Surg 259:605–612

Van Buren G, 2nd, Bloomston M, Schmidt CR, et al (2017) A prospective randomized multicenter trial of distal pancreatectomy with and without routine intraperitoneal drainage. Ann Surg 266:421–431

Witzigmann H, Diener MK, Kienkötter S et al (2016) No need for routine drainage after pancreatic head resection: the dual-center, randomized, controlled PANDRA trial (ISRCTN04937707). Ann Surg 264:528–537

Wu JM, Kuo TC, Chen HA et al (2019) Randomized trial of oral versus enteral feeding for patients with postoperative pancreatic fistula after pancreatoduodenectomy. Br J Surg 106:190–198

Xiong J, Szatmary P, Huang W et al (2016) Enhanced recovery after surgery program in patients undergoing pancreaticoduodenectomy: a prisma-compliant systematic review and meta-analysis. Medicine (baltimore) 95(18):e3497

Zhang W, He S, Cheng Y et al (2018) Prophylactic abdominal drainage for pancreatic surgery. Cochrane Database Syst Rev 6(6):CD010583

Zhu X, Wu Y, Qiu Y, Jiang C, Ding Y (2014) Comparative analysis of the efficacy and complications of nasojejunal and jejunostomy on patients undergoing pancreaticoduodenectomy. JPEN J Parenter Enteral Nutr 38:996–1002

Kolorektale Chirurgie

Reinhart T. Grundmann und E. Sebastian Debus

Inhaltsverzeichnis

17.1 ERAS allgemein – 132
17.1.1 Enhanced Recovery After Surgery (ERAS®) Society-Empfehlungen – 132
17.1.2 Metaanalysen und Studien – 135

17.2 Spezielle Fragestellungen – 136
17.2.1 Mechanische Darmvorbereitung – 136
17.2.2 Orale Antibiotikaprophylaxe/Darmvorbereitung – Metaanalysen – 137
17.2.3 Orale Antibiotikaprophylaxe/Darmvorbereitung – Studien – 138
17.2.4 Drainage bei tiefer Anastomose – 140
17.2.5 Ernährung – 140
17.2.6 Verlängerte Thromboembolieprophylaxe – 141
17.2.7 Perioperative Bluttransfusion – 142
17.2.8 Zielgerichtete Flüssigkeitstherapie – 142
17.2.9 Analgesie – 143
17.2.10 NSAIDs und Anastomoseninsuffizienz – 143

Literatur – 144

17.1 ERAS allgemein

17.1.1 Enhanced Recovery After Surgery (ERAS®) Society-Empfehlungen

Empfehlungen zum perioperativen Management in der kolorektalen Chirurgie (Qualität der Evidenz/Empfehlungsgrad) sind unter anderem (Gustafsson et al. 2019):

- Die Patienten sollten eine zweckbestimmte präoperative Beratung routinemäßig erhalten. (mäßig/stark)
- Eine allgemeine präoperative medizinische Einschätzung und Optimierung sind intuitiv wichtig, jedoch bleibt für spezifische Risikobewertungs-Werkzeuge die Evidenz ihrer klinischen Genauigkeit niedrig. (gering/stark)
- Rauchen erhöht das Risiko postoperativer Komplikationen. Rauchen sollte präoperativ für wenigstens 4 Wochen unterlassen werden, um respiratorische und Wundheilungskomplikationen zu reduzieren; kürzere Perioden können doch geringeren Nutzen haben. Intensive Beratung und Nikotinersatztherapie sind mit der größten Wahrscheinlichkeit von Nutzen. (hoch/stark)
- Obwohl die Metaanalysen den Einfluss von Alkoholabusus auf das postoperative Ergebnis zeigen, belegen nur zwei kleine randomisierte kontrollierte Studien einen Nutzen der Alkoholaufgabe auf das Ergebnis. (gering/stark)
- Die präoperative routinemäßige Erfassung des Ernährungszustands bietet die Gelegenheit, eine Mangelernährung zu korrigieren und sollte angeboten werden. (gering/stark). Patienten mit Risiko der Mangelernährung sollten präoperativ eine Ernährungsbehandlung erhalten, bevorzugt auf oralem Weg für wenigstens 7–10 Tage. (mäßig/stark)
- Eine Anämie ist häufig bei Patienten mit kolorektaler Chirurgie und erhöht die Gesamtmorbidität. Es sollte versucht werden, dies vor dem Eingriff zu korrigieren (hoch/stark). Neuere intravenöse Eisenpräparate haben ein geringes Risiko an unerwünschten Reaktionen und sind effektiver als orales Eisen, die Hämoglobinkonzentrationen wiederherzustellen, sowohl bei Eisenmangelanämie als auch bei Anämie chronischer Erkrankung. Bluttransfusionen haben Langzeitauswirkungen und sollten falls möglich vermieden werden. (hoch/stark)
- Ein multimodaler Zugang zur PONV-Prophylaxe sollte bei allen Patienten in Betracht gezogen und in ERAS-Protokolle inkorporiert werden. Patienten mit 1 bis 2 Risikofaktoren sollten idealerweise prophylaktisch eine Kombination von zwei Medikamenten erhalten mittels Erstlinienantiemetika. Patienten mit ≥2 Risikofaktoren sollten bei einem kolorektalen Eingriff 2–3 Antiemetika erhalten. Wenn es trotz Prophylaxe zu Übelkeit und Erbrechen kommt, sollte eine Therapie mit verschiedenen Klassen an Medikamenten, die auch zur Prophylaxe benutzt werden, durchgeführt werden. (stark/hoch)
- Eine präoperative Unterweisung kann die Angst des Patienten auf ein akzeptables Maß reduzieren, ohne die Notwendigkeit einer angstlösenden Medikation. Eine angstlösende Medikation mit lang– oder kurzwirksamen Sedativa (speziell Benzodiazepine beim Älteren) sollte vor dem Eingriff möglichst vermieden werden. (mäßig/stark).
- Eine intravenöse Antibiotikaprophylaxe sollte 60 min vor Inzision als Einmalgabe bei allen Patienten mit kolorektalen Eingriffen gegeben werden (hoch/stark). Zusätzlich sollten bei Patienten, die eine orale mechanische Darmvorbereitung erhalten, orale Antibiotika verabreicht werden. (gering/schwach)

Kolorektale Chirurgie

- Eine alleinige mechanische Darmvorbereitung mit systemischer Antibiose hat keinen klinischen Vorteil und kann Dehydration und Unannehmlichkeiten hervorrufen und sollte in der Kolonchirurgie nicht routinemäßig angewandt werden, kann aber in der Rektumchirurgie verwendet werden (hoch/stark). Es gibt einige Evidenz von randomisierten Studien, die die Kombination einer mechanischen Darmvorbereitung mit oralen Antibiotika im Vergleich zur alleinigen mechanischen Darmvorbereitung unterstützen. (schwach/gering)
- Patienten, die sich einem elektiven kolorektalen Eingriff unterziehen, sollte es erlaubt sein, bis zu 6 h vor Anästhesieeinleitung zu essen und klare Flüssigkeit einschließlich kohlenhydrathaltiger Getränke bis 2 h vor Einleitung zu sich zu nehmen. Patienten mit verzögerter Magenentleerung und Notfallpatienten sollten über Nacht nüchtern bleiben oder 6 h vor dem Eingriff (hoch/stark). Für Patienten mit Diabetes kann keine Empfehlung hinsichtlich kohlenhydrathaltiger Getränke abgegeben werden.
- Ein minimalinvasiver Zugang zu Rektum- und Kolonkarzinom hat eindeutige Vorteile hinsichtlich verbesserter und schnellerer Erholung, reduzierten Allgemeinkomplikationen, reduzierten Wundkomplikationen einschließlich Narbenhernien, und weniger Adhäsionen. Er ermöglicht auch die erfolgreiche Anwendung von vielen der hauptsächlichen ERAS-Komponenten, wie z. B. Opioid-sparende Analgesie und optimierte Flüssigkeitstherapie. (hoch/stark)
- Drains im Becken und in der Bauchhöhle zeigen keinen Effekt hinsichtlich des klinischen Outcomes und sollten nicht routinemäßig eingesetzt werden. (hoch/stark)
- Nasogastrische Sonden sollten postoperativ nicht routinemäßig verwendet werden; falls sie intraoperativ eingelegt wurden, sollten sie vor Narkoseausleitung entfernt werden. (hoch/stark)
- Postoperative Analgesie: Vermeide Opioide und verwende eine multimodale Schmerztherapie in Kombination mit Spinal/Epiduralanalgesie oder TAP-Blocks, falls indiziert. (mäßig/stark)
- Die thorakale Epiduralanalgesie (T7-T10) unter Verwendung niedrigdosierter Lokalanästhetika und Opioiden wird in der offenen kolorektalen Chirurgie empfohlen, um die metabolische Stressantwort zu minimieren und eine postoperative Analgesie zu ermöglichen (hoch/stark). Bei Patienten mit laparoskopischer Chirurgie kann die thorakale Epiduralanästhesie verwendet, aber nicht mehr empfohlen werden als verschiedene alternative Verfahren. (mäßig/mäßig)
- Die Spinalanästhesie mit niedrigdosierten Opioiden gibt gute analgetische Wirksamkeit, hat einen vorübergehenden stressreduzierenden Effekt und erlaubt, postoperativ Opioide einzusparen und wird als Unterstützungsoption zur Allgemeinanästhesie bei laparoskopischer Chirurgie empfohlen. (mäßig/stark)
- Lidocaininfusionen können den Opiatverbrauch nach dem Eingriff reduzieren; ob die Behandlung das Risiko des postoperativen Ileus reduziert, bleibt unklar. (hoch/stark)
- Kleine randomisierte kontrollierte Studien bei laparoskopischen kolorektalen und anderen Eingriffen zeigen, dass TAP-Blocks den Opioidverbrauch reduzieren und die Erholung verbessern. Die optimale Schmerzerleichterung scheint von dem Ausmaß der Ausbreitung innerhalb der Faszienflächen abzuhängen, was wiederum von Art, Volumen, Dauer der Aktivität des Injektats und der Genauigkeit, mit der die korrekte Fläche identifiziert wurde, bestimmt wird. So-

wohl ultraschallgesteuerte als auch laparoskopische Zugänge sind beschrieben worden. (mäßig/stark)
- Patienten mit größeren kolorektalen Eingriffen sollten (I) eine mechanische Thromboseprophylaxe mit gut angepassten Kompressionsstrümpfen und/oder intermittierender pneumatischer Kompression bis zur Entlassung (hoch/stark) und (II) eine medikamentöse Prophylaxe mit NMH einmal täglich für 28 Tage nach dem Eingriff erhalten. (hoch/stark)
- Postoperative Flüssigkeitstherapie: Eine „nahe Null" Netto-Flüssigkeits- und Elektrolytbalance sollte eingehalten werden (hoch/stark). Um den reinen Bedarf zur Aufrechterhaltung abzudecken, sollten hypotone Kristalloide eingesetzt werden (eher als isotone Kristalloide, welche hohe Konzentrationen an Natrium- und Kationen enthalten) (gering/stark). Bei Ersatz von Verlusten sollten 0,9 % Kochsalzlösung und kochsalzbasierte Lösungen vermieden werden, bei Bevorzugung von balanzierten Lösungen. Bei Patienten mit Epiduralanalgesie sollte eine arterielle Hypotension mit Vasopressoren behandelt werden, nach dem gesichert ist, dass der Patient normovolämisch ist.
- Eine routinemäßige transurethrale Katheterisierung wird für 1–3 Tage nach kolorektaler Chirurgie empfohlen. Die Dauer sollte individualisiert werden, abhängig von bekannten Risikofaktoren: männliches Geschlecht, Epiduralanalgesie, Chirurgie im kleinen Becken. Bei Patienten mit geringem Risiko sollte der Katheter routinemäßig am 1. postoperativen Tag entfernt werden, während Patienten mit mäßigem Risiko eine Katheterisierung bis zu 3 Tagen benötigen. (hoch/stark)
- Ein multimodaler Zugang, um die Entwicklung eines postoperativen Ileus zu minimieren, schließt ein: begrenzte Opioidgabe durch Verwendung multimodaler Anästhesie- und Analgesietechniken, Verwendung minimalinvasiver chirurgischer Techniken (wenn machbar), Vermeidung der routinemäßigen Platzierung einer nasogastrischen Sonde und zielgerichtete Flüssigkeitstherapie (hoch/stark). Peripher-wirksame µ-Opioid-Rezeptor-Antagonisten, Kaugummi, Bisacodyl, Magnesiumoxyd, Daikenchuto [traditionelle japanische Kräutermedizin] und Kaffee haben alle gewisse Indikationen, einen entstandenen Ileus anzugehen. (mäßig bis gering/schwach)
- Den meisten Patienten kann und soll vom Tag des Eingriffs an Nahrung und orale Ernährungsunterstützung angeboten werden (mäßig, stark). Eine perioperative Immunonutrition bei mangelernährten Patienten ist in der kolorektalen Karzinomchirurgie von Nutzen. (gering/stark [nicht schädlich])
- Eine frühe Mobilisierung durch Unterweisung des Patienten und Ermutigung ist eine wichtige Komponente von ERAS-Programmen; eine verlängerte Immobilisierung ist mit verschiedenen unerwünschten Nebenwirkungen verbunden, die Patienten sollten deshalb mobilisiert werden. (mäßig/stark)

Anmerkung:

▶ Hinsichtlich der Darmvorbereitung unterscheiden sich diese ERAS- Empfehlungen von denen der American Society for Enhanced Recovery (Holubar et al. 2017). Dort heißt es:

- Wir empfehlen den Routineeinsatz einer Kombination von isoosmotischer mechanischer Darmvorbereitung mit oralen Antibiotika vor einem elektiven kolorektalen Eingriff.
- Wir empfehlen nicht die mechanische Darmvorbereitung ohne gleichzeitige orale Antibiotika vor elektiver kolorektaler Chirurgie.

17.1.2 Metaanalysen und Studien

Den Einfluss von ERAS-Programmen auf die Ergebnisse der laparoskopischen kolorektalen Karzinomchirurgie untersuchten Ni et al. (2019) auf Basis von 13 randomisierten kontrollierten Studien (639 ERAS-Patienten vs. 659 Patienten mit traditioneller Versorgung) in einer Metaanalyse. Die Analyse ergab, dass ERAS-Patienten einen signifikant kürzeren Krankenhausaufenthalt von im Mittel 2 Tagen hatten; die Darmfunktion kam bei ERAS schneller in Gang. Die postoperative Komplikationsrate war insgesamt signifikant geringer bei fehlenden Unterschieden in der Wiederaufnahmerate und Sterblichkeit. Interleukin-6-Spiegel und C-reaktives Protein waren postoperativ in der ERAS-Gruppe niedriger als Zeichen einer geringeren inflammatorischen Reaktion. Die Untersuchung belegt den Nutzen von ERAS-Programmen bei laparoskopischer kolorektaler Karzinomchirurgie.

Ob ERAS- und Fast-Track-Protokolle auch mit einer geringeren postoperativen Infektionsrate (Lungeninfektionen, Harnwegsinfektionen, Wundinfektionen) verbunden sind im Vergleich zur konventionellen perioperativen Behandlung, überprüften Grant et al. (2017) in einer Metaanalyse auf Basis von 36 Studien, die Eingriffe im Abdomen und kleinen Becken umfassten. Für die kolorektale Chirurgie ließ sich eine signifikante Reduktion aller drei genannten Infektionen demonstrieren, dies galt speziell für die offene Chirurgie, für die Chirurgie anderer Organe waren die Fallzahlen für eine Subgruppenanalyse teilweise zu gering. Auch diese Autoren berichteten über einen verkürzten Krankenhausaufenthalt bei ERAS.

Wie sich die ERAS-Empfehlungen in der Praxis umsetzen lassen und welchen Einfluss dies auf die Ergebnisse in der kolorektalen Chirurgie hat, untersuchten Aarts et al. (2018) in einer Kohorte von 2876 Patienten, behandelt in 15 akademischen Krankenhäusern Canadas. Die Untersuchung belegt, dass ERAS bei allen kolorektalen Eingriffen zu einem besseren Outcome führt, und dass zusätzlich – unabhängig von ERAS – die laparoskopische Chirurgie die Ergebnisse verbessert. Obwohl der positive Einfluss von ERAS beim offenen Vorgehen größer ist, erhöhte auch in der laparoskopischen Chirurgie die Compliance mit ERAS die Wahrscheinlichkeit eines verbesserten Outcomes um den Faktor 1,5. Allerdings zeigte sich, dass nicht alle Empfehlungen in der Praxis leicht umzusetzen sind, ◘ Tab. 17.1 demonstriert die Compliance bei den einzelnen Empfehlungen.

Einen speziellen Weg, ERAS-Empfehlungen in die Praxis umzusetzen und die Compliance der Patienten zu erhöhen, beschritten Deery et al. (2020). Sie entwickelten einen speziellen Kit, der zusammen mit einem Merkblatt dem Patienten vor geplanter Aufnahme zur Kolonresektion (ambulant) kostenlos zur Verfügung gestellt wird.

> Dieser Surgical Site Infection Prevention Kit (SSIPK) enthält:
> - ein kohlenhydrathaltiges Getränk für den Operationstag,
> - eine Polyethylenglykollösung (Golytely) zur mechanischen Darmvorbereitung am Vortag,
> - eine Chlorhexidin-Hautreinigerlösung (Hibiclens, zu verwenden für 3 Tage vor dem Eingriff) und
> - 2 orale Antibiotika (Neomycin und entweder Erythromycin oder Metronidazol, abhängig von einer Allergieanamnese) für den Abend vor Operation.

Sie demonstrierten in einer gematchten Kohortenstudie eindrucksvoll die Effektivität dieses Vorgehens. SSIPK-Patienten zeigten im Vergleich zu Kontrolle eine erhöhte Compliance mit der mechanischen Darmvorbereitung (95% vs. 71%, P < 0,001) und den oralen Antibiotika (94% vs. 27%, P < 0,001) zur Darmvorbereitung. Dies führte

Tab. 17.1 ERAS-Empfehlungen und ihre Umsetzung in der Routine bei 2876 Patienten mit kolorektalen Eingriffen. Kohortenerhebung in 15 akademischen Krankenhäusern Canadas (nach Aarts et al. 2018)

ERAS-Empfehlung	Compliance (%)
Patienteninstruktion	82,3
Information zur Länge des stationären Aufenthalts	84,0
Kohlenhydrathaltiges Getränk am Morgen des Eingriffs	62,0
Einlauf bei linksseitigen Resektionen, orale mechanische Darmvorbereitung bei tiefen anterioren Resektionen	75,3
Acetaminophen und/oder Gabapentin vor dem Eingriff	69,8
Flüssigkeitsmonitor intraoperativ	26,7
Vermeidung von abdominellen Drainagen und nasogastrischen Sonden	84,9
Analgesie: Lidocain Infusion und/oder epidural	75,9
Frühe enterale Ernährung – klare Flüssigkeit am Operationstag, Angebot von fester Nahrung am 1. postoperativen Tag	56,9
Frühes Umhergehen	47,5 %
Kaugummi 3-mal/Tag	52,5
Vermeidung und frühe Entfernung des Foley-Katheters (pOp Tag 1 bei Kolon-, Tag 3 bei Rektumchirurgie)	53,7

zu niedrigeren Wundinfektionsraten (5,9% vs. 11,4%, P = 0,04), niedrigeren Raten an Anastomoseninsuffizienz (2,7% vs. 6,8%, P = 0,04) und niedrigeren Raten an verlängertem postoperativen Ileus (5,9% vs. 14,2%, P < 0.01) und verkürzte den Krankenhausaufenthalt.

> Die Verwendung eines solchen Kits ist demnach ein praktikabler Weg, mittels Steigerung der Patientencompliance mit der Operationsvorbereitung die Ergebnisse in der Kolonchirurgie zu verbessern.

17.2 Spezielle Fragestellungen

17.2.1 Mechanische Darmvorbereitung

Der Bedeutung der mechanischen Darmvorbereitung (Mechanical Bowel Preparation, MBP) bei elektiven kolorektalen Eingriffen gingen Rollins et al. (2018) in einer Metaanalyse von 36 Studien (23 randomisierte Studien, 13 Beobachtungsstudien) mit insgesamt 21.568 Patienten nach. Bei einem Vergleich von MBP mit keiner MBP (einschließlich Patienten, die einen alleinigen rektalen Einlauf erhielten) ergaben sich keine Unterschiede in der Rate an Anastomoseninsuffizienzen, Wundinfektionen oder intraabdominellen Abszessen. Gleiches galt für Krankenhausaufenthaltsdauer, Klinikletalität und Reeingriffsrate. Die Autoren betrachteten darüber hinaus eine Subgruppe mit alleiniger Rektumchirurgie, hier wurden ebenfalls hinsichtlich Nahtinsuffizienz, Wundinfektionsraten oder Klinikletalität zwischen MBP ja vs. nein keine Unterschiede gefunden. Die Folgerung war, dass aufgrund von Elektrolytstörungen, Patientenunzufriedenheit, möglicher Dehydration und Erfordernis der stationären Aufnahme vor dem Eingriff die mechanische Darmvorbereitung nicht länger zum Standard in der kolorektalen Chirurgie gehören sollte.

Leenen et al. (2019) waren in ihren Folgerungen etwas vorsichtiger. Sie überprüften den Einfluss der MBP auf die Nahtinsuffizienzrate bei kolorektalen Eingriffen anhand von 8 neueren randomisierten Studien mit 1065 Patienten, publiziert in den Jahren 2010 bis 2017. Auch in dieser Metaanalyse ergab sich zwischen MBP ja vs. nein hinsichtlich der Anastomosendehiszenzen kein signifikanter Unterschied, jedoch waren die inkludierten Studien klein und von schwacher Qualität. Zumindest für die Rektumchirurgie, so wurde gefolgert, sei demnach der Wert der MBP nach wie vor offen.

17.2.2 Orale Antibiotikaprophylaxe/Darmvorbereitung – Metaanalysen

Die Rolle der oralen Antibiotikaprophylaxe (OAB) (in Form der intraluminalen Applikation eines nicht-absorbierbaren Antibiotikums) in der elektiven kolorektalen Chirurgie wurde von Rollins et al. (2019) in einer Metaanalyse der Literatur (40 Studien mit 69.517 Patienten, davon 28 randomisierte Studien und 12 Kohortenstudien) untersucht. In dieser Auswertung war eine MBP+OAB versus alleinige MBP mit einer signifikanten Reduktion von Wundinfektionsrate, Anastomosendehiszenz, 30-Tage-Sterblichkeit, Morbidität über alles und Entwicklung eines Ileus assoziiert, mit keinen Unterschieden in der Rate an Clostridium difficile-Infektionen. Bei einem Vergleich von MBP+OAB vs. OAB allein wurden keine Unterschiede in Wundinfektionsrate und Anastomosendehiszenzen gesehen, aber die Kombination führte zu einer signifikanten Reduktion von 30-Tageletalität und postoperativem Ileus. Allerdings waren nur 9,3 % der Patienten dieser Metaanalyse in randomisierte Studien eingeschlossen worden, was die Folgerungen hinsichtlich Empfehlungen von OAB allein vs. OAB in Kombination mit MBP stark limitiert.

In einer Netzwerk-Metaanalyse verglichen Toh et al. (2018) vier verschiedene Zugänge zur Darmvorbereitung bei elektiven kolorektalen Eingriffen auf Basis von 38 randomisierten Studien und 8458 Patienten (MBP mit OAB/OAB allein/MBP allein/keine Darmvorbereitung). Sie fanden eine statistisch signifikante Reduktion der Wundinfektionsraten über alles bei MBP+OAB verglichen mit MBP allein. Indirekt ergab sich damit auch eine Reduktion des Wundinfektionsrisikos für MBP+OAB im Vergleich zu keiner Vorbereitung. MBP und keine Vorbereitung unterschieden sich nicht hinsichtlich der Wundinfektionsraten. Organbezogene/räumliche Infektionen separat betrachtet, waren bei OAB allein, MBP+OAB und MBP allein im Vergleich zu keiner Vorbereitung reduziert. Hinsichtlich der Anastomoseninsuffizienzen unterschieden sich die vier Vorgehensweisen nicht, gleiches galt für die perioperative Sterblichkeit, Krankenhauswiederaufnahmen, Harnwegsinfektionen oder pulmonale Komplikationen.

> In dieser Analyse hatte MBP+OAB das geringste Risiko einer Wundinfektion, OAB allein war die zweitbeste Option.

Eine Barriere gegen die routinemäßige weite Verbreitung der perioperativen OAB ist der Hinweis auf eine mögliche postoperative Clostridium difficile (C. difficile) – Infektion. Für eine systematische Übersicht mit Metaanalyse, die dieses Risiko abschätzen sollte, fanden Khorasani et al. (2020) 14 randomisierte kontrollierte Studien und 13 Kohortenstudien, die eine Darmvorbereitung mit und ohne OAB verglichen. Die gepoolte Odds Ratio von vier geeigneten randomisierten kontrollierten Studien zeigte zwar eine signifikant höhere Rate an C. difficile – Infektionen in der OAB-

Gruppe, jedoch war die absolute Inzidenz extrem gering (11 Ereignisse bei 2753 Patienten). Die gepoolte Odds Ratio der Kohortenstudien ergab keine erhöhte Inzidenz an C. difficile-Infektionen, wiederum mit einer sehr geringen Inzidenz von 830 Ereignissen bei 59.960 Patienten. Die Autoren folgerten, dass die absolute Inzidenz einer C. difficile-Infektion bei Patienten, die sich einem kolorektalen Eingriff unterziehen, sehr gering sei, unabhängig von der Art der Darmvorbereitung.

> Die gegenwärtige Evidenz lässt vermuten, dass die zusätzliche OAB zur präoperativen Darmvorbereitung das Risiko einer C. difficile-Infektion nicht signifikant erhöht. In Anbetracht des positiven Einflusses auf die Wundinfektionsraten, reichen Bedenken hinsichtlich einer möglichen C. difficile-Infektion nicht aus, die OAB bei diesen Patienten wegzulassen.

17.2.3 Orale Antibiotikaprophylaxe/ Darmvorbereitung – Studien

Koller et al. (2018) identifizierten in der American College of Surgeons National Surgery Quality Improvement Program (ACS-NSQIP) – Datenbasis der Jahre 2012 bis 2014 insgesamt 32.359 Patienten mit elektiver kolorektaler Resektion, von denen 27.698 Patienten in eine Propensity Score gematchte Analyse eingingen. 26,7 % erhielten keine Darmvorbereitung, 36,6 % erhielten eine solche, 3,8 % erhielten ausschließlich eine OAB und 32,9 % erhielten MBP + OAB. Nach Propensity-Adjustierung war eine MBP mit keinem geringeren Wundinfektionsrisiko als die Gruppe ohne Darmvorbereitung assoziiert. Im Gegensatz hierzu war das Wundinfektionsrisiko bei OAB und OAB + MBP signifikant geringer als ohne Darmvorbereitung. Darüber hinaus waren OAB und OAB + MBP mit einem geringeren Risiko an Anastomosendehiszenzen, postoperativem Ileus, Wiederaufnahmen und kürzerem Krankenhausaufenthalt vergesellschaftet. Die MBP als solche war nicht mit einem erhöhten Risiko an kardialen und renalen Komplikationen verbunden im Vergleich zu keiner Darmvorbereitung. Als Konsequenz dieser Daten forderten die Untersucher weitere randomisierte Studien zum Vergleich von OAB vs. OAB + MBP. Bis diese Ergebnisse vorliegen, sollte die MBP als solche aufgegeben werden, während umgekehrt MBP + OAB routinemäßig vor elektiver kolorektaler Resektion eingesetzt werden sollten, um Wundinfektionen zu verhindern. Die Forderung, als beste Darmvorbereitung die Kombination von OAB + MBP bei kolorektalen Eingriffen zu verwenden, wird durch eine weitere Analyse der ACS-NSQIP – Datenbasis unterstützt, diesmal der Jahre 2012–2015 (Klinger et al. 2019). Danach reduziert die Kombination von MBP + OAB nach elektiven Kolon- und Rektumresektionen signifikant infektiöse Komplikationen, einschließlich der Clostridium difficile-Kolitis. Die MBP allein reduziert Infektionen nicht und orale Antibiotika allein sind ohne gereinigten Darm nicht vollwirksam.

> Die Folgerung war: die kombinierte Vorbereitung (MBP + OAB) sollte vor jeder elektiven kolorektalen Resektion eingesetzt werden, wenn nicht anders kontraindiziert.

Zu einem identischen Ergebnis kam eine britische Propensity-Score gematchte Studie, in der bei Patienten mit linksseitiger Kolon- oder Rektumresektion (offen oder laparoskopisch) die Kombination von präoperativer OAB + MBP in einem Standard-ERAS-Programm der alleinigen intravenösen Antibiotikaprophylaxe hinsichtlich postoperativer systemischer entzündlicher

Reaktion, infektiösen Komplikationen und Länge des Krankenhausaufenthalts signifikant überlegen war (Golder et al. 2019).

Für die laparoskopische kolorektale Chirurgie liegt zur Darmvorbereitung und Antibiotikaprophylaxe eine randomisierte prospektive Studie vor (Hata et al. 2016). In dieser Studie erhielten alle Patienten eine MBP mit 75 mg Natriumpicosulfat und 34 g Magnesiumcitrat zusammen mit 180 ml Wasser am Tag vor dem Eingriff. Patienten in der OAB-Gruppe wurden zwei orale Dosen von 1 g Kanamycin und 750 mg Metronidazol 13 und 9 h vor dem Eingriff verabreicht. In der Kontrollgruppe erhielten die Patienten lediglich eine intravenöse Antibiotikaprophylaxe. Diese bestand in beiden Gruppen aus 1 g Cefmetazol, das 30 min vor Hautschnitt verabreicht wurde. Eine zusätzliche Gabe erfolgte alle 3 h während des Eingriffs. Nach der Operation wurde keine Antibiotikaprophylaxe betrieben. In dieser Studie war die Wundinfektionsrate signifikant geringer, wenn zusätzlich zur parenteralen Antibiotikaprophylaxe eine orale Antibiotikaprophylaxe erfolgte, letztlich also ein MBP + OAB + parenterale Antibiotikaprophylaxe-Regime angewandt wurde.

Eine zweite japanische Gruppe führte fast die identische prospektiv randomisierte Studie bei laparoskopischer kolorektaler Resektion durch, allerdings monozentrisch, und kam zu einem ganz anderen Ergebnis (Ikeda et al. 2016). Auch dort erhielten alle Patienten eine MBP und zusätzlich eine perioperative i.v. Antibiotikaprophylaxe mit 1 g Cefmetazol, die hier mit zwei Gaben postoperativ über 24 h fortgesetzt wurde (Ikeda et al. 2016). In der OAB-Gruppe wurde dasselbe parenterale Antibiotikaregime angewandt und zusätzlich den Patienten um 15:00 Uhr und 21:00 Uhr am Vortag der Operation 1 g Kanamycin und 750 mg Metronidazol verabreicht. In dieser randomisierten Studie machte die Wundinfektionsrate 7,8 % sowohl in der Gruppe mit alleiniger parenteraler Antibiotikaprophylaxe als auch in der Gruppe mit zusätzlicher OAB aus. Die Autoren kamen zu dem Schluss, dass eine alleinige intravenöse perioperative Antibiotikaprophylaxe bei diesen Eingriffen einer Kombination von OAB und parenteraler Antibiotikaprophylaxe nicht unterlegen ist.

Eine dritte japanische randomisierte Studie inkludierte ausschließlich Patienten mit M. Crohn und Darmresektion jeglicher Art und jeglicher Anastomose (Uchino et al. 2019). Bei allen Patienten wurde am Vortag um 11:00 Uhr eine MBP mit 20 ml 0,75 % Natriumpicosulfat-Hydrat/Magnesiumcitrat vorgenommen und alle Patienten erhielten eine intravenöse perioperative Antibiotikaprophylaxe mit einem Cephalosporin der zweiten Generation für 24 h nach dem Eingriff. In der Gruppe mit zusätzlicher OAB wurden am Vortag um 14:00 Uhr, 15:00 Uhr und 21:00 Uhr jeweils 500 mg Kanamycin und 500 mg Metronidazol verabreicht. In dieser Studie unterschieden sich Patienten mit OAB von denen, die allein eine parenterale Antibiotikaprophylaxe erhielten, nicht in der Gesamtrate an Infektionen und in der Rate an organbezogenen oder räumlichen Infektionen, jedoch war die Rate an Inzisionsinfektionen in der OAB-Gruppe signifikant geringer. Die Daten unterstützen die zusätzliche OAB bei diesen Patienten.

In den genannten japanischen randomisierten Studien wurde stets eine MBP vorgenommen. Die erste randomisierte Studie, die ohne MBP den Wert der OAB untersuchte, wurde von Espin Basany et al. (2020) publiziert. In diese spanische randomisierte prospektive Multizenterstudie wurden insgesamt 565 Patienten mit Kolonresektion inkludiert. Eine MBP erfolgte nicht, alle Patienten erhielten eine perioperative Antibiotikaprophylaxe mit 1,5 g Cefuroxim und 1 g Metronidazol i.v. bei Narkoseeinleitung. In der Therapiegruppe wurde am Tag vor dem Eingriff zusätzlich eine OAB durchgeführt, mit Ciprofloxacin 750 mg alle 12 h (zwei Dosen, um 12:00

und 0:00 Uhr) und Metronidazol 250 mg alle 6 h (drei Dosen, um 12:00, 18:00 und 0:00 Uhr). Die Kontrolle erhielt keine OAB. In dieser Studie führte die OAB zu einer signifikanten Reduktion der Wundinfektionsraten, mit 5 % in der Therapiegruppe vs. 11 % in der Kontrolle. Die Autoren folgerten, dass dies die erste randomisierte Multizenterstudie ist, die die Wirksamkeit einer OAB hinsichtlich der Reduktion von Wundinfektionsraten in der Kolonchirurgie ohne MBP untersuchte.

> Die OAB war effektiv, ohne unerwünschte Nebenwirkungen, und sollte routinemäßig in der elektiven Kolonchirurgie eingesetzt werden.

17.2.4 Drainage bei tiefer Anastomose

Zum Wert einer Drainage des kleinen Beckens bei Rektumresektion mit tiefer extraperitonealer Anastomose erstellten Rondelli et al. (2014) eine systematische Übersicht mit Metaanalyse. Basis waren drei kleine randomisierte Studien mit 291 Patienten sowie 5 nicht-randomisierte Studien mit 1986 Patienten. Sie fanden bei Analyse der nicht-randomisierten Studien in der Gruppe mit Drainage eine signifikant geringere Reinterventions- und Anastomosendehiszenzrate, postoperative Sterblichkeit und Infektionsrate korrelierten hingegen nicht mit dem Vorhandensein einer Drainage. Die Ergebnisse der randomisierten Studien allein betrachtet, ergaben keinerlei Nutzen einer pelvinen Drainage. Die Autoren empfahlen auf dieser schmalen Datenbasis die extraperitoneale Drainage bei tiefer Rektumresektion vor allem, wenn es zu intraoperativen Komplikationen kommt.

Nach dieser Metaanalyse wurden die Ergebnisse der GRECCAR 5-Studie publiziert, eine prospektive randomisierte französische Multizenterstudie mit insgesamt 494 Patienten mit tiefer Anastomose nach Rektumresektion wegen Karzinom (Denost et al. 2017). Die Rate an einer Infektion im kleinen Becken war in beiden Gruppen nicht unterschiedlich, mit Drain 16,1 %, ohne Drain 18,0 %. Ebenso unterschieden sich die Gruppen Drain vs. kein Drain nicht in postoperativer Morbidität, Reoperationsrate oder Länge des stationären Aufenthalts und der Rate des Stomaverschlusses.

> Die Autoren folgerten, dass bei tiefer Rektumresektion eine pelvine Drainage keinen Nutzen hat und nicht platziert werden sollte – außer bei Blutung und Resektion außerhalb der mesorektalen Ebene.

17.2.5 Ernährung

Adiamah et al. (2019) untersuchten in einer systematischen Übersicht mit Metaanalyse den Einfluss einer oralen oder enteralen Immunonutrition, verabreicht für wenigstens 3 Tage präoperativ, auf das postoperative Ergebnis bei Patienten, bei denen ein chirurgischer Eingriff wegen eines gastrointestinalen Karzinoms durchgeführt wurde. Basis waren 16 Studien mit 1387 Patienten. Die Autoren fanden bei Patienten mit einer Immunonutrition über wenigstens 5 präoperative Tage das postoperative Infektionsrisiko signifikant reduziert, verbunden mit einem tendenziell kürzeren stationären Aufenthalt. Nichtinfektiöse Komplikationen oder postoperative Sterblichkeit wurden von der Immunonutrition nicht beeinflusst.

> Aufgrund der geringen Nebenwirkungen und verhältnismäßig niedrigen Kosten empfahlen die Autoren, die Indikation zur Immunonutrition speziell bei mangelernährten Patienten mit gastrointestinalem Karzinom präoperativ großzügig zu stellen.

Dem Einfluss eines frühen (in den ersten 24 h nach dem Eingriff) vs. späten Beginns der oralen Ernährung bei Patienten mit elektiver Dünndarm-, Kolon- und Rektumchirurgie auf die Anastomoseninsuffizienzrate gingen Smeets et al. (2018) in einer systematischen Übersicht über 9 randomisierte Studien mit 879 Patienten nach. Die Ergebnisse zeigten einen kürzeren stationären Aufenthalt bei Patienten mit frühem Kostaufbau, die Auswirkung auf die Anastomosendehiszenzrate ließ sich aber aufgrund der Heterogenität der Studien nicht bestimmen.

Auch ein Cochrane Review (Herbert et al. 2018) überprüfte die Evidenz hinsichtlich eines frühen postoperativen Ernährungsbeginns (enteral, oral oder mit Ernährungssonde) innerhalb von 24 h nach Eingriffen im unteren Gastrointestinaltrakt distal vom Treitz`schen Ligament. Untersucht wurde, ob eine frühe Ernährung im Vergleich zu einem traditionellen verzögerten Beginn mit kürzerer Krankenhausaufenthaltsdauer, weniger Komplikationen, geringerer Kliniketalität und weniger unerwünschten Nebenwirkungen assoziiert ist. Basis waren 17 randomisierte kontrollierte Studien mit 1437 Patienten.

> Die Untersuchung zeigte eine schwache Evidenz für die Verkürzung der Krankenhausaufenthaltsdauer um beinahe 2 Tage bei früher enteraler Ernährung, bei Zunahme des Risikos des Erbrechens um relativ 23 %.

Hinsichtlich postoperativen Komplikationen wie Wundinfekte, Anastomosendehiszenzen, Pneumonien oder Lebensqualität ergaben sich zwischen Prüf- und Kontrollgruppen keine signifikanten Unterschiede, gleiches galt für Kliniksterblichkeit und Übelkeit.

17.2.6 Verlängerte Thromboembolieprophylaxe

Die Leitlinien der American Society of Colon and Rectal Surgeons (Fleming et al. 2018) geben zur Thromboembolieprophylaxe bei Patienten mit Resektion wegen kolorektalem Karzinom folgende Empfehlung:
– Bei Patienten, bei denen eine kolorektale Tumorresektion vorgenommen wird und von denen angenommen wird, dass sie ein hohes Risiko für eine venöse Thromboembolie haben, sollte es stark in Betracht gezogen werden, die Dauer der pharmakologische Thromboembolieprophylaxe zu verlängern (4 Wochen). (Empfehlungsgrad stark, Qualität der Evidenz mäßig).

Die Prävalenz der venösen Thromboembolie (VTE) in der Rektumchirurgie wurde von Hayes et al. (2019) anhand von 13 Fallserien, 23 Vergleichsstudien und 2 randomisierten kontrollierten Studien in einer systematischen Übersicht mit Metaanalyse überprüft. Sie nannten eine VTE-Rate von 1,25 % insgesamt, eine Rate an tiefen Venenthrombosen von 0,68 % und an Lungenembolien von 0,57 %. Die VTE-Prävalenz war bei Patienten mit Rektumkarzinom mit 1,59 % nicht höher als bei Eingriffen aufgrund gutartiger Erkrankungen (dort 1,5 %). Speziell bei den minimalinvasiven Rektumeingriffen war die VTE-Prävalenz mit 0,58 % gering, verglichen mit 2,2 % in der offenen Chirurgie. Ob demnach bei dieser niedrigen Prävalenz Patienten mit Rektumeingriffen eine verlängerte Thromboseprophylaxe nach Entlassung aus stationärer Behandlung erhalten sollten, ließen die Autoren offen.

> (In den NICE- Leitlinien (2019) wird eine verlängerte VTE-Prophylaxe über 28 Tage postoperativ zumindest bei Karzinompatienten empfohlen).

Die Forderung nach einer verlängerten konventionellen Thromboseprophylaxe bei größeren Eingriffen im Bauchraum und kleinen Becken wurde von Rausa et al. (2018) in einer systematischen Übersicht mit Metaanalyse auf Basis von 4 randomisierten Studien (1525 Patienten) untersucht. Nach dieser Analyse ist eine verlängerte Thromboseprophylaxe mit niedermolekularem Heparin über 28 Tage mit einer Abnahme an VTE über alle verbunden. Hinsichtlich der Lungenembolierate besteht aber nur wenig Evidenz aufgrund der Seltenheit des Ereignisses. Die gleiche Ungewissheit existiert hinsichtlich der Auswirkungen einer verlängerten Prophylaxe auf Morbidität und Mortalität insgesamt.

> Die Autoren empfehlen aber zumindest für Risikopatienten die verlängerte VTE-Prophylaxe.

17.2.7 Perioperative Bluttransfusion

Für eine systematische Übersicht mit Metaanalyse zu der Frage nach der Beziehung zwischen perioperativer Bluttransfusion und dem Ergebnis nach kolorektaler Karzinomchirurgie fanden Pang et al. (2018) 36 Beobachtungsstudien mit 174.036 Patienten. Perioperative Bluttransfusionen waren mit einer signifikanten Reduktion des Überlebens über alles und des karzinomspezifischen Überlebens assoziiert, hatten aber keinen Einfluss auf das krankheitsfreie Überleben. Postoperative Komplikationen (einschließlich Infektionen und Anastomosendehiszenzen) waren in der Transfusionsgruppe signifikant höher. Die Autoren sahen die Ursache in den ungünstigen Ergebnissen bei Bluttransfusion in deren immunmodulatorischen Eigenschaften. Um die Transfusionsrate zu senken, verabreichten Keeler et al. (2017) in einer prospektiven randomisierten Studie anämischen Patienten wenigstens 2 Wochen vor Resektion eines kolorektalen Karzinoms ein Eisenpräparat, entweder oral oder intravenös. Die intravenöse Gabe war zwar effektiver in der Behandlung der Anämie (= höhere Hämoglobinwerte), das reichte jedoch nicht aus, um im Vergleich zur oralen Applikation zu einer geringeren Transfusionsrate zu kommen. Hinsichtlich postoperativen Komplikationen bestanden keine Unterschiede zwischen beiden Gruppen. Ob demnach beim präoperativen Patient-Blood-Management tatsächlich intravenöse Eisenpräparate verwendet oder nicht die einfacher durchzuführende und deutlich kostengünstigere orale Eisengabe vorzunehmen sei, stellten die Autoren zur Diskussion.

17.2.8 Zielgerichtete Flüssigkeitstherapie

Die zielgerichtete perioperative Flüssigkeitstherapie (Goal Directed Fluid Therapy, GDFT) scheint einem liberalen Flüssigkeitsmanagement überlegen zu sein, muss aber gleichwohl eine intraoperative Euvolämie aufrechterhalten. In einer randomisierten kontrollierten Studie überprüften Reisinger et al. (2017) bei 85 Patienten mit kolorektaler Resektion wegen Karzinom, ob eine mit Ösophagus-Doppler gesteuerte GDFT die gastrointestinale Perfusion während und in den ersten Stunden nach dem Eingriff im Vergleich zu einer Standard-Flüssigkeitstherapie verbessert. Dies war der Fall, die globale gastrointestinale Perfusion war tatsächlich unter GDFT größer, jedoch gab es keine Unterschiede in den Fettsäure-bindendes-Protein-Spiegeln, die in dieser Studie als Maß für eine Enterozytenschädigung bestimmt wurden. Weder in der einen noch in der anderen Gruppe kam es zu einer signifikanten Darmschädigung. Die klinische Bedeutung der gesteigerten globalen gastrointestinalen

Perfusion unter GDFT ist demnach zu hinterfragen.

17.2.9 Analgesie

Xu W et al. (2020) verglichen in einer Netzwerk-Metaanalyse die Wirksamkeit verschiedener lokaler und regionaler Analgesiemethoden hinsichtlich der Reduktion von systemischer Opioidapplikation und Reduktion des postoperativen Schmerzes nach größeren kolorektalen Resektionen. Eingeschlossen in die Analyse wurden 74 randomisierte kontrollierte Studien mit 5101 Patienten und 11 verschiedenen Techniken. Nach dieser Analyse bietet die Spinalanalgesie die beste Balance zwischen Schmerzkontrolle und Opiatverbrauch in den ersten 24 h. TAP-Blocks waren ähnlich effektiv bei der Reduktion von Schmerz und Opiatverbrauch nach 24 h. Jedoch war sowohl bei TAP-Blocks als auch bei Spinalanästhesie die Effektivität nach 48 h weniger ausgeprägt. Die intraperitoneale Lokalanästhetikainstillation wird zwar in der kolorektalen Chirurgie nicht breit angewendet, erwies sich jedoch als hoch effektiv bei der Schmerzreduktion. Die Epiduralanalgesie war zwar in dieser Netzwerkmetaanalyse mit einer schnelleren Wiederaufnahme der Darmtätigkeit als die Anwendung systemischer Opiate verbunden, war jedoch umstritten, speziell in der minimalinvasiven Chirurgie, wegen Pruritus, Harnverhalt und Hypotension.

> Zusammenfassend waren demnach Spinalanästhesie und TAP-Blocks die Analgesieverfahren erster Wahl bei kolorektaler Resektion. Die Wirksamkeit des TAP-Blocks in der kolorektalen Chirurgie (einschließlich laparoskopischer Eingriffe) wurde in einer weiteren Metaanalyse bestätigt (Peltrini et al. 2020).

In einer randomisierten prospektiven Studie verglichen Felling et al. (2018) den TAP-Block mit einer thorakalen Epiduralanalgesie im Rahmen eines ERAS-Programms bei offenen und minimalinvasiven kolorektalen Eingriffen. Der TAP-Block erfolgte vor Narkoseeinleitung mittels 20 ml (133 mg) liposomalem Bupivacain, das in die Faszienebene zwischen M. internus obliquus und transversus abdominis (in der mittleren Axillarlinie) beidseits injiziert wurde. In dieser Studie erwies sich der TAP-Block als ebenso effektiv wie die Epiduralanalgesie, bei geringerem Opioidverbrauch und weniger Kosten. Bei dem geringeren Risikoprofil des TAP-Blocks im Vergleich zur Epiduralanästhesie empfahlen die Autoren den TAP-Block speziell bei minimalinvasivem Vorgehen. Zu einer ähnlichen Empfehlung kamen Xu YJ et al. (2020). Sie stellten in einer randomisierten Studie bei laparoskopischen kolorektalen Eingriffen den kontinuierlichen TAP-Block über 48 h postoperativ einer thorakalen Epiduralanalgesie und in einer weiteren Gruppe einer Standardallgemeinästhesie mit postoperativer i.v. PCA über 48 h gegenüber.

> In dieser Studie war der kontinuierliche TAP-Block den beiden anderen Analgesieverfahren signifikant überlegen, mit kürzerer Krankenhausaufenthaltsdauer, bedingt durch eine frühere Aufnahme der Darmtätigkeit.

17.2.10 NSAIDs und Anastomoseninsuffizienz

In den ERAS-Society-Empfehlungen zum perioperativen Management in der kolorektalen Chirurgie (Gustafsson et al. 2019) wird angemerkt, dass Paracetamol ein wesentlicher Bestandteil einer postoperativen multimodalen Schmerztherapie sei. NSAIDs (non-steroidal anti-inflammatory drugs) seien ebenfalls Komponenten dieses Opioid-sparenden Konzeptes, jedoch gäbe es immer noch die Debatte, ob NSAIDs mit einer erhöhten Anastomoseninsuffizienzrate assoziiert seien, wenn auch die Daten der Literatur dazu nicht schlüssig sind. Smith et al. (2016) sind anhand von 6 randomisierten Studien und 11 Beobachtungsstudien in einer systematischen Übersicht mit Metaanalyse dieser Frage nachgegangen. In der Synthese der Beobachtungsstudien waren die Odds einer Anastomosendehiszenz bei postoperativer Gabe von NSAIDs (statistisch und klinisch signifikant) beinahe 1,5-fach höher als bei Nichtgebrauch. Die Daten der kontrollierten Studien ließen den gleichen Trend erkennen, ohne aber Signifikanzniveau zu erreichen. Die Folgerung ist, dass bei der postoperativen Verordnung von NSAIDs bei Patienten mit intestinalen Anastomosen Vorsicht angebracht ist, so lange nicht Ergebnisse größerer randomisierter Studien vorliegen. Eine weitere Metaanalyse der Literatur (Huang et al. 2018) kam zu ähnlichen Ergebnissen und führte zusätzlich aus, dass speziell die nicht-selektiven NSAIDs (einschließlich Diclofenac) mit einem erhöhten Anastomosendehiszenzrisiko assoziiert seien, was für die selektiven COX-2-Hemmer nicht belegt wurde. Positiver sahen die Autoren der EuroSurg Collaborative (2020) den Einsatz von NSAIDs. In diese große Multizenterstudie waren 4164 Patienten mit kolorektalen Eingriffen eingeschlossen worden. Der frühe Einsatz von NSAIDs am 1. bis 3. Tag pOp war nicht mit einer erhöhten Rate an Anastomoseninsuffizienzen oder akuter Nierenschädigung assoziiert, verkürzte allerdings auch nicht die Zeit bis zur Erholung der Darmtätigkeit.

> Die Autoren hielten demnach den Einsatz von NSAIDs pOp für sicher und verwiesen auf den Opioid-sparenden Effekt. Sie sahen den frühen Einsatz von NSAIDs weiterhin für gerechtfertigt an.

Literatur

Aarts MA, Rotstein OD, Pearsall EA et al (2018) Postoperative ERAS interventions have the greatest impact on optimal recovery: experience with implementation of ERAS across multiple hospitals. Ann Surg 267:992–997

Adiamah A, Skořepa P, Weimann A, Lobo DN (2019) The impact of preoperative immune modulating nutrition on outcomes in patients undergoing surgery for gastrointestinal cancer: a systematic review and meta-analysis. Ann Surg 270:247–256

Collaborative EuroSurg (2020) Safety and efficacy of non-steroidal anti-inflammatory drugs to reduce ileus after colorectal surgery. Br J Surg 107:e161–e169

Deery SE, Cavallaro PM, McWalters ST, Reilly SR, Bonnette HM, Rattner DW, Mort EA, Hooper DC, Del Carmen MG, Bordeianou LG (2020) Colorectal surgical site infection prevention kits prior to elective colectomy improve outcomes. Ann Surg 271:1110–1115

Denost Q, Rouanet P, Faucheron JL et al (2017) To Drain or not to drain infraperitoneal anastomosis after rectal excision for cancer: the GRECCAR 5 randomized trial. Ann Surg 265:474–480

Espin Basany E, Solís-Peña A, Pellino G et al (2020) Preoperative oral antibiotics and surgical-site infections in colon surgery (ORALEV): a multicentre, single-blind, pragmatic, randomised controlled trial [published correction appears in Lancet Gastroenterol Hepatol. 2020 Apr 30;]. Lancet Gastroenterol Hepatol 5:729–738

Felling DR, Jackson MW, Ferraro J et al (2018) Liposomal bupivacaine transversus abdominis plane block versus epidural analgesia in a colon and rectal surgery enhanced recovery pathway: a randomized clinical trial. Dis Colon Rectum 61:1196–1204

Fleming F, Gaertner W, Ternent CA, Finlayson E, Herzig D, Paquette IM, Feingold DL, Steele SR (2018) The American society of colon and rectal surgeons clinical practice guideline for the prevention of venous thromboembolic disease in colorectal surgery. Dis Colon Rectum 61:14–20

Golder AM, Steele CW, Conn D, MacKay GJ, McMillan DC, Horgan PG, Roxburgh CS, McSorley ST (2019) Effect of preoperative oral antibiotics in combination with mechanical bowel preparation on inflammatory response and short-term outcomes following left-sided colonic and rectal resections. BJS Open 3:830–839

Grant MC, Yang D, Wu CL, Makary MA, Wick EC (2017) Impact of enhanced recovery after surgery and fast track surgery pathways on healthcare-associated infections: results from a systematic review and meta-analysis [published correction appears in Ann Surg. 2017 Dec; 266(6):e123]. Ann Surg 265:68–79

Gustafsson UO, Scott MJ, Hubner M et al (2019) Guidelines for perioperative care in elective colorectal surgery: Enhanced Recovery After Surgery (ERAS®) Society Recommendations: 2018. World J Surg 43:659–695

Hata H, Yamaguchi T, Hasegawa S et al (2016) Oral and parenteral versus parenteral antibiotic prophylaxis in elective laparoscopic colorectal surgery (JMTO PREV 07-01): A phase 3, multicenter, open-label, randomized trial. Ann Surg 263:1085–1091

Hayes JW, Ryan ÉJ, Boland PA, Creavin B, Kelly ME, Beddy D (2019) The prevalence of venous thromboembolism in rectal surgery: a systematic review and meta-analysis. Int J Colorectal Dis 34:849–860

Herbert G, Perry R, Andersen HK, et al (2018) Early enteral nutrition within 24 hours of lower gastrointestinal surgery versus later commencement for length of hospital stay and postoperative complications. Cochrane Database Syst Rev 10(10):CD004080.

Holubar SD, Hedrick T, Gupta R et al (2017) American Society for Enhanced Recovery (ASER) and Perioperative Quality Initiative (POQI) joint consensus statement on prevention of postoperative infection within an enhanced recovery pathway for elective colorectal surgery. Perioper Med (lond) 6:4

Huang Y, Tang SR, Young CJ (2018) Nonsteroidal anti-inflammatory drugs and anastomotic dehiscence after colorectal surgery: a meta-analysis. ANZ J Surg 88:959–965

Ikeda A, Konishi T, Ueno M et al (2016) Randomized clinical trial of oral and intravenous versus intravenous antibiotic prophylaxis for laparoscopic colorectal resection. Br J Surg 103:1608–1615

Keeler BD, Simpson JA, Ng O et al (2017) Randomized clinical trial of preoperative oral versus intravenous iron in anaemic patients with colorectal cancer. Br J Surg 104:214–221

Khorasani S, Dossa F, McKechnie T, Englesakis M, Brar MS, de Buck van Overstraeten A, (2020) Association between preoperative oral antibiotics and the incidence of postoperative clostridium difficile infection in adults undergoing elective colorectal resection: a systematic review and meta-analysis. Dis Colon Rectum 63:545–561

Klinger AL, Green H, Monlezun DJ et al (2019) The role of bowel preparation in colorectal surgery: results of the 2012–2015 ACS-NSQIP Data. Ann Surg 269:671–677

Koller SE, Bauer KW, Egleston BL et al (2018) Comparative effectiveness and risks of bowel preparation before elective colorectal surgery. Ann Surg 267:734–742

Leenen JPL, Hentzen JEKR, Ockhuijsen HDL (2019) Effectiveness of mechanical bowel preparation versus no preparation on anastomotic leakage in colorectal surgery: a systematic review and meta-analysis. Updates Surg 71:227–236

Ni X, Jia D, Chen Y, Wang L, Suo J (2019) Is the Enhanced Recovery After Surgery (ERAS) program effective and safe in laparoscopic colorectal cancer surgery? A meta-analysis of randomized controlled trials. J Gastrointest Surg 23:1502–1512

NICE (National Institute for Health and Care Excellence) guideline NG 89: Venous thromboembolism in over 16s: reducing the risk of hospital-acquired deep vein thrombosis or pulmonary embolism. Last updated: 13 August 2019. ▶ https://www.nice.org.uk/guidance/ng89/chapter/Recommendations-#interventions-for-people-having-abdominal-thoracic-or-head-and-neck-surgery

Pang QY, An R, Liu HL (2019) Perioperative transfusion and the prognosis of colorectal cancer surgery: a systematic review and meta-analysis. World J Surg Oncol 17:7

Peltrini R, Cantoni V, Green R et al (2020) Efficacy of transversus abdominis plane (TAP) block in colorectal surgery: a systematic review and meta-analysis. Tech Coloproctol 24:787–802

Rausa E, Kelly ME, Asti E et al (2018) Extended versus conventional thromboprophylaxis after major abdominal and pelvic surgery: systematic review and meta-analysis of randomized clinical trials. Surgery 164:1234–1240

Reisinger KW, Willigers HM, Jansen J et al (2017) Doppler-guided goal-directed fluid therapy does not affect intestinal cell damage but increases global gastrointestinal perfusion in colorectal surgery: a randomized controlled trial. Colorectal Dis 19:1081–1091

Rollins KE, Javanmard-Emamghissi H, Lobo DN (2018) Impact of mechanical bowel preparation in elective colorectal surgery: a meta-analysis. World J Gastroenterol 24:519–536

Rollins KE, Javanmard-Emamghissi H, Acheson AG, Lobo DN (2019) The role of oral antibiotic preparation in elective colorectal surgery: a meta-analysis. Ann Surg 270:43–58

Rondelli F, Bugiantella W, Vedovati MC et al (2014) To drain or not to drain extraperitoneal colorectal anastomosis? A systematic review and meta-analysis. Colorectal Dis 16:O35–O42

Smeets BJJ, Peters EG, Horsten ECJ et al (2018) Effect of early vs late start of oral intake on anastomotic leakage following elective lower intestinal surgery: a systematic review. Nutr Clin Pract 33:803–812

Smith SA, Roberts DJ, Lipson ME, Buie WD, MacLean AR (2016) Postoperative nonsteroidal anti-inflammatory drug use and intestinal anastomotic dehiscence: a systematic review and meta-analysis. Dis Colon Rectum 59:1087–1097

Toh JWT, Phan K, Hitos K, et al (2018) Association of mechanical bowel preparation and oral antibiotics before elective colorectal surgery with surgical site infection: a network meta-analysis. JAMA Netw Open 1(6):e183226.

Uchino M, Ikeuchi H, Bando T et al (2019) Efficacy of preoperative oral antibiotic prophylaxis for the prevention of surgical site infections in patients with crohn disease: a randomized controlled trial. Ann Surg 269:420–426

Xu W, Varghese C, Bissett IP, O'Grady G, Wells CI (2020) Network meta-analysis of local and regional analgesia following colorectal resection. Br J Surg 107:e109–e122

Xu YJ, Sun X, Jiang H, Yin YH, Weng ML, Sun ZR, Chen WK, Miao CH (2020) Randomized clinical trial of continuous transversus abdominis plane block, epidural or patient-controlled analgesia for patients undergoing laparoscopic colorectal cancer surgery. Br J Surg 107:e133–e141

Divertikulitis

Reinhart T. Grundmann und E. Sebastian Debus

Inhaltsverzeichnis

Literatur – 150

In einer gemeinsamen Konsensuskonferenz von European Association for Endoscopic Surgery (EAES) und Society of American Gastrointestinal and Endoscopic Surgeons (SAGES) wurden unter anderem die folgenden evidenzbasierten Empfehlungen zum Management der akuten Divertikulitis erarbeitet (Francis et al. 2019):

Nicht-Resektionsbehandlung der akuten komplizierten Divertikulitis
– Wir empfehlen, für alle Abszesse [<4 cm] die Antibiotikatherapie als Erstlinienbehandlung in Erwägung zu ziehen. (Evidenzlevel mäßig; Empfehlungsgrad stark)
– Unser Expertengremium empfiehlt, dass die perkutane Drainage für größere Abszesse, welch sich nicht durch Antibiotika auflösen lassen und/oder bei Patienten mit Verwirrtheit in Erwägung gezogen werden soll. (Evidenzlevel niedrig; Empfehlungsgrad schwach)
– Bei stabilen Patienten, bei denen freie Luft diagnostiziert wird, empfehlen wir die initiale nicht-operative Behandlung. (Evidenzlevel niedrig; Empfehlungsgrad schwach)
– Die Lavage kann bei selektierten Hinchey III-Patienten von Chirurgen mit entsprechender Expertise und der Möglichkeit der engen Überwachung und Behandlung von Komplikationen erwogen werden. Die niedrigere Stomarate sollte gegen das höhere Komplikations- und Reinterventionsrisiko abgewogen werden. (Evidenzlevel hoch; Empfehlungsgrad schwach)
– Bei Hinchey Ib-II Abszessen oder in Fällen mit perikolischer Luft sollte der akute chirurgische Eingriff Patienten vorbehalten bleiben, bei denen die nicht-operativen Optionen ausgeschöpft sind, ohne Besserung der Symptome oder bei Verbleib mit systemischem Unwohlsein. (Evidenzlevel mäßig; Empfehlungsgrad stark)
– Wenn der klinische und/oder radiologische Verdacht auf Hinchey III/IV -Divertikulitis besteht, sollte die akute Operation in Erwägung gezogen werden. (Evidenzlevel niedrig; Empfehlungsgrad stark)
– Wir empfehlen, dass nach einer einzelnen Episode einer erfolgreich behandelten akuten Hinchey I/II-Divertikulitis, der chirurgische Eingriff nicht routinemäßig angeboten werden soll, nur um Folgeepisoden zu verhindern. (Evidenzlevel niedrig; Empfehlungsgrad schwach)
– Bei immunsupprimierten Patienten mit komplizierter Divertikulitis empfehlen wir die frühe elektive Resektionsbehandlung. (Evidenzlevel sehr niedrig; Empfehlungsgrad schwach)
– Wir erinnern die Kliniker daran, den Diabetes als Risikofaktor für eine komplizierte akute Divertikulitis anzusehen, aber das nicht-operative Management bleibt angemessen. (Evidenzlevel niedrig; Empfehlungsgrad schwach)

Operatives Management in der Notfallchirurgie
– Patienten mit perforierter Divertikulitis und diffuser Peritonitis (Hinchey III und IV) sollten einer notfallmäßigen chirurgischen Intervention unterzogen werden. (Evidenzlevel niedrig; Empfehlungsgrad stark)
– Wenn eine Resektion indiziert ist, empfehlen wir bei perforierter Divertikulitis den laparoskopischen Zugang in Betracht zu ziehen. (Evidenzlevel niedrig; Empfehlungsgrad schwach)
– Wir empfehlen bei Patienten mit Hinchey III/IV Divertikulitis die Sigmaresektion mit primärer Anastomose und proximaler Ableitung vor der Hartmann-Operation in Betracht zu ziehen.

Divertikulitis

(Evidenzlevel mäßig; Empfehlungsgrad schwach)
- Die Hartmann-Operation ist das bevorzugte Verfahren für hämodynamisch instabile Patienten mit perforierter Divertikulitis. (Evidenzlevel niedrig; Empfehlungsgrad stark)
- Wir empfehlen bei instabilen Patienten mit perforierter Divertikulitis "Damage control"-Strategien (Resektion ohne Anastomose, temporärer Abdominalverschluss und Second Look) in Betracht zu ziehen. (Evidenzlevel niedrig; Empfehlungsgrad stark)
- Bei einer notfallmäßigen Hartmann-Operation empfehlen wir, die Resektion auf das akut betroffene Segment zu beschränken und nicht die linke Kolonflexur (Milzflexur) unnötigerweise zu mobilisieren. (Kein Evidenzlevel; Empfehlungsgrad stark)

Operatives Management in der Elektivchirurgie
- Bei Elektiveingriffen wegen Divertikelerkrankung wird ein laparoskopischer Zugang empfohlen, falls machbar. (Evidenzlevel hoch; Empfehlungsgrad stark)
- Es sollte erwogen werden, die elektive Intervall-Sigmaresektion für wenigstens 6 Wochen nach der letzten Episode einer akuten Divertikulitis zu verschieben. (Evidenzlevel niedrig; Empfehlungsgrad schwach)
- Wir empfehlen eine selektive Strategie (auf Basis von Bildgebung und Patientencharakteristik) bei der Platzierung von prophylaktischen Ureter-Stents vor elektiver Chirurgie wegen Divertikulitis. (Kein Evidenzlevel; Empfehlungsgrad schwach)
- Obwohl die Evidenz spezifisch für die Divertikelerkrankung limitiert ist, besteht im Rahmen der elektiven kolorektalen Chirurgie Evidenz, die isosmotische mechanische Darmvorbereitung mit oralen Antibiotika vor dem Eingriff zu empfehlen. (Evidenzlevel mäßig; Empfehlungsgrad stark)
- Der Erhalt der A. mesenterica inferior sollte erwogen werden, um die Gefäßversorgung der Anastomose zu erhalten (solange dies nicht die Bildung einer spannungsfreien Anastomose beeinträchtigt). (Evidenzlevel niedrig; Empfehlungsgrad schwach)
- Es sollte jede Anstrengung unternommen werden, in der Elektivsituation eine primäre Anastomose herzustellen bei komplizierter und unkomplizierter Divertikulitis. (Kein Evidenzlevel; Empfehlungsgrad schwach)
- Obwohl die routinemäßige Mobilisation der Milzflexur durch Evidenz nicht unterstützt wird, empfehlen wir, das Colon descendens vollständig zu mobilisieren, um genügend Länge zu erhalten, um eine spannungsfreie Anastomose herstellen zu können. (Evidenzlevel niedrig; Empfehlungsgrad schwach)
- Wir empfehlen, das Colon proximal des Entzündungsbereichs zu durchtrennen, es sollte kein Versuch unternommen werden, jedes Divertikel proximal des phlegmonösen Bereichs zu resezieren. (Kein Evidenzlevel; Empfehlungsgrad schwach)
- Die distale Durchtrennung wird bei oder unterhalb des rektosigmoidalen Übergangs empfohlen (auf Höhe des sakralen Promontoriums, dort, wo die Taenia coli sich vereinigt), um so das Risiko einer rezidivierenden Divertikulitis zu verringern. (Evidenzlevel niedrig; Empfehlungsgrad stark)
- Wir empfehlen eine handgenähte oder Stapler-Anastomose auf Basis der Präferenz des einzelnen Chirurgen. (Evidenzlevel niedrig; Empfehlungsgrad schwach)
- Obwohl es keine spezifische Evidenz für die Divertikelerkrankung gibt, empfehlen wir auf Basis der Evidenz bei der all-

Tab. 18.1 Modifizierte Hinchey-Klassifikation bei akuter Divertikulitis (nach Bates et al. 2018)

Stadium	Modifizierte Hinchey-Klassifikation
Ia	Divertikulitis ist charakterisiert durch perikolische Phlegmone und assoziierte Entzündung; ohne organisierte Flüssigkeitsansammlung
Ib	Divertikulitis ist charakterisiert durch zusätzlichen perikolischen Abszess (<4 cm) in Nachbarschaft zum Gebiet der Divertikulitis
II	Divertikulitis ist charakterisiert durch einen pelvinen oder Schlingenabszess, oder durch einen Abszess >4 cm
III	Divertikulitis ist charakterisiert durch das Vorhandensein einer purulenten Peritonitis
IV	Divertikulitis ist charakterisiert durch das Vorhandensein einer fäkulenten Peritonitis

gemeinen kolorektalen Population die Verwendung eines Luft-Leck-Testes, um die Integrität der kolorektalen Anastomose zu überprüfen und eine Anastomoseninsuffizienz zu verhindern. (Evidenzlevel niedrig; Empfehlungsgrad stark)
- Es gibt keine Evidenz, die den Routineeinsatz einer abdominellen/pelvinen Drainage in der elektiven Chirurgie der Divertikulitis unterstützt. Wir empfehlen, die Entscheidung, eine abdominelle oder pelvine Drainage nach elektiver Resektion einer komplizierten Divertikelerkrankung zu platzieren, der Entscheidung des Chirurgen zu überlassen. (Kein Evidenzlevel; Empfehlungsgrad schwach)
- Wir empfehlen die elektive Resektion bei Patienten mit symptomatischer Divertikelerkrankung, die die Lebensqualität negativ beeinflusst. (Evidenzlevel mäßig; Empfehlungsgrad stark)
- Wir empfehlen falls machbar einen laparoskopischen Zugang zur elektiven Resektion der Divertikelerkrankung, um das kurzfristige funktionelle Ergebnis und die Lebensqualität zu verbessern. (Evidenzlevel mäßig; Empfehlungsgrad stark)
- Ein laparoskopischer Zugang wird für die elektive Resektion der Divertikelerkrankung bei adipösen Patienten empfohlen, falls machbar. (Evidenzlevel niedrig; Empfehlungsgrad schwach)
- Falls bei immunkompromittierten Patienten eine elektive Resektion der komplizierten Divertikelerkrankung in Betracht gezogen wird, empfehlen wir eine niedrigere Schwelle hinsichtlich der Stomaanlage. (Evidenzlevel niedrig; Empfehlungsgrad schwach)

Anmerkung: In diesem Konsensuspapier wurde zur Klassifikation der akuten Divertikulitis die modifizierte Hinchey-Klassifikation verwendet (Tab. 18.1).

Literatur

Bates DDB, Fernandez MB, Ponchiardi C, von Plato M, Teich JP, Narsule C, Anderson SW, Gupta A, LeBedis CA (2018) Surgical management in acute diverticulitis and its association with multi-detector CT, modified Hinchey classification, and clinical parameters. Abdom Radiol (NY) 43:2060–2065

Francis NK, Sylla P, Abou-Khalil M, et al (2019) EAES and SAGES 2018 consensus conference on acute diverticulitis management: evidence-based recommendations for clinical practice. Surg Endosc 33:2726–2741.

Entzündliche Darmerkrankungen – Morbus Crohn und Colitis ulcerosa

Reinhart T. Grundmann und E. Sebastian Debus

Inhaltsverzeichnis

19.1 ERAS allgemein – 152

19.2 Spezielle Fragestellungen – 153
19.2.1 Perioperatives Management generell – 153
19.2.2 Perioperative Ernährung – 153
19.2.3 Perioperative Antibiotikaprophylaxe – 154
19.2.4 Perioperative Bluttransfusion – 155
19.2.5 Thromboembolieprophylaxe – 155

Literatur – 156

© Der/die Autor(en), exklusiv lizenziert durch Springer-Verlag GmbH, DE, ein Teil von Springer Nature 2021
R. T. Grundmann und E. S. Debus (Hrsg.), *Evidenzbasiertes perioperatives Management in der Viszeralchirurgie*,
Evidenzbasierte Chirurgie, https://doi.org/10.1007/978-3-662-62848-5_19

19.1 ERAS allgemein

Spezifische Erfahrungen mit ERAS-Protokollen bei chirurgische Eingriffen wegen entzündlichen Darmerkrankungen liegen nur als Beobachtungsstudien vor. D'Andrea et al. (2020) berichteten retrospektiv über eine signifikante Abnahme von Wundinfektionsraten, Ileus und Anastomosenleckagen nach Einführung eines ERAS-Protokolls bei kolorektalen Resektionen wegen entzündlicher Darmerkrankung, wobei zwischen laparoskopischem und offenem Vorgehen nicht unterschieden wurde. In einer weiteren Erhebung zu ERAS bei M. Crohn wurden die Patenten mehrheitlich laparoskopisch versorgt und es wurden nur Patienten mit ileozökaler Resektion aufgenommen (Mineccia et al. 2020). Die Ergebnisse bei ERAS vs. Standardbehandlung wurden Propensity-Score gematcht verglichen. Patienten der ERAS-Gruppe zeigten einen signifikant kürzeren Krankenhausaufenthalt, frühere Darmtätigkeit und frühere Nahrungsaufnahme. Hinsichtlich postoperativen Komplikationen unterschieden sich beide Gruppen nicht. Zu identischen Ergebnissen kamen Spinelli et al. (2013) in einer Fall-Kontrollstudie, in der ein ERAS-Protokoll bei Patienten mit laparoskopischer Ileozökalresektion wegen M. Crohn umgesetzt wurde. In dieser Untersuchung wurden Anforderungen an ERAS – wie keine Darmvorbereitung, kein präoperatives Fasten, Entfernung der nasogastrischen Sonde bei Extubation – zu 100 % befolgt, frühe Mobilisierung des Patienten innerhalb des ersten postoperativen Tages gelang zu 90 %, die frühe Aufnahme fester Nahrung innerhalb des ersten postoperativen Tages in 80 %. Lediglich der Verzicht auf eine intraabdominelle Drainage wurde nur in 10 % der Fälle umgesetzt (◘ Tab. 19.1).

◘ **Tab. 19.1** ERAS bei laparoskopischer Ileozökalresektion wegen M. Crohn (nach Spinelli et al. 2013).

Präoperativ	Compliance
- Multidisziplinäre Patientenaufklärung	
- Keine Darmvorbereitung	100 %
- Kein Fasten; Flüssigkeit bis 2 h, feste Nahrung bis 6 Stunden vor Operation	100 %
- Keine Prämedikation mit Midazolam	
Intraoperativ	
- Laparoskopische Standardtechnik	
- Ultrakurzwirksame Opioide (Remifentanil)	
- Flüssigkeitsrestriktion (max. 1.500 ml)	100 %
– Keine intraabdominelle Drainage	10 %
Postoperativ	
- Entfernung der Magensonde beim Aufwachen	100 %
- Frühe Mobilisation 2 Std. nach dem Eingriff	
- Frühe Mobilisation innerhalb des 1.Tages pOp	90 %
- Frühe Nahrungszufuhr, Flüssigkeit Tag 0 pOp, feste Nahrung Tag 1 pOp	
- Feste Nahrung Tag 1 pOp	80 %
- Opioid-freie Analgesie (Paracetamol + Ibuprofen)	85 %
- Entfernung des Blasenkatheters Tag 1 pOp	100 %

19.2 Spezielle Fragestellungen

19.2.1 Perioperatives Management generell

Zum perioperativen Management von Patienten mit M. Crohn oder Colitis ulcerosa liegt eine Übersicht von Barnes et al. (2020) vor. Wesentliche Empfehlungen sind:
I. Präoperative Pharmakotherapie
   – Begrenze die Einnahme von Kortikosteroiden
   – Der perioperative Einsatz von Immunmodulatoren erhöht nicht das Risiko unerwünschter postoperativer Ereignisse
   – Verzögere nicht den Eingriff aufgrund der präoperativen Exposition von Biologika
II. Perioperative Ernährung
   – Ein enteraler Zugang ist bevorzugt
   – Wenn eine Mangelernährung diagnostiziert wird, kann es nötig sein, die Darmresektion bei M. Crohn zu verschieben
   – Eine frühe enterale Ernährung innerhalb 24 h nach dem Eingriff ist mit einem verbesserten Outcome assoziiert
III. Postoperatives Protokoll
   – Begrenze die Einnahme von Kortikosteroiden
   – Frühe Mobilisation (Umhergehen)
   – Minimiere die intravenöse Flüssigkeitszufuhr
   – Frühe enterale Ernährung und Konsultation eines Ernährungsberaters
   – Blutzuckerkontrolle
   – Multimodale Schmerztherapie und Medikation gegen PONV
   – Nicht-Opioid Analgesie
   – Thromboembolieprophylaxe
   – Beratung, das Rauchen aufzugeben (falls zutreffend)

19.2.2 Perioperative Ernährung

Die European Society for Clinical Nutrition and Metabolism (ESPEN) hat Praxisleitlinien zur klinischen Ernährung bei entzündlichen Darmerkrankungen erstellt (Bischoff et al. 2020). Bei den chirurgischen Aspekten wird u. a. ausgeführt:
– In den meisten Elektivfällen soll kein präoperatives Fasten von Mitternacht an durchgeführt werden – stattdessen kann ein ERAS-Protokoll verwendet werden.
– Bei chirurgischen Notfallpatienten sollte eine medizinische Ernährung (enteral/parenteral) eingeleitet werden, wenn der Patient zum Zeitpunkt des Eingriffs mangelernährt ist oder wenn eine orale Ernährung nicht innerhalb 7 Tagen nach dem Eingriff empfohlen werden kann.
– Patienten, die ihren Energiebedarf und / oder Proteinbedarf nicht durch normale Ernährung decken können, sollen ermutigt werden, orale Nahrungsergänzungsmittel während der perioperativen Phase zu sich zu nehmen.
– Patienten, die ihren Energiebedarf und / oder Proteinbedarf nicht durch normale Ernährung + orale Nahrungsergänzungsmittel decken können, sollen eine enterale Ernährung während der perioperativen Phase erhalten.
– Wenn eine Mangelernährung diagnostiziert wird, sollte wenn immer möglich ein Eingriff wegen entzündlicher Darmerkrankung für 7 bis 14 Tage aufgeschoben werden, und diese Zeit sollte für eine intensive medizinische Ernährung genutzt werden. Anmerkung: ein „schweres" Ernährungsrisiko besteht, wenn wenigstens eines der drei Kriterien erfüllt ist
   – Gewichtsverlust von 10 bis 15 % innerhalb 6 Monaten

- BMI <18,5 kg/m²
- Serumalbumin <30 g/l (bei fehlender Evidenz für eine Leber- oder Nierendysfunktion).
- Die enterale Ernährung sollte immer der parenteralen vorgezogen werden, aber eine Kombination von enteraler und parenteraler Ernährung sollte bei Patienten in Betracht gezogen werden, bei denen die Indikation zur Ernährungsunterstützung besteht und bei denen >60 % des Energiebedarfs nicht auf enteralem Weg gedeckt werden können.
- Mit normaler Nahrungsaufnahme oder enteraler Ernährung kann früh nach dem Eingriff bei den meisten Patienten mit entzündlicher Darmerkrankung begonnen werden. In der Remissionsphase müssen keine spezifischen Diäten befolgt werden.
- Wenn mehr als 20 cm des distalen Ileums, mit und ohne Kombination mit der Ileozoekalklappe, reseziert werden, soll Vitamin B12 bei Patienten mit M. Crohn supplementiert werden.
- Selektierte Patienten mit entzündlicher Darmerkrankung, z. B. solche mit Sulphasalazin- und Methotrexatbehandlung, sollten mit Vitamin B9/Folsäure supplementiert werden.

Die Empfehlungen der European Crohn's and Colitis Organisation (ECCO) entsprechen denen der ESPEN, ergänzt kann werden (Adamina et al. 2020):
- Es gibt keinen Beleg, der die routinemäßige Durchführung einer enteralen oder parenteralen Ernährung unterstützt, um das chirurgische Ergebnis bei Patienten mit Colitis ulcerosa zu verbessern.
- In der elektiven Chirurgie der entzündlichen Darmerkrankungen sollte den Patienten eine orale Ernährung mit Beginn am Operationstag angeboten werden, entsprechend den ERAS-Prinzipien.
- Probiotika können helfen, eine akute Pouchitis zu verhindern und die Remission einer chronischen Pouchitis zu erhalten. Probiotika sind nicht indiziert bei mäßiger Pouchitis.
- Probiotika sind nicht indiziert als prophylaktische Behandlung eines postoperativen Rezidivs nach chirurgischem Eingriff bei M. Crohn.
- Es gibt keine spezifischen Ernährungsmaßnahmen für Patienten mit ilealer Pouch-analer Anastomose. Jedoch ist eine Beratung hinsichtlich Flüssigkeits- und Ballaststoffaufnahme nützlich und ein Monitoring hinsichtlich Anämie, Vitamin B12-Mangel und Osteopenie langfristig indiziert.

19.2.3 Perioperative Antibiotikaprophylaxe

Patienten mit entzündlicher Darmerkrankung haben aufgrund der Begleitmedikation ein erhöhtes Wundinfektionsrisiko im Vergleich zu Patienten, bei denen eine Darmresektion aufgrund anderer Ursache vorgenommen wird. Uchino et al. (2019) überprüften deshalb in einer randomisierten prospektiven einfach-geblindeten Studie, ob bei Patienten mit M. Crohn die perioperative intravenöse Antibiotikaprophylaxe mit einer oralen Antibiotikaprophylaxe kombiniert werden sollte. Aufgenommen in die Studie wurden Patienten mit M. Crohn, bei denen eine offene Darmresektion vorgenommen wurde. Alle Patienten erhielten eine intravenöse perioperative Antibiotikaprophylaxe mit einem Cephalosporin der 2. Generation für 24 h, in der Therapiegruppe wurden zusätzlich am Tag vor dem Eingriff 500 mg Kanamycin und 500 mg Metronidazol um 14:00 Uhr, 15:00 Uhr und 21:00 Uhr oral verabreicht.

> In der Gruppe mit zusätzlicher oraler Antibiose wurden signifikant weniger Wundinfektionen im Bereich der Inzision beobachtet, organspezifische intraabdominelle Infektionen waren allerdings

zwischen beiden Gruppen nicht unterschiedlich.

Aufgrund der geringeren Zahl an Wundinfekten empfahlen die Autoren die orale Antibiose. Damit bestätigten sich die Ergebnisse einer früheren randomisierten Studie, in der die zusätzliche orale Antibiose bei Patienten mit Colitis ulcerosa und offener restaurativer Proktokolektomie einer alleinigen intravenösen Antibiotikaprophylaxe hinsichtlich der Wundinfektionsraten ebenfalls signifikant überlegen war (Oshima et al. 2013).

19.2.4 Perioperative Bluttransfusion

Die meisten Patienten mit Eingriffen wegen M. Crohn kommen ohne Bluttransfusion aus, wie eine Analyse von 10.000 Patienten der American College of Surgeons National Surgical Quality Improvement Program (ACS NSQIP) – Datenbasis demonstrierte (Lan et al. 2018). In dieser Registererhebung erhielten nur 611 (6 %) Patienten eine Bluttransfusion perioperativ. In der multivariaten Analyse war eine intra-/postoperative Bluttransfusion ein unabhängiger Risikofaktor für postoperative infektiöse Komplikationen, mit zunehmendem Risiko bei ansteigender Transfusionsrate. Die Daten bestätigen die Ergebnisse einer Monozenterstudie, in der bei Patienten mit Colitis ulcerosa und Ileo-Pouch-analer Anastomose das Risiko infektiöser Komplikationen (einschließlich Wundinfektionen) signifikant anstieg, wenn die Patienten in einer Spanne von Hb ≥ 7 und <10 g/dl transfundiert wurden im Vergleich zu Patienten, bei denen in diesem Bereich keine Transfusion erfolgte (Gorgun et al. 2016). Die Empfehlungen zur restriktiven Bluttransfusion [Abschn. 1.4] sollten demnach auch bei Eingriffen wegen entzündlichen Darmkrankungen strikt eingehalten werden.

19.2.5 Thromboembolieprophylaxe

> Die klinischen Praxisleitlinien der American Society of Colon and Rectal Surgeons (Fleming et al. 2018) vermerken, dass Patienten mit entzündlicher Darmkrankung ein hohes Risiko für eine tiefe Venenthrombose haben, ausgewählte Patienten profitieren demnach von einer verlängerten postoperativen Prophylaxe.

Der Empfehlungsgrad ist aber schwach, die Qualität der Evidenz sehr gering.

McKenna et al. (2020) sahen hingegen kein spezifisch erhöhtes Thromboembolierisiko für Patienten mit entzündlichen Darmerkrankungen. Sie fanden in der American College of Surgeons National Surgical Quality Improvement Project (ACS NSQIP)- Datenbank der Jahre 2005 bis 2016 unter 231.718 Patienten mit größeren Baucheingriffen 4426 Patienten (1,9 %) mit venöser Thromboembolie (VTE). Die VTE-Rate hing von der Größe des Eingriffs ab, mit lediglich 0,7 % bei Enterotomien bis 5,3 % bei offenen subtotalen Kolektomien. Die Diagnosen Colitis ulcerosa oder M. Crohn per se spielten keine Rolle als Risikofaktoren für eine VTE, das VTE-Risiko hing von der Größe des Eingriffs und Faktoren wie Adipositas oder Notfalleingriff ab. Die Folgerung war, dass eine über den stationären Aufenthalt hinaus verlängerte postoperative VTE-Prophylaxe bei allen Hochrisikopatienten zu erwägen ist, unabhängig von der Diagnose, die zum Eingriff führte. Im Gegensatz hierzu beobachteten in einer früheren Analyse der NSQIP-Datenbank Gross et al. (2014) bei einem Vergleich von 8888 Patienten mit entzündlicher Darmkrankung mit 37.076 Patienten mit kolorektalem Karzinom bei Patienten mit entzündlicher Darmkrankung eine signifikant erhöhte postoperative VTE-Rate (2,7 % vs. 2,1 %). Sie empfahlen für alle Patienten mit entzündlicher Darmkrankung nach einem größeren bauchchirurgischen Eingriff die ausgedehnte medikamentöse VTE-Prophylaxe für 4 Wochen nach Entlassung aus stationärer Behandlung.

Eine dritte Untersuchung schloss 75.620 Patienten mit Kolonresektion ein, 32.020 bei Kolonkarzinom, 9850 Patienten mit entzündlichen Darmerkrankungen und 33.750 Patienten mit Divertikulitis (Ali et al. 2018). Die VTE-Inzidenz war bei Karzinom und entzündlichen Darmerkrankungen nach 30 Tagen signifikant höher als bei Divertikulitis (2,9 % vs. 3.1 % vs. 2,4 %). Die erhöhte VTE-Rate bei entzündlichen Darmerkrankungen beruhte hauptsächlich auf Patienten mit Colitis ulcerosa, hier war die VTE-Rate mit 4,1 % signifikant höher als bei M. Crohn (2,1 %). Karzinom-Patienten hatten ebenfalls ein höheres VTE-Risiko als Crohn-Patienten. Diese Autoren untersuchten auch das kumulative VTE-Risiko 90 Tage nach Kolonresektion. Es betrug bei Karzinompatienten und solchen mit entzündlicher Darmerkrankung gleichermaßen 4,3 %, was für eine verlängerte poststationäre VTE-Prophylaxe bei Risikopatienten spricht.

Literatur

Adamina M, Gerasimidis K, Sigall-Boneh R et al (2020) Perioperative dietary therapy in inflammatory bowel disease. J Crohns Colitis 14:431–444

Ali F, Al-Kindi SG, Blank JJ, Peterson CY, Ludwig KA, Ridolfi TJ (2018) Elevated venous thromboembolism risk following colectomy for IBD is equal to those for colorectal cancer for ninety days after surgery. Dis Colon Rectum 61:375–381

Barnes EL, Lightner AL, Regueiro M (2020) Perioperative and postoperative management of patients with Crohn's disease and ulcerative colitis. Clin Gastroenterol Hepato 18:1356–1366

Bischoff SC, Escher J, Hébuterne X, Kłęk S, Krznaric Z, Schneider S, Shamir R, Stardelova K, Wierdsma N, Wiskin AE, Forbes A (2020) ESPEN practical guideline: clinical nutrition in inflammatory bowel disease. Clin Nutr 39:632–653

D'Andrea AP, Khetan P, Miller R, Sylla P, Divino CM (2020) Outcomes after bowel resection for inflammatory bowel disease in the era of surgical care bundles and enhanced recovery. J Gastrointest Surg 24:123–131

Fleming F, Gaertner W, Ternent CA, Finlayson E, Herzig D, Paquette IM, Feingold DL, Steele SR (2018) The American society of colon and rectal surgeons clinical practice guideline for the prevention of venous thromboembolic disease in colorectal surgery. Dis Colon Rectum 61:14–20

Gorgun E, Ozben V, Stocchi L, Ozuner G, Liu X, Remzi F (2016) Impact of transfusion threshold on infectious complications after ileal pouch-anal anastomosis. J Gastrointest Surg 20:343–350

Gross ME, Vogler SA, Mone MC, Sheng X, Sklow B (2014) The importance of extended postoperative venous thromboembolism prophylaxis in IBD: a national surgical quality improvement program analysis. Dis Colon Rectum 57:482–489

Lan N, Stocchi L, Li Y, Shen B (2018) Perioperative blood transfusion is associated with post-operative infectious complications in patients with Crohn's disease. Gastroenterol Rep (oxf) 6:114–121

McKenna NP, Bews KA, Behm KT, Mathis KL, Lightner AL, Habermann EB (2020) Do patients with inflammatory bowel disease have a higher postoperative risk of venous thromboembolism or do they undergo more high-risk operations? Ann Surg 271:325–331

Mineccia M, Menonna F, Germani P, Gentile V, Massucco P, Rocca R, Ferrero A (2020) A retrospective study on efficacy of the ERAS protocol in patients undergoing surgery for Crohn disease: a propensity score analysis. Dig Liver Dis 52:625–629

Oshima T, Takesue Y, Ikeuchi H, Matsuoka H, Nakajima K, Uchino M, Tomita N, Sasako M (2013) Preoperative oral antibiotics and intravenous antimicrobial prophylaxis reduce the incidence of surgical site infections in patients with ulcerative colitis undergoing IPAA. Dis Colon Rectum 56:1149–1155

Spinelli A, Bazzi P, Sacchi M, Danese S, Fiorino G, Malesci A, Gentilini L, Poggioli G, Montorsi M (2013) Short-term outcomes of laparoscopy combined with enhanced recovery pathway after ileocecal resection for Crohn's disease: a case-matched analysis. J Gastrointest Surg 17:126–32; discussion S. 132.

Uchino M, Ikeuchi H, Bando T, Chohno T, Sasaki H, Horio Y, Nakajima K, Takesue Y (2019) Efficacy of preoperative oral antibiotic prophylaxis for the prevention of surgical site infections in patients with Crohn disease: a randomized controlled trial. Ann Surg 269:420–426

Appendizitis/ Appendektomie

Reinhart T. Grundmann und E. Sebastian Debus

Inhaltsverzeichnis

20.1 Leitlinien – 158

20.2 Spezielle Fragestellungen – 159
20.2.1 Postoperative Antibiotikatherapie bei komplizierter Appendizitis – 159
20.2.2 Drainage bei offener Appendektomie – 159
20.2.3 Postoperative Übelkeit und Erbrechen – 160
20.2.4 Thromboembolieprophylaxe – 160
20.2.5 Tageschirurgie – 160

Literatur – 161

© Der/die Autor(en), exklusiv lizenziert durch Springer-Verlag GmbH, DE, ein Teil von Springer Nature 2021
R. T. Grundmann und E. S. Debus (Hrsg.), *Evidenzbasiertes perioperatives Management in der Viszeralchirurgie*,
Evidenzbasierte Chirurgie, https://doi.org/10.1007/978-3-662-62848-5_20

20.1 Leitlinien

Die European Association of Endoscopic Surgery (EAES) machte zum perioperativen Management bei akuter Appendizitis auf Basis einer Konsensuskonferenz die folgenden Angaben (Aussagen mit > 80 % Zustimmung) (Gorter et al. 2016):

Präoperativ
- Der Ultraschall erhöht verlässlich die Wahrscheinlichkeit einer akuten Appendizitis, aber schließt die Diagnose Appendizitis nicht zuverlässig aus.
- Ein CT-Scan mit Kontrastmittel ist in der Diagnostik der Appendizitis dem Ultraschall überlegen.
- Die laparoskopische Appendektomie ist eine sichere und effektive Behandlung der unkomplizierten Appendizitis.

Perioperativ
- Wir empfehlen, dass der Eingriff so bald wie möglich nach Diagnosestellung durchgeführt wird.
- Prophylaktische Antibiotika werden bei der Appendektomie des Erwachsenen und bei Kindern empfohlen.
- Es wird vorgeschlagen, dass es keine Indikation für die routinemäßige postoperative Platzierung einer nasogastrischen Sonde bei Kindern und Erwachsenen gibt.
- Es wird vorgeschlagen, dass es keine Indikation für die routinemäßige postoperative Platzierung eines Katheters bei Kindern und Erwachsenen gibt.
- Es wird vorgeschlagen, die „normal" aussehende Appendix bei einer Operation wegen Appendizitisverdacht zu entfernen, falls keine andere Pathologie vorliegt.
- Ein primärer Wundverschluss wird für alle Fälle von offener Appendektomie empfohlen.
- Es wird empfohlen, dass alle Appendices zur pathologischen Untersuchung gesandt werden und der Chirurg die Ergebnisse begutachtet.

Postoperativ
- Es fehlt Evidenz zu der Frage der Dauer der postoperativen Antibiotikagabe.
- Es gibt keine Evidenz für die postoperative Antibiotikagabe bei unkomplizierter Appendizitis.
- Bei komplizierter Appendizitis werden postoperativ Antibiotika empfohlen.
- Es gibt keinen Grund für eine postoperative Nahrungsrestriktion nach unkomplizierter Appendektomie.

Die Leitlinien der World Society of Emergency Surgery (WSES) (Di Saverio et al. 2020) gehen mit diesen Aussagen im Wesentlichen konform, sodass hier nur einige Ergänzungen angeführt werden:

Perioperativ
- Wir empfehlen die Akzeptanz der ambulanten laparoskopischen Appendektomie für die unkomplizierte Appendizitis, vorausgesetzt, es wurde lokal ein ambulanter Ablaufpfad mit einem gut definierten ERAS-Protokoll und Patienteninformation/Zustimmung entwickelt.
- Wir empfehlen das ausschließliche Absaugen intraabdomineller Ansammlungen bei komplizierter Appendizitis und laparoskopischer Appendektomie. [d. h. keine zusätzliche peritoneale Spülung]
- Wir sprechen uns gegen eine Drainage nach Appendektomie bei komplizierter Appendizitis des Erwachsenen und bei Kindern aus.
- Wir empfehlen die Verwendung von Wund-Ring-Protektoren bei offener Appendektomie, um das Wundinfektionsrisiko zu senken.
- Wir empfehlen den primären Wundverschluss mit einer einzelnen absorbierbaren Intrakutannaht bei offener Appendektomie.
- Wir empfehlen für die komplizierter Appendizitis mit periappendikulärem Abszess die nicht-operative Behandlung mit Antibiotika und – falls verfügbar – die perkutane Drainage in einem Umfeld,

Appendizitis/Appendektomie

in dem die laparoskopische Expertise nicht vorhanden ist.
– Wir empfehlen den laparoskopischen Zugang als Behandlungsverfahren der Wahl für Patienten mit komplizierter Appendizitis mit Phlegmone oder Abszess, falls fortgeschrittene laparoskopische Expertise vorhanden ist, mit einer niedrigen Hemmschwelle zur Konversion.

Postoperativ
– Wir empfehlen die präoperative Einmalgabe eines Breitspektrum-Antibiotikums bei Patienten mit akuter Appendizitis, die sich einer Appendektomie unterziehen. Wir sprechen uns gegen die postoperative Antibiose bei Patienten mit unkomplizierter Appendizitis aus.
– Wir sprechen uns gegen eine verlängerte postoperative Antibiotikatherapie von mehr als 3–5 Tagen bei komplizierter Appendizitis mit adäquater Kontrolle des Ausgangspunktes aus.
– Wir empfehlen das frühe Wechseln (nach 48 h) auf eine orale postoperative Gabe von Antibiotika bei Kindern mit komplizierter Appendizitis, mit einer Gesamt-Therapiedauer von weniger als sieben Tagen.
– Bei Kindern, die wegen unkomplizierter akuter Appendizitis operiert wurden, sprechen wir uns gegen eine postoperative Antibiotikatherapie aus.

20.2 Spezielle Fragestellungen

20.2.1 Postoperative Antibiotikatherapie bei komplizierter Appendizitis

In eine dänische retrospektive Nicht-Unterlegenheitsstudie (Kleif et al. 2017a) wurden 1141 Patienten mit komplizierter Appendizitis aufgenommen. Standard bei komplizierter Appendizitis war die postoperative Antibiotikagabe über 3 Tage, entweder parenteral oder enteral, ca. 90 % der Patienten wurden laparoskopisch versorgt. Die Wundinfektionsrate machte 1,2 %, die Rate an intraabdominellen Abszessen 6,7 % aus.

> In dieser Erhebung hatten Patienten mit enteraler Antibiotikaapplikation nach laparoskopischer Appendektomie kein höheres Abszessrisiko als solche mit parenteraler Antibiotikagabe, die enterale Gabe ist der parenteralen postoperativen Antibiotikagabe nicht unterlegen.

Zur Dauer der postoperativen Antibiotikatherapie bei komplizierter Appendizitis liegen mehrere Erhebungen vor. Sawyer et al. (2015) zeigten in einer randomisierten Studie, dass nach Infektsanierung bei intraabdomineller Infektion eine postoperative Antibiotikatherapie über 4 Tage einer Behandlung über 8 Tage nicht unterlegen ist. Eine niederländische prospektive Multizenterstudie fand nach laparoskopischer Appendektomie bei komplizierter Appendizitis keine Unterschiede in der Entwicklung infektiöser Komplikationen in Abhängigkeit von der Dauer der Therapie über 3 vs. 5 Tage (van Rossem et al. 2016). Die Ergebnisse bestätigten damit die einer früheren Beobachtungsstudie (van Rossem et al. 2014).

> In Anbetracht der potenziellen Entwicklung resistenter Keime plädierten die Autoren für eine postoperative Antibiotikatherapie von nicht mehr als 3 Tagen bei komplizierter Appendizitis.

20.2.2 Drainage bei offener Appendektomie

Ein Cochrane Review verglich eine abdominelle Drainage vs. keine Drainage bei Patienten, die sich notfallmäßig einer offenen Appendektomie wegen komplizierter Appendizitis unterziehen musste (Li et al. 2018). Basis waren 6 randomisierte Studien (521 Patienten). Die Autoren kamen zu dem Schluss, dass es ungewiss ist, ob eine Drainage intraabdominelle Abszesse oder Wundinfektionen verhindern kann, es gibt keine Evidenz für eine klinische Verbesserung bei Patienten mit offener Appendektomie wegen komplizierter Appendizitis. Im Gegenteil, Evidenz sehr schwacher Qualität deutete eine erhöhte Morbidität nach 30 Tagen bei Anlage einer Drainage an.

20.2.3 Postoperative Übelkeit und Erbrechen

Zur Frage der präoperativen Dexamethasongabe (8 mg, 30 min vor Hautinzision) zwecks Verhinderung von PONV bei laparoskopischer Appendektomie liegt eine kleine Plazebo-kontrollierte Doppelblindstudie vor (Kleif et al. 2017b). Dexamethason war nicht in der Lage, die Inzidenz von PONV um relativ 50 % (das vorgegebene Ziel) zu reduzieren. Zur PONV-Prophylaxe kann demnach Dexamethason bei laparoskopischer Appendektomie nicht empfohlen werden. Jedoch war die Gabe in der Lage, Schmerzen, Fatigue und Opioid-Verbrauch zu verringern und verbesserte die selbstberichtete Lebensqualität der Patienten am ersten postoperativen Tag.

20.2.4 Thromboembolieprophylaxe

Zur Thromboembolieprophylaxe bei Patienten mit Appendektomie gibt es aufgrund mangelnder Daten keine eindeutigen Empfehlungen. Masoomi et al. (2011) sahen in der Nationwide Inpatient Sample der Jahre 2006 bis 2008 (573.244 erwachsene Patienten) bei Appendektomie wegen nicht-perforierter Appendizitis nach laparoskopischer bzw. offener Appendektomie Lungenembolien in 0,02 bzw. 0,01 % und tiefe Venenthrombosen in 0,02 bzw. 0,04 %. Bei Appendektomie wegen perforierter Appendizitis war das Risiko höher, Lungenembolien in 0,08 bzw. 0,12 %, tiefe Venenthrombosen in 0,08 bzw. 0,18 %. In einer Kohortenstudie mit 13.441 Patienten, die notfallmäßig appendektomiert wurden, fanden Humes et al. (2016) im erstem Jahr nach Appendektomie bei insgesamt 0,4 % der Patienten eine symptomatische VTE. Das absolute Risiko war am höchsten in der ersten und zweiten Woche nach Entlassung und erreichte wieder nach 3 Monaten Durchschnittswerte. Die Autoren bezeichneten die Thromboembolieprophylaxe bei Appendektomie als indiziert. Über die Dauer konnten sie keine Angaben machen, nannten aber bei Hochrisikopatienten (Patienten mit verlängertem stationärem Aufenthalt oder älteren Patienten) eine Dauer von möglicherweise 14 Tagen nach Krankenhausaufenthalt als adäquat.

20.2.5 Tageschirurgie

Trejo-Avila et al. (2019a) fasste in einer systematischen Übersicht und Metaanalyse von 5 Vergleichsuntersuchungen (darunter eine randomisierte kontrollierte Studie) die Ergebnisse bei ambulanter Appendektomie (definiert als Krankenhausaufenthalt von nicht mehr als 12 h) zusammen. Ausschlusskriterien für einen ambulanten Eingriff waren:
- Schwangere Frauen
- Patienten mit oralen Antikoagulantien
- Schwere Komorbidität
- Intraoperative Bestätigung von Gangrän oder Perforation
- Generalisierte Peritonitis, schwere Sepsis
- Inzidentelle Appendektomie

- Appendektomie zusammen mit einem weiteren Eingriff
- Ungenügendes Patientenverständnis
- Wohnort mit einer Entfernung von >1 Std Transportzeit

Die Eingriffe erfolgten laparoskopisch in Allgemeinanästhesie. Die chirurgischen Inzisionen wurden mit Lokalanästhetika infiltriert, Drainagen wurden nicht platziert. Voraussetzungen für die Entlassung waren:
- Normale Vitalzeichen, adäquate Aktivität
- Adäquate Schmerzkontrolle
- Fähigkeit, zu urinieren
- Fähigkeit, zu gehen
- Toleranz für orale Nahrungsaufnahme
- Keine Übelkeit oder Erbrechen
- Verband trocken, keine Zeichen eine Blutung.

Unter diesen Voraussetzungen war die postoperative Morbidität in der Gruppe der ambulanten Eingriffe geringer als in der Kontrollgruppe. Gleiches galt für die Rate der Wiederaufnahmen. Die Daten demonstrierten, dass in ausgewählten Fällen die ambulante laparoskopische Appendektomie bei akuter unkomplizierter Appendizitis machbar ist. Die Autoren inkludierten in diese Metaanalyse die Ergebnisse einer eigenen randomisierten Studie mit insgesamt 108 Patienten, in der die Sicherheit dieses Vorgehens demonstriert wurde (Trejo-Avila et al. 2019b).

Eine Machbarkeitsstudie zur ambulanten laparoskopischen Appendektomie bei 382 Kindern, die meisten zwischen 7 und 12 Jahren alt, berichteten Gee et al. (2020). Zwei Kinder mussten wieder aufgenommen werden, einmal wegen nicht behandelbaren Schmerzen und einmal wegen intraabdominellem Abszess. Zusätzliche ambulante Behandlungen waren bei 33 Kindern wegen Schmerzen, bei 10 wegen Übelkeit und Erbrechen und bei 4 wegen oberflächlichen Wundinfekten notwendig.

Literatur

Di Saverio S, Podda M, De Simone B et al (2020) Diagnosis and treatment of acute appendicitis: 2020 update of the WSES Jerusalem guidelines. World J Emerg Surg 15:27

Gee K, Ngo S, Burkhalter L, Beres AL (2018) Safety and feasibility of same-day discharge for uncomplicated appendicitis: a prospective cohort study. J Pediatr Surg 53:988–990

Gorter RR, Eker HH, Gorter-Stam MA et al (2016) Diagnosis and management of acute appendicitis. EAES consensus development conference 2015. Surg Endosc 30:4668–4690

Humes DJ, Walker AJ, Hunt BJ, Sultan AA, Ludvigsson JF, West J (2016) Risk of symptomatic venous thromboembolism following emergency appendicectomy in adults. Br J Surg 103:443–450

Kleif J, Rasmussen L, Fonnes S, Tibæk P, Daoud A, Lund H, Gögenur I (2017a) Enteral antibiotics are non-inferior to intravenous antibiotics after complicated appendicitis in adults: a retrospective multicentre non-inferiority study. World J Surg 41:2706–2714

Kleif J, Kirkegaard A, Vilandt J, Gögenur I (2017b) Randomized clinical trial of preoperative dexamethasone on postoperative nausea and vomiting after laparoscopy for suspected appendicitis. Br J Surg 104:384–392

Li Z, Zhao L, Cheng Y, Cheng N, Deng Y. (2018) Abdominal drainage to prevent intra-peritoneal abscess after open appendectomy for complicated appendicitis. *Cochrane Database Syst Rev* 5(5):CD010168.

Masoomi H, Mills S, Dolich MO, Ketana N, Carmichael JC, Nguyen NT, Stamos MJ (2011) Comparison of outcomes of laparoscopic versus open appendectomy in adults: data from the Nationwide Inpatient Sample (NIS), 2006–2008. J Gastrointest Surg 15:2226–2231

Sawyer RG, Claridge JA, Nathens Abet al., STOP-IT Trial Investigators (2015) Trial of short-course antimicrobial therapy for intraabdominal infection. N Engl J Med 372:1996–2005

Trejo-Avila M, Cárdenas-Lailson E, Valenzuela-Salazar C, Herrera-Esquivel J, Moreno-Portillo M (2019a) Ambulatory versus conventional laparoscopic appendectomy: a systematic review and meta-analysis. Int J Colorectal Dis 34:1359–1368

Trejo-Avila M, Romero-Loera S, Cárdenas-Lailson E, Blas-Franco M, Delano-Alonso R, Valenzuela-Salazar C, Moreno-Portillo M (2019b) Enhanced recovery after surgery protocol allows ambulatory laparoscopic appendectomy in uncomplicated acute appendicitis: a prospective, randomized trial. Surg Endosc 33:429–436

van Rossem CC, Schreinemacher MH, van Geloven AA, Bemelman WA; Snapshot Appendicitis Collaborative Study Group (2016) Antibiotic duration after laparoscopic appendectomy for acute complicated appendicitis. JAMA Surg 151:323–329

van Rossem CC, Schreinemacher MH, Treskes K, van Hogezand RM, van Geloven AA (2014) Duration of antibiotic treatment after appendicectomy for acute complicated appendicitis. Br J Surg 101:715–719

Cholezystektomie

Reinhart T. Grundmann und E. Sebastian Debus

Inhaltsverzeichnis

21.1 Praxisleitlinie zur Vermeidung von Gallengangsverletzungen – 164

21.2 Spezielle Fragestellungen – 164
21.2.1 Antibiotikaprophylaxe – 164
21.2.2 Drainage – 166
21.2.3 Postoperative Übelkeit und Erbrechen – 166
21.2.4 Analgesie – 167
21.2.5 Thromboembolieprophylaxe – 168
21.2.6 Tageschirurgie – 168
21.2.7 Arbeitsunfähigkeit nach Cholezystektomie – 169

Literatur – 169

© Der/die Autor(en), exklusiv lizenziert durch Springer-Verlag GmbH, DE, ein Teil von Springer Nature 2021
R. T. Grundmann und E. S. Debus (Hrsg.), *Evidenzbasiertes perioperatives Management in der Viszeralchirurgie*,
Evidenzbasierte Chirurgie, https://doi.org/10.1007/978-3-662-62848-5_21

21.1 Praxisleitlinie zur Vermeidung von Gallengangsverletzungen

Zur Vermeidung von Gallengangsverletzungen bei Cholezystektomie liegt ein Konsensuspapier von 5 chirurgischen Fachgesellschaften vor (Society of Gastrointestinal and Endoscopic Surgeons, Americas Hepato-Pancreato-Biliary Association, International Hepato-Pancreato-Biliary Association, Society for Surgery of the Alimentary Tract, European Association for Endoscopic Surgery) (Brunt et al. 2020). Empfehlungen sind unter anderen:

- Bei Patienten mit laparoskopischer Cholezystektomie (LC) empfehlen wir, dass die Chirurgen den „Sicherheitsblick" zur Identifikation von Ductus cysticus und Arterie anwenden.
- Wenn der Sicherheitsblick nicht erreicht wird und die biliäre Anatomie nicht klar durch andere Verfahren (z. B. Bildgebung) bei der LC definiert werden kann, empfehlen wir, dass die Chirurgen erwägen, die subtotale Cholezystektomie der totalen Cholezystektomie vorzuziehen mittels des Fundus-zuerst-Ansatzes („top down").
- Bei Patienten mit akuter Cholezystitis oder anamnestisch akuter Cholezystitis empfehlen wir bei der LC den großzügigen Einsatz der intraoperativen Cholangiographie, um das Risiko einer Gallengangsverletzung herabzusetzen. Chirurgen mit entsprechender Expertise und Training können die laparoskopische Ultraschall-Bildgebung als Alternative zur intraoperativen Cholangiographie während LC verwenden.
- Bei Patienten mit Unsicherheit hinsichtlich der biliären Anatomie oder Verdacht auf Gallengangsverletzung während LC, empfehlen wir, dass die Chirurgen die intraoperative biliäre Bildgebung (besonders intraoperative Cholangiographie) anwenden, um das Risiko einer Gallengangsverletzung zu verringern.
- Wir empfehlen, die Nahinfrarot-Bildgebung als ein Hilfsmittel zu ausschließlich weißem Licht bei der LC in Betracht zu ziehen, um die biliäre Anatomie zu identifizieren.
- Bei Patienten mit milder akuter Cholezystitis empfehlen wir, dass die Chirurgen die LC innerhalb von 72 h nach Symptombeginn durchführen. Für Patienten mit mäßiger und schwerer Cholezystitis besteht ungenügende Evidenz für eine Empfehlung, besonders da dies mit dem Ergebnis der Gallengangsverletzung zusammenhängt.
- Wenn bei der LC eine ausgeprägte akute lokale Entzündung oder chronische Cholezystitis mit biliärer entzündlicher Fusion von Gewebe/Gewebekontraktur angetroffen wird, die die sichere Identifikation von Ductus cysticus und Arterie verhindern, empfehlen wir, dass die Chirurgen eine subtotale Cholezystektomie entweder laparoskopisch oder offen durchführen, abhängig von ihren Fähigkeiten und dem Komfort mit dem Vorgehen.
- Wenn eine Gallengangsverletzung eingetreten ist oder bei Cholezystektomie oder postoperativ stark vermutet wird, empfehlen wir, dass die Chirurgen den Patienten sofort zu einem Chirurgen mit Erfahrung in der Behandlung der Gallengangsverletzung überweisen, in einer Institution mit einem multidisziplinären hepato-biliären Team. Wenn dies aus zeitlichen Gründen nicht möglich ist, sollte eine sofortige Beratung mit einem Chirurgen mit Erfahrung in der Gallengangsverletzung erwogen werden.

21.2 Spezielle Fragestellungen

21.2.1 Antibiotikaprophylaxe

In einer Metaanalyse von 19 randomisierten kontrollierten Studien (keine Studie in-

Cholezystektomie

kludierte Patienten mit schwerer Cholezystitis) mit insgesamt 5259 Patienten sahen Pasquali et al. (2016) bei Patienten mit LC eine Wundinfektionsrate von 3,2 % ohne und 2,4 % mit perioperativer Antibiotikatherapie (kein signifikanter Unterschied). Patienten mit intraoperativer Gallekontamination waren in diesen Studien ausgeschlossen. 8 Studien berichteten über nosokomiale Infektionen insgesamt, auch hier waren die Unterschiede nicht signifikant (4,2 % mit, 7,2 % ohne Prophylaxe). Unter dem Aspekt, dass der Antibiotikaverbrauch generell wegen der Resistenzentwicklung reduziert werden sollte, folgerten die Autoren, dass bei Patienten mit milder und moderater Cholezystitis keine perioperative Antibiotikaprophylaxe bei LC durchgeführt werden sollte.

Zu einem anderen Ergebnis kamen Matsui et al. (2018). Sie analysierten 7 Metaanalysen zum Thema, die insgesamt 28 randomisierte kontrollierte Studien mit 7065 Patienten eingeschlossen hatten. In dieser Analyse waren die Raten an Wundinfektion, Ferninfektionen und Infektionen über alles bei perioperativer Antibiotikaprophylaxe signifikant reduziert, mit einem relativen Risiko von 0,71/0,37/0,50. Da die Metaanalysen sich auf unterschiedliche Länder und Gesundheitseinrichtungen bezogen, wollten sich die Autoren dennoch nicht festlegen, ob bei Patienten mit milder bis mäßiger Cholezystitis und LC nun eine perioperative Antibiotikaprophylaxe generell zu empfehlen sei. Deutlicher waren Kim et al. (2018), die bei insgesamt 12.121 Patienten mit LC, erfasst in 28 prospektiv randomisierten Studien sowie in 3 prospektiven und 3 retrospektiven Erhebungen, eine Senkung der Wundinfektionsraten sahen, wenn Patienten mit geringem Infektionsrisiko eine perioperative Antibiotikaprophylaxe erhielten. Tiefe Infekte konnte die Antibiotikaprophylaxe allerdings nicht verhindern.

> Diese Autoren empfahlen bei LC die perioperative Antibiotikaprophylaxe.

Zum Infektionsrisiko nach LC liegt des Weiteren eine Registererhebung der NSQIP-Datenbank der Jahre 2016/2017 vor (Ely et al. 2020). In dieser Erhebung wurde lediglich bei 293 von 30.579 (1,0 %) elektiven Cholezystektomien eine Wundinfektion berichtet, die vergleichbar den Infektionsraten bei sog. sauberen Eingriffen ist. Patienten mit einem erhöhten Wundinfektionsrisiko waren solche mit Diabetes, Hochdruck, Raucher, ASA Klasse > 2 und langer Operationszeit. Ob sich die perioperative Antibiotikaprophylaxe auf solche Risikogruppen beschränken sollte, ließen die Autoren offen und betonten, dass in diesem Kollektiv die große Mehrheit der Patienten eine perioperative Antibiotikaprophylaxe erhielt, was zu den niedrigen Wundinfektionsraten beigetragen haben könnte.

Eine spezielle Situation stellt die intraoperative Gallenblasenperforation dar.

> Eine Umfrage in Großbritannien ergab, dass die überwiegende Zahl der Chirurgen (87,2 %) Antibiotika verabreichen würde, falls es intraoperativ zu einem Galleausfluss kommt

(Macano et al. 2017). Van Dijk et al. (2019) überprüften retrospektiv bei insgesamt 3262 Patienten mit LC den Effekt einer perioperativen Antibiotikatherapie bei intraoperativem Austritt von Galle oder Gallensteinen, ein Ereignis das bei 481 Patienten (14,7 %) eintraf. 239 (49,7 %) von diesen 481 Patienten erhielten eine perioperative Antibiotikatherapie entweder prophylaktisch oder intraoperativ zum Zeitpunkt der Gallenblasenperforation. In dieser Untersuchung führte die perioperative Antibiotikatherapie zu keiner Senkung der Infektionsraten, sodass die Autoren bei intraoperativem Galleausfluss keine Indikation zur perioperativen Antibiotikatherapie sahen.

21.2.2 Drainage

Der Frage, ob nach unkomplizierter LC eine Drainage gelegt werden soll oder nicht, gingen Gurusamy et al. (2013) in einem Cochrane Review auf Basis von 12 randomisierten Studien (1831 Patienten) nach. Drain-Gruppe und „Kein Drain"-Gruppe unterschieden sich nicht hinsichtlich postoperativer Sterblichkeit oder schweren postoperativen unerwünschten Ereignissen und postoperativer Lebensqualität. Der Prozentsatz an Patienten, die im Rahmen der Tageschirurgie nach Hause entlassen werden konnte, war in der Gruppe mit Drain signifikant geringer, die Operationszeit länger.

> Die Daten lieferten keine Evidenz, die die Routineanwendung einer Drainage nach LC unterstützt.

Eine zweite systematische Übersicht mit Metaanalyse kam zu einem identischen Ergebnis auf Basis von ebenfalls 12 randomisierten Studien (Wong et al. 2015). Es ergab sich kein Nutzen von einer Drainage nach LC. Weder erhöhte die Drainage das Risiko einer postoperativen Wundinfektion noch senkte sie das Risiko an Pneumoperitoneum-bedingten Komplikationen wie Übelkeit und Erbrechen oder Schulterschmerz. Die Autoren wandten sich folglich gegen den Routineeinsatz einer Drainage nach LC.

Eine besondere Situation ist gegeben bei Patienten mit akuter Cholezystitis und dringlicher Operationsindikation. Picchio et al. (2019) erstellten hierzu eine Metaanalyse auf Basis von lediglich 3 randomisierten Studien mit insgesamt 382 Patienten. Drain- und „Kein-Drain"-Gruppen unterschieden sich nicht in postoperativer Wundinfektion oder Abszessbildung, jedoch waren in der Gruppe ohne Drain die postoperativen Schmerzen signifikant geringer und der Krankenhausaufenthalt kürzer. Die Analyse spricht – unter dem Vorbehalt der kleinen n-Zahl – dafür, auch bei LC wegen akuter Cholezystitis auf eine Drainage zu verzichten.

21.2.3 Postoperative Übelkeit und Erbrechen

Die Wirksamkeit von Dexamethason zur Verhinderung von PONV nach LC wurde von Awad et al. (2016) in einer systematischen Übersicht mit Metaanalyse untersucht. 14 randomisierte kontrollierte Studien mit 1542 Patienten gingen in die Analyse ein, wobei Antiemetika vs. Antiemetika + Dexamethason einander gegenübergestellt wurden. In dieser Untersuchung war eine Kombinationstherapie mit Dexamethason einer alleinigen Antiemetikagabe in der frühen (bis zu 6 h nach LC) und späten Phase nach LC (>6 h nach LC) signifikant überlegen. Auch wenn eine Medikation zur Behebung von PONV benötigt wurde, war die Kombinationstherapie effektiver. In einer Subgruppenanalyse waren alle Kombinationen mit Dexamethason einer alleinigen Antiemetikagabe überlegen, mit Ausnahme von Ramosetron + Dexamethason, eine Kombination, die der alleinigen Gabe von Ramosetron in allen Phasen nach LC nicht überlegen war.

> Die Ergebnisse dieser Untersuchung empfehlen die Kombinationstherapie zur PONV-Prophylaxe.

Wie sich eine präoperative orale Gabapentingabe auf PONV und postoperative Schmerzen bei LC auswirkt, wurde von Wang et al. (2017) in einer Metaanalyse von 9 randomisierten kontrollierten Studien mit 966 Patienten überprüft. Patienten der Kontrollgruppe erhielten Plazebo oder kein Gabapentin.

> In dieser Untersuchung führte die Gabapentingabe sowohl zu einer signifikanten postoperativen Schmerzreduktion mit Reduktion des postoperativen Opioidverbrauchs als auch zu einer Abnahme der Häufigkeit von PONV.

Die Wirkung war dosisabhängig, zwischen der Höhe der Gabapentingabe und der Häufigkeit von PONV bestand eine negative Korrelation (die Dosierungen reichten von 300 mg bis 900 mg Gabapentin in der Regel 2 h vor dem Eingriff).

21.2.4 Analgesie

Zur evidenzbasierten Schmerztherapie nach LC liegt auf Basis von insgesamt 200 randomisierten kontrollierten Studien eine umfassende Übersicht der PROSPECT (PROcedure SPECific Postoperative Pain ManagemenT) – Arbeitsgruppe vor (Barazanchi et al. 2018). Die Autoren betonen die Notwendigkeit der multimodalen Analgesie und reservieren Opioide für schwere Schmerzen. Das von dieser Arbeitsgruppe empfohlene Routinevorgehen ist in ◘ Tab. 21.1 aufgeführt. Nur wenn die dort genannte „Basistherapie" nicht möglich ist, kommen für die präoperative Medikation stattdessen orales Gabapentin und intraoperativ Transversus Abdominis Plane (TAP)-Block oder subkostaler M. obliquus TAP und intraperitoneale Gabe von Anästhetika infrage. **Nicht** empfohlen für die Routineanalgesie werden:

- Ketamin
- Magnesium
- Alpha-2-Agonisten
- Techniken der Regionalanästhesie
- Intravenöse Lidocaininfusion
- Esmololinfusion
- Die Single-Port-Technik
- Insufflation von erwärmtem oder angefeuchtetem CO_2.

Zum perioperativen Ultraschall-gesteuerten TAP-Block erstellten Peng et al. (2016) eine systematische Übersicht auf Basis von 7 randomisierten Studien. Danach führt

◘ Tab. 21.1 PROSPECT-Empfehlungen zur Schmerztherapie bei laparoskopischer Cholezystektomie (nach Barazanchi et al. 2018)

Zeitpunkt	Empfohlene Routinetherapie	Empfohlen, wenn „Basisanalgesie" nicht möglich
Praeoperativ	Orale Prämedikation - Paracetamol - Konventionelle NSAID/COX-2-Inhibitoren - Dexamethason	- Gabapentin oral
Intraoperativ	- i. v. Paracetamol - i.v. konventionelle NSAID/COX-2-Inhibitoren (falls präoperativ nicht gegeben)	- TAP- oder OSTAP-Block
Intraoperativ	Lokalanästhetika-Infiltration der Portstellen (bevorzugt mit langwirksamen Substanzen und vor Inzision)	- Intraperitoneale Lokalanästhesie (Vorsicht, falls eine Portstelle vor Ort verwendet wird, um potenzielle Toxizität zu vermeiden)
Intraoperativ	Operationstechnik: - Niederdruckinsufflation 10–12 mm Hg - Kochsalzlavage nach Absaugen - Aspiration des Pneumoperitoneums - Mini-Port (reduzierte Portgröße)	
Postoperativ	- Orales Paracetamol - Orale NSAID/COX-2-Inhibitoren - Bei notwendiger Ergänzung: Opioide, möglichst oral	

TAP transversus abdominis plane; OSTAP, oblique subcostal TAP.

der TAP-Block im Vergleich zur Kontrolle zu weniger Schmerzen in den ersten 24 h nach LC; der intra- und postoperative Opioidverbrauch wird signifikant reduziert. Auch kam es zu einer Reduktion von PONV. Methodenbedingte Komplikationen wurden nicht berichtet. In einer randomisierten Plazebo-kontrollierten Monozenterstudie war hingegen ein subkostaler beidseitiger Ultraschall-gesteuerter TAP-Block, angelegt nach Narkoseeinleitung, nicht in der Lage, den Opioidverbrauch in den ersten 24 h nach LC zu reduzieren, lediglich der intraoperative Sevofluranverbrauch war in der TAP-Gruppe etwas geringer (Houben et al. 2019).

▶ Die Autoren folgerten, dass ein TAP-Block die Analgesie bei multimodaler Schmerztherapie nicht verbessert.

Er ist auch in dem PROSPECT-Routineschema (◘ Tab. 21.1) nicht aufgeführt.

21.2.5 Thromboembolieprophylaxe

Rondelli et al. (2013) erarbeiteten zum venösen Thromboembolierisiko (VTE) bei laparoskopischer Cholezystektomie eine systematische Übersicht. Sie fanden für eine Metaanalyse 15 Untersuchungen, darunter 2 randomisierte kontrollierte Studien. Sie sahen nach LC ein deutlich geringeres VTE-Risiko als nach offener Cholezystektomie (OR, 0,47; 95 % CI 0,40–0,56). Bei Patienten, die eine Heparinprophylaxe erhielten, war im Vergleich zu keiner Thromboembolieprophylaxe das VTE-Risiko nicht signifikant reduziert, so dass sie die Thromboembolieprophylaxe bei LC infrage stellten. Zum VTE-Risiko nach Cholezystektomie liegt des Weiteren eine schwedische Registererhebung für die Jahre 2006 bis 2011 mit insgesamt 62.488 Eingriffen vor (Strömberg et al. 2015). Dort wurden 154 (0,25 %) Patienten mit VTE gesehen. Aufgrund des erhöhten Blutungsrisikos bei Thromboembolieprophylaxe empfahlen die Autoren lediglich eine selektive Prophylaxe: zum einen bei Patienten > 70 Jahre bei denen das Lungenembolierisiko erhöht war, sowie bei Patienten, bei denen anamnestisch eine VTE bekannt ist. Ein gleichfalls sehr geringes VTE-Risiko nach LC Cholezystektomie beobachteten Henry et al. (2020) bei Auswertung der englischen Hospital Episode Statistics. Sie nannten bei 24.677 Patienten eine VTE-Rate von 2,8 pro 1000-Personenjahre innerhalb des ersten Jahres nach Cholezystektomie.

▶ Ein deutlich erhöhtes Risiko hatten Patienten ≥ 70 Jahre, Patienten mit einem BMI > 30 und Patienten mit offener im Vergleich zu laparoskopischer Cholezystektomie.

Ebenfalls ein erhöhtes Risiko hatten Patienten mit notfallmäßiger Cholezystektomie. Für diese Patienten empfahlen die Autoren eine medikamentöse VTE-Prophylaxe, während für die Mehrzahl der Patienten eine VTE-Prophylaxe ausreicht, die nicht über den Krankenhausaufenthalt hinaus andauert.

21.2.6 Tageschirurgie

Vaughan et al. (2013) überprüften in einem Cochrane Review die Sicherheit der Tageschirurgie bei LC. Sie fanden 6 randomisierte kontrollierte Studien mit insgesamt 492 Teilnehmern. Sie kamen zu dem Schluss, dass die LC mit gleicher Sicherheit als Tageschirurgie im Vergleich zu einem Eingriff mit stationärem Aufenthalt über Nacht durchgeführt werden kann. Umgekehrt führte die Tageschirurgie aber auch zu keiner früheren Rückkehr zu normaler Aktivität oder zu früherer Arbeitsaufnahme. Ob die Tageschirurgie hinsichtlich Lebensqualität und Schmerzkontrolle tatsächlich einem vollstationären Aufenthalt vergleichbar ist, konnte bei der begrenzten Datenmenge nicht gesagt werden. Eine spätere systematische Übersicht über 8 randomisierte Studien (624 Patienten) betonte die geringe Evidenz der Datenlage und betonte, dass nach wie vor die Sicherheit und Effektivität der Tageschirurgie ungewiss sei (Hao et al. 2017).

El-Sharkawy et al. (2019) gaben in einer Erhebung für Großbritannien an, dass dort von 7946 elektiven LC 49 % tageschirurgisch vorgenommen wurden. Sie nannten Faktoren, die es weniger wahrscheinlich machen, dass der Eingriff tageschirurgisch erfolgt. Dazu gehörten höheres Alter, höherer ASA-Score, komplizierte Cholelithiasis, männliches Geschlecht, vorausgegangene Aufnahme wegen akutem Gallensteinleiden und präoperative endoskopische Intervention. Sie bildeten aus diesen Faktoren einen Score, der bei Fehlen dieser Risikofaktoren die Wahrscheinlichkeit einer erfolgreichen Tageschirurgie vorhersagen soll.

21.2.7 Arbeitsunfähigkeit nach Cholezystektomie

Das Royal College of Surgeons (2020) gibt folgende Empfehlungen:
- Tag 10–13 pOp: Patient sollte in der Lage sein, die meisten Dinge wie normal zu tun; leichte Arbeiten sollten nach 10 Tagen oder bei reduzierter Arbeitszeit möglich sein.
- 2–4 Wochen pOp: die meisten Patienten sind nun wieder bei ihrer Arbeit, außer unter speziellen Umständen (wie eine Menge körperlicher Anstrengung und schwere manuelle Arbeit).

Literatur

Awad K, Ahmed H, Abushouk AI et al (2016) Dexamethasone combined with other antiemetics versus single antiemetics for prevention of postoperative nausea and vomiting after laparoscopic cholecystectomy: an updated systematic review and meta-analysis. Int J Surg 36(Pt A):152–163

Barazanchi AWH, MacFater WS, Rahiri JL et al (2018) Evidence-based management of pain after laparoscopic cholecystectomy: a PROSPECT review update. Br J Anaesth 121:787–803

Brunt LM, Deziel DJ, Telem DA et al (2020) Safe Cholecystectomy multi-society practice guideline and state of the art consensus conference on prevention of bile duct injury during cholecystectomy. Ann Surg 272:3–23

El-Sharkawy AM, Tewari N, Vohra RS; CholeS Study Group, West Midlands Research Collaborative (2019) The Cholecystectomy As A Day Case (CAAD) score: a validated score of preoperative predictors of successful day-case cholecystectomy using the choles data set. World J Surg 43:1928–1934

Ely S, Rothenberg KA, Beattie G, Gologorsky RC, Huyser MR, Chang CK (2020) Modern elective laparoscopic cholecystectomy carries extremely low postoperative infection risk. J Surg Res 246:506–511

Gurusamy KS, Koti R, Davidson BR (2013) Routine abdominal drainage versus no abdominal drainage for uncomplicated laparoscopic cholecystectomy. Cochrane Database Syst Rev 9:CD006004

Hao XY, Shen YF, Wei YG, Liu F, Li HY, Li B (2017) Safety and effectiveness of day-surgery laparoscopic cholecystectomy is still uncertain: meta-analysis of eight randomized controlled trials based on GRADE approach. Surg Endosc 31:4950–4963

Henry ML, Abdul-Sultan A, Walker AJ, West J, Humes DJ (2020) Duration and magnitude of postoperative risk of venous thromboembolism after cholecystectomy: a population-based cohort study. Dig Surg 37:32–38

Houben AM, Moreau AJ, Detry OM, Kaba A, Joris JL (2019) Bilateral subcostal transversus abdominis plane block does not improve the postoperative analgesia provided by multimodal analgesia after laparoscopic cholecystectomy: a randomised placebo-controlled trial. Eur J Anaesthesiol 36:72–777

Kim SH, Yu HC, Yang JD, Ahn SW, Hwang HP (2018) role of prophylactic antibiotics in elective laparoscopic cholecystectomy: a systematic review and meta-analysis. Ann Hepatobiliary Pancreat Surg 22:231–247

Macano C, Griffiths EA, Vohra RS (2017) Current practice of antibiotic prophylaxis during elective laparoscopic cholecystectomy. Ann R Coll Surg Engl 99:216–217

Matsui Y, Satoi S, Hirooka S, Kosaka H, Kawaura T, Kitawaki T (2018) Reappraisal of previously reported meta-analyses on antibiotic prophylaxis for low-risk laparoscopic cholecystectomy: an overview of systematic reviews. BMJ Open 8(3):e016666

Pasquali S, Boal M, Griffiths EA et al (2016) Meta-analysis of perioperative antibiotics in patients undergoing laparoscopic cholecystectomy. Br J Surg 103:27–34

Peng K, Ji FH, Liu HY, Wu SR (2016) Ultrasound-Guided transversus abdominis plane block for analgesia in laparoscopic cholecystectomy: a systematic review and meta-analysis. Med Princ Pract 25:237–246

Picchio M, De Cesare A, Di Filippo A, Spaziani M, Spaziani E (2019) Prophylactic drainage after laparoscopic cholecystectomy for acute cholecystitis: a systematic review and meta-analysis. Updates Surg 71:247–254

Rondelli F, Manina G, Agnelli G, Becattini C (2013) Venous thromboembolism after laparoscopic cholecystectomy: clinical burden and prevention. Surg Endosc 27:1860–1864

Strömberg J, Sadr-Azodi O, Videhult P, Hammarqvist F, Sandblom G (2015) Incidence and risk factors for symptomatic venous thromboembolism following cholecystectomy. Langenbecks Arch Surg 400:463–469

The Royal College of Surgeons of England (2020) Recovering from surgery. ► https://www.rcseng.ac.uk/patient-care/recovering-from-surgery/. Abgerufen Dezember 2020

van Dijk AH, van der Hoek M, Rutgers M et al (2019) Efficacy of antibiotic agents after spill of bile and gallstones during laparoscopic cholecystectomy. Surg Infect (Larchmt) 20:298–304

Vaughan J, Gurusamy KS, Davidson BR (2013) Day-surgery versus overnight stay surgery for laparoscopic cholecystectomy. Cochrane Database Syst Rev 7:CD006798

Wang L, Dong Y, Zhang J, Tan H (2017) The efficacy of gabapentin in reducing pain intensity and postoperative nausea and vomiting following laparoscopic cholecystectomy: a meta-analysis. Medicine (baltimore) 96:e8007

Wong CS, Cousins G, Duddy JC, Walsh SR (2015) Intra-abdominal drainage for laparoscopic cholecystectomy: a systematic review and meta-analysis. Int J Surg 23(Pt A):87–96

Bariatrische Chirurgie

Reinhart T. Grundmann und E. Sebastian Debus

Inhaltsverzeichnis

22.1 ERAS allgemein – 172
22.1.1 Enhanced Recovery After Surgery (ERAS®) Society-Empfehlungen – 172
22.1.2 Metaanalysen und randomisierte Studien – 173

22.2 Spezielle Fragestellungen – 175
22.2.1 Antibiotikaprophylaxe – 175
22.2.2 Postoperative Übelkeit und Erbrechen (PONV) – Prophylaxe – 176
22.2.3 Intraperitoneale Drainage – 177
22.2.4 Thromboembolieprophylaxe – 177
22.2.5 Perioperative Bluttransfusion – 178
22.2.6 Zielgerichtete Flüssigkeitstherapie – 179
22.2.7 Analgesie – 179

Literatur – 179

© Der/die Autor(en), exklusiv lizenziert durch Springer-Verlag GmbH, DE, ein Teil von Springer Nature 2021
R. T. Grundmann und E. S. Debus (Hrsg.), *Evidenzbasiertes perioperatives Management in der Viszeralchirurgie*,
Evidenzbasierte Chirurgie, https://doi.org/10.1007/978-3-662-62848-5_22

22.1 ERAS allgemein

22.1.1 Enhanced Recovery After Surgery (ERAS®) Society-Empfehlungen

Empfehlungen zum perioperativen Management in der bariatrischen Chirurgie (Empfehlungsstärke in Klammer) sind unter anderem (Thorell et al. 2016):

- Rauchen sollte für wenigstens 4 Wochen vor dem Eingriff beendet werden. Bei Patienten mit einem Alkoholabusus in der Anamnese, sollte eine strenge Abstinenz für wenigstens 2 Jahre eingehalten werden. Darüber hinaus sollte das Risiko eines Rückfalls (oder eines neuen Beginns bei Patienten ohne früheren Abusus) nach Magenbypass anerkannt werden. (stark)
- Eine präoperative Gewichtsabnahme sollte vor bariatrischer Chirurgie empfohlen werden. Patienten mit Glukose-senkenden Medikamenten sollte das Risiko einer Hypoglykämie bewusst sein. (stark)
- 8 mg Dexamethason sollten i.v. gegeben werden, vorzugsweise 90 min vor Narkoseeinleitung, um PONV und eine inflammatorische Reaktion zu reduzieren. (stark)
- Adipöse Patienten können klare Flüssigkeit bis zu 2 Std. und feste Nahrung bis zu 6 Std. vor Einleitung der Anästhesie erhalten. Für diabetische Patienten mit autonomer Neuropathie sind weitere Daten erforderlich aufgrund des potenziellen Aspirationsrisikos. (stark)
- Während bei Patienten, die sich einem größeren elektiven bauchchirurgischen Eingriff unterziehen, die präoperative orale Kohlenhydrat-Konditionierung mit metabolischen und klinischen Vorteilen assoziiert ist, sind für Patienten mit morbider Adipositas weitere Daten erforderlich. In gleicher Weise sind weitere Daten zur präoperativen oralen Kohlenhydrat-Konditionierung bei Patienten mit gastroösophagealem Reflux erforderlich, die ein erhöhtes Aspirationsrisiko bei Narkoseeinleitung haben können. (stark)
- Eine exzessive intraoperative Flüssigkeitszufuhr ist nicht notwendig, um einer Rhabdomyolyse vorzubeugen und die Urinausscheidung aufrecht zu erhalten. Funktionsparameter, wie Schlagvolumen-Abweichung, erleichtern eine zielgerichtete Flüssigkeitstherapie und vermeiden intraoperative Hypotension und exzessive Flüssigkeitszufuhr. Die postoperativen Flüssigkeitsinfusionen sollten so bald wie machbar beendet werden, mit der Präferenz der Verabreichung über den enteralen Weg. (stark)
- Ein multimodaler Zugang zur PONV-Prophylaxe sollte bei allen Patienten angewendet werden. (stark)
- Die gegenwärtige Evidenz lässt keine Empfehlungen hinsichtlich spezifischer Anästhetika oder Techniken zu. (schwach)
- Die Anästhesisten sollten sich der spezifischen Schwierigkeiten beim Management bariatrischer Luftwege bewusst sein. Die tracheale Intubation bleibt die Referenz für das Management der Luftwege. (stark)
- Eine Lungen-protektive Beatmung sollte bei der bariatrischen Chirurgie eingesetzt werden. (stark)
- Die laparoskopische Chirurgie wird für bariatrische Eingriffe empfohlen, wenn immer die Expertise vorhanden ist. (stark)
- Der Routinegebrauch einer nasogastrischen Sonde postoperativ wird nicht empfohlen. (stark)
- Es gibt keine ausreichende Evidenz, den Routineeinsatz einer Abdominaldrainage zu empfehlen. (schwach)
- Postoperative Analgesie: eine systemische multimodale Medikation und lo-

kale Infiltrationsanästhesie-Techniken sollten kombiniert werden. (stark). Die thorakale Epiduralanalgesie sollte bei Laparotomie in Betracht gezogen werden. (schwach)
- Frühe postoperative Ernährung: die Eiweißaufnahme sollte überwacht werden. Eisen, Vitamin B12 und Kalzium-Ergänzung sind obligatorisch. (stark) Strikte postoperative Blutzucker- und Lipidkontrolle bei Patienten mit Diabetes (stark)
- Adipöse Patienten ohne obstruktive Schlafapnoe sollten in der unmittelbaren postoperativen Periode mit Sauerstoff prophylaktisch supplementiert werden, den Kopf erhöht oder halbsitzende Position. (stark)
- Unkomplizierte Patienten mit obstruktiver Schlafapnoe sollten die Sauerstoffzufuhr in halbsitzender Position erhalten. Das Monitoring für eine mögliche Zunahme der Frequenz apnoischer Perioden sollte sorgfältig sein. Eine niedrige Schwelle für die Einleitung einer positiven Druckunterstützung sollte bei Zeichen von Atemnot beibehalten werden. (stark)
- Eine prophylaktische routinemäßige postoperative CPAP (continuous positive airway pressure)- Therapie wird bei adipösen Patienten ohne die Diagnose einer obstruktiven Schlafapnoe nicht empfohlen. (schwach)
- CPAP-Therapie sollte bei Patienten mit BMI > 50 kg/m², schwerer obstruktiver Schlafapnoe oder Sauerstoffsättigung ≤ 90 % bei Sauerstoffsupplementierung in Betracht gezogen werden. (stark)
- Adipöse Patienten mit obstruktiver Schlafapnoe und Heim-CPAP-Therapie sollten ihre Ausrüstung in der unmittelbaren postoperativen Periode benutzen. (stark)
- Patienten mit einem Adipositas-Hypoventilationssyndrom sollten postoperativ BiPAP/NIV (biphasischer positiver Atemwegsdruck/nicht-invasive Ventilation) prophylaktisch erhalten zusammen mit einem Monitoring auf Intensivpflege-Niveau. (stark)

22.1.2 Metaanalysen und randomisierte Studien

Eine Metaanalyse zum Vergleich von bariatrischer Chirurgie mit ERAS-Protokollen vs. konventionelle bariatrische Chirurgie fand hierzu 5 Studien mit 394 vs. 471 Patienten (Singh et al. 2017). Danach ließ sich mit Hilfe von ERAS der Krankenhausaufenthalt um ca. 1,5 Tage reduzieren, ohne signifikante Zunahme an Komplikationen insgesamt, größeren Komplikationen, Anastomosenleckagen und Krankenhauswiederaufnahmen. Die Rate an Minor-Komplikationen war allerdings in der ERAS-Gruppe höher. Die Ergebnisse beruhten vorwiegend auf nicht-randomisierten Studien, problematisch bei der Auswertung war die große Heterogenität der verwendeten ERAS-Protokolle.

Lemanu et al. (2013) berichteten die Ergebnisse einer kleinen randomisierten Studie bei Schlauchmagenbildung (Sleeve-Gastrektomie), in der 40 ERAS-Patienten 38 Patienten mit Standardversorgung gegenübergestellt wurden. Zusätzlich führten sie noch eine historische Kontrollgruppe auf. In dieser Erhebung bestand der Vorteil des ERAS-Protokolls in kürzeren Liegezeiten und damit reduzierten Kosten, hinsichtlich postoperativen Komplikationen, Fatigue oder Krankenhaus-Wiederaufnahmen unterschieden sich die Gruppen nicht. Zwei weitere randomisierte Studien liegen zum Magenbypass vor. In der spanischen Studie wurden je 90 Patienten mit und ohne ERAS-Protokoll einander gegenübergestellt (Ruiz-Tovar et al. 2019). In dieser Erhebung waren postoperative Schmerzen, Übelkeit und Erbrechen so-

Tab. 22.1 Konventionelle und ERAS-Versorgung bei Patienten mit LRYGB (nach Geubbels et al. 2019)

	Konventionell	ERAS
Vor dem Eingriff	• Keine Besprechung • Prämedikation vor dem Eingriff • Kein Urinkatheter	• Beratung über Inhalt und Ziele des ERAS-Programms • Keine Prämedikation • Kein Urinkatheter
Eingriff	• Keine Infiltration der Port-Zugänge	• Infiltration der Port-Zugänge mit Lokalanästhetikum
Anästhesie	• „hoch Propofol" / „niedrig Remifentanil" • Invasive Zugänge (wie Blutdruck-Monitoring) nach Indikation	• „niedrig Propofol" / „hoch Remifentanil" • Keine invasiven Zugänge
Nach dem Eingriff	• Nasogastrische Sonde nach Indikation • Keine frühe orale Ernährung • Kein frühes Umhergehen • Konventionelle Flüssigkeitszufuhr • Kein klares Protokoll gegen Brechreiz, nach Entscheidung der Pflege • Kein klares Analgesieprotokoll, nach Entscheidung der Pflege • Opioide dürfen routinemäßig verwendet werden	• Keine nasogastrische Sonde • Frühe orale Ernährung • Frühes Umhergehen • Restriktive Flüssigkeitszufuhr • Eindeutiges Protokoll gegen Brechreiz • Eindeutiges Analgesieprotokoll • Opioide dürfen nur als Ausweichmedikation verwendet werden
Entlassung	• Kein vorgegebenes Entlassungsdatum	• Vorgegebenes Entlassungsdatum

LRYGB laparoskopischer Roux-Y-Magenbypass.

wie Krankenhausaufenthaltsdauer in der ERAS-Gruppe signifikant geringer, Komplikationen, Reinterventionen, Wiederaufnahmen und Sterblichkeit aber nicht unterschiedlich. Dieselben Aussagen trafen auch für eine randomisierte Studie aus den Niederlanden zu (Geubbels et al. 2019), in der insgesamt 220 Patienten mit laparoskopischem Roux-Y-Magenbypass (LRYGB) mittels ERAS-Protokoll oder konventionell behandelt wurden. Patienten mit ERAS erholten sich signifikant schneller nach dem Eingriff, ohne Unterschiede in postoperativer Morbidität oder stationären Wiederaufnahmen. Die wesentlichen Unterschiede zwischen beiden Behandlungsprotokollen (ERAS und konventionell) sind in ◘ Tab. 22.1 aufgeführt.

Meunier et al. (2019) verglichen retrospektiv zwei Propensity-Score gematchte Gruppen (je 232 Patienten), die mit und ohne ERAS-Protokoll behandelt wurden, anhand einer prospektiven Datenbank. Es handelte sich um Patienten mit LRYGB und Sleeve-Gastrektomie, sowie Revisionseingriffe. Das ERAS-Protokoll führte zu einer signifikanten Verkürzung der Krankenhausliegezeit von im Mittel $5{,}39 \pm 1{,}9$ auf $2{,}47 \pm 1{,}7$ Tage. Ein Drittel der ERAS-Patienten konnte bereits am 1. postoperativen Tag nach Hause entlassen werden. In der Kontrollgruppe wurde hingegen kein

Patient am 2. postoperativen Tag entlassen. Statistisch signifikante Unterschiede hinsichtlich 30- und 90-Tage-Morbidität und Wiederaufnahmeraten gab es zwischen beiden Gruppen nicht, Todesfälle wurden nicht beobachtet. Die Studie bestätigt, dass es sich bei dem ERAS-Programm (Thorell et al. 2016) um ein sicheres und machbares Protokoll in der bariatrischen Chirurgie handelt, was zur signifikante Verkürzung der stationären Aufenthaltsdauer führt.

22.2 Spezielle Fragestellungen

22.2.1 Antibiotikaprophylaxe

Stroh et al. (2016) berichteten über die Antibiotikaprophylaxe bei bariatrischen Eingriffen in Deutschland (Ist-Situation) anhand der Qualitätssicherungsstudie für die operative Therapie der Adipositas bei insgesamt 12.296 Primäreingriffen, wobei die unterschiedlichsten bariatrischen Eingriffe zusammengefasst wurden. In dieser Studie erhielten 77,3 % der Patienten bei der Primäroperation eine Antibiotikagabe bis 24 h. Im Gesamtzeitraum der Studie von dem Jahr 2005 bis 2010 erfolgte bei 20,2 % der Patienten mit Magenband als Primäroperation keine Antibiose. Für die Sleeve-Gastrektomie lag dieser Anteil bei 11,5 % und für den RYGBP bei 6,2 %. In 76,0 % der Operationen wurden Cephalosporine der 2. und 3. Generation eingesetzt. Patienten mit BMI unter 50 kg/m^2 erhielten seltener eine Antibiotikaprophylaxe als Patienten mit einem BMI von 50–60 kg/m^2. Die Autoren kamen aufgrund ihrer Daten und einer Literaturrecherche zu folgenden Empfehlungen:
- Für bariatrische Eingriffe ohne Eröffnung des Magen-Darm-Trakts gibt es derzeit keine ausreichende Evidenz für die Notwendigkeit einer perioperativen Antibiotikaprophylaxe.
- Eingriffe mit Eröffnung des Magens erfordern die Durchführung einer Antibiose mit Cephalosporinen in ihrer höchsten zugelassenen Dosierung unter Beachtung von Kontraindikationen und Nebenwirkungen.
- Bei Eingriffen distal des Duodenums ist die Applikation von Cephalosporinen in Kombination mit Metronidazol indiziert.
- Die Durchführung einer Antibiotikaprophylaxe ist unabhängig vom operativen Eingriff bei Patienten mit einem BMI über 50 kg/m^2 und bei Vorliegen von Komorbiditäten zu empfehlen.
- Bei Patienten mit einem Diabetes mellitus Typ 2 sollte unabhängig vom operativen Eingriff eine Antibiotikaprophylaxe erfolgen.

Aufgrund der deutlich verminderten Gewebe- und Plasmaspiegel der Antibiotika sind Studien zur Pharmakokinetik und Pharmakodynamik bei morbid adipösen Patienten erforderlich. Diesem Problem haben sich mehrere Untersucher angenommen. Chen et al. (2017) untersuchten bei insgesamt 37 Patienten mit Magenbypass oder Sleeve-Gastrektomie Serum- und Gewebespiegel bei perioperativer Antibiotikaprophylaxe mit Cefazolin. Zwar betrugen die Cefazolinkonzentrationen im Fettgewebe nur 6 % bis 8 % der simultanen Serumkonzentrationen, doch überschritten die Konzentrationen trotzdem in allen Fällen die minimalen Hemmkonzentrationen für Methicillin-sensitiven Staphylococcus aureus. Die Autoren folgerten, dass ein i.v. Bolus von 2 g Cefazolin, verabreicht 3 bis 5 min vor Hautinzision, für eine Antibiotikaprophylaxe bei den genannten Eingriffen ausreichend ist und intraoperativ nicht wiederholt zu werden braucht.

Eine französische pharmakokinetische Studie kam zu anderen Schlüssen. Grégoire et al. (2018) gingen anhand von 117 Patienten mit Sleeve Gastrektomie den französischen Empfehlungen nach, gemäß denen bei bariatrischen Eingriffen eine Cefazolin-Dosierung von 4 g präoperativ zur Antibiotikaprophylaxe gewählt werden sollte. Untersucht wurden Gewebe- und Serumkonzentrationen. Die Autoren beobachteten, dass zur Wundinfektionsprophylaxe gegen die meisten Keime eine perioperative Gabe von 4 g Cefazolin für wenigstens 2 h ausreichend ist. Die Alternative war ein Initialbolus von 3 g Cefazolin, gefolgt von einer kontinuierlichen Infusion von 1 g/Std., ein Regime, das auch ausreichende Konzentrationen bei Eingriffen bis zu 4 Std. vorhält. US-amerikanische Empfehlungen von einer Initialdosierung von 2 g beziehungsweise 3 g (bei Patienten über 120 kg Körpergewicht) Cefazolin, gefolgt von einer 2. Gabe vier Stunden nach der ersten, sahen sie bei Eingriffen von mehr als 1 h Dauer für nicht ausreichend an. Die Daten dieser Studie wurden noch ein zweites Mal gewichtsbezogen publiziert (Cinotti et al. 2018).

> Danach ist eine perioperative Antibiotikaprophylaxe mit 4 g Cefazolin bei bariatrische Eingriffen von mäßig adipösen Patienten ausreichend, während sie bei schwer adipösen Patienten und langdauernder Operation unzureichend sein kann.

22.2.2 Postoperative Übelkeit und Erbrechen (PONV) – Prophylaxe

> **Wichtig**
> PONV trägt wesentlich zur postoperativen Morbidität bei bariatrischen Patienten bei, die Inzidenz ist höher als bei nicht-bariatrischen Eingriffen. In einer systematischen Übersicht zu PONV bei bariatrischer Chirurgie kamen Naem et al. (2020) zu folgenden Feststellungen:
> - Die in den Studien am häufigsten postoperativ eingesetzten Antiemetika waren Ondansetron, Metoclopramid und Droperidol.
> - Zwar ist eine multimodale PONV-Prophylaxe bei bariatrischen Patienten angezeigt, hinsichtlich Einzelheiten besteht jedoch mangelnde Evidenz. Die größte Wahrscheinlichkeit der Effektivität hat die Gabe von Dexamethason in Kombination mit einer oder mehreren Substanzen anderer Klassen.
> Die Gabe von Ondansetron zu Dexamethason zeigte in den Erhebungen bei bariatrischen Patienten wechselnde Effektivität.
> - Aprepitant 80 mg per os plus Ondansetron 4 mg i. v. erwiesen sich bei bariatrischen Patienten als effektiv und sollten in zukünftigen Leitlinien als prophylaktische Option berücksichtigt werden.
> - Eine Opioid-freie TIVA war in einer randomisierten Studie effektiver als eine Inhalationsanästhesie, PONV zu reduzieren, während in einer anderen Studie die Nichtüberlegenheit der TIVA demonstriert wurde. Zwar scheint die Studienlage die Ergebnisse der ersten randomisierten Studie zu unterstützen, jedoch fehlt es speziell für die bariatrische Chirurgie an Studien, die den Wert der TIVA bekräftigen.

Ungeklärt ist, inwieweit PONV von der Art des Eingriffs und der Operationszeit abhängig ist. In einer doppelblinden, randomisierten Studie mit insgesamt 100 LRYGB betrug die mittlere Operationszeit lediglich 30–40 min, und 93 Patienten konnten bereits am ersten, die restlichen 7 Patienten ohne Komplikationen am zweiten postoperativen Tag nach Hause entlassen werden. In dieser Studie eines Hochvolumenzentrums mit nahezu 2000 Eingriffen pro Jahr hatte die Gabe von Corticosteroiden (Betamethason) keinen Einfluss auf die PONV-Rate, sodass die Autoren die Gabe von Corticosteroiden zur PONV-Prophylaxe in ERAS-Protokollen bei LRYGB infrage stellten (Nordin et al. 2016).

In einer anderen randomisierten geblindeten Studie untersuchten Caesar et al. (2016) den Einfluss der Höhe des intraabdominellen Drucks während des laparoskopischen Eingriffs auf die Inzidenz von PONV bei insgesamt 50 Patientinnen mit LRYGB. Beide Gruppen (intraabdomineller Druck 18 mm Hg vs. 12 mm Hg) unterschieden sich bezüglich postoperativer Übelkeit und Erbrechen nicht. Jedoch war die intraoperative Übersicht bei höherem Druck (18 mm Hg) deutlich besser, sodass die Autoren für den höheren intraabdominellen Druck während des Eingriffs plädierten, zumindest so lange der Eingriff von erfahrenen Teams mit kurzer Operationszeit vorgenommen wird. In dieser Erhebung wurden die Patientinnen anhand eines ERAS-Protokolls behandelt, alle Patientinnen hatten zur Prämedikation Corticosteroide erhalten, um die peritoneale Reizung abzumildern.

22.2.3 Intraperitoneale Drainage

Die Evidenz für eine routinemäßige intraperitoneale Drainage nach RYGB wurde von Liscia et al. (2014) in einer Übersicht untersucht. Sie fanden hierzu 18 Studien, von denen keine randomisiert war. Über Nutzen oder Schaden der Drainage ließ dieser Artikel mangels hochwertiger Daten keine Aussagen zu. Seitdem wurde eine kleine randomisierte Studie durchgeführt (Gundogan et al. 2018), die keinen Nutzen für eine routinemäßige Platzierung einer intraabdominellen Drainage bei LRYGB belegen konnte, aber signifikant stärkere postoperative Schmerzen in der Draingruppe beobachtete.

> Die routinemäßige Platzierung einer Drainage bei LRYGB kann nicht empfohlen werden.

22.2.4 Thromboembolieprophylaxe

Stroh, Michel et al. (2016) berichteten auf Basis des deutschen Qualitätssicherungsregisters zur Thromboembolieprophylaxe bei insgesamt 31.688 bariatrischen Eingriffen in den Jahren 2005 bis 2013. Eine medikamentöse Thromboembolieprophylaxe wurde bei 98,6 % aller Magenbandoperationen, RYGB und Sleeve Gastrektomien vorgenommen. Die Therapie erfolgte in der Regel bis zur Entlassung des Patienten aus stationärer Behandlung, einige Kliniken führten eine Therapie für 3 Wochen nach Entlassung durch. 81,6 % der Patienten erhielten zur Prophylaxe einen Einmalgabe eines niedermolekularen Heparins (NMH). Insgesamt wurden 21 Fälle von tiefer Venenthrombose und 31 Lungenembolien beobachtet. Bei Patienten mit medikamentöser Prophylaxe wurde – alle Eingriffe zusammengefasst – in 0,07 % eine Thrombose gesehen, die Häufigkeit der Lungenembolien betrug 0,1 %. Die höchste Lungenembolierate wurde bei den über 70-Jährigen mit 1,19 % registriert. Die Autoren nannten Risikogruppen, für die die NMH-Dosierung angepasst werden sollte:
- BMI > 50 kg/m^2
- Alter > 50 Jahre
- Männliches Geschlecht
- Veneninsuffizienz
- Obstruktives Hypoventilationssyndrom
- Raucher und venöse Thromboembolie in der Anamnese.

Für die Thromboseprophylaxe bei bariatrischen Patienten in Frankreich liegt eine Umfrage bei 37 Zentren vor (Moulin et al. 2017). Auch hier wurde bevorzugt medikamentös NMH gegeben, am häufigsten in einer zweimal täglichen Sequenz (71 %). In 50 % der Zentren wurde eine Standarddosierung verabreicht, die anderen passten die Dosis an BMI oder Gewicht an. Die Dauer der medikamentösen Prophylaxe variierte erheblich, sie wurde über den Krankenhausaufenthalt hinaus fortgesetzt und reichte von 7 Tagen bis 3 Wochen pOp. Bis auf 1 Zentrum wendeten alle anderen eine zusätzliche mechanische Prophylaxe an: Thrombosestrümpfe (32 %), intermittierende pneumatische Kompression (26 %) oder beides (39 %). Die Autoren weisen auf die hohe Varianz bei der Thromboseprophylaxe hin, was auf der unzureichenden Datenlage zur Thromboseprophylaxe in der bariatrischen Chirurgie beruhte.

Die European Society of Anaesthesiology hat mittlerweile Leitlinien zur perioperativen venösen Thromboembolieprophylaxe bei bariatrische Eingriffen veröffentlicht (Venclauskas et al. 2018). Die wesentlichen Empfehlungen lauten:
- Laparoskopische bariatrische Eingriffe bei adipösen Patienten haben ein geringeres venöses Thromboembolierisiko (VTE) als offene Eingriffe.
- Wir empfehlen die alleinige Anwendung von Antikoagulantien oder intermittierender pneumatischer Kompression (IPC) bei adipösen Patienten mit einem geringen Risiko für eine VTE während und nach bariatrischen Eingriffen (Grad 2 C).
- Wir empfehlen die Kombination von Antikoagulantien und IPC bei adipösen Patienten mit einem hohen Risiko für eine VTE (Alter > 55 Jahr, BMI > 55 kg/m², VTE in der Anamnese, Venenerkrankung, Schlafapnoe, Hyperkoagulabilität, pulmonale Hypertension) während und nach bariatrischen Eingriffen (Grad 1 C).
- Wir empfehlen die Anwendung von NMH oder niederdosiertem unfraktioniertem Heparin (Grad 1 C).
- Wir empfehlen eine Dosierung von NMH (3000 bis 4000 anti-Xa IU alle 12 Std. subkutan) abhängig vom BMI als akzeptabel bei adipösen Patienten mit geringerem Risiko für eine VTE (Grad 2B).
- Wir empfehlen eine höhere Dosierung von NMH (4000 bis 6000 anti-Xa IU alle 12 Std. subkutan) als akzeptabel bei adipösen Patienten mit einem höheren Risiko für eine VTE (Grad 2B).
- Wir empfehlen eine ausgedehnte Prophylaxe bei Patienten mit einem hohen Risiko für eine VTE während der Zeit nach Entlassung für 10 bis 15 Tage (Grad 1 C).

22.2.5 Perioperative Bluttransfusion

Eine perioperative Bluttransfusion ist in der bariatrischen Chirurgie selten erforderlich. In der Datenbasis des American College of Surgeons National Surgical Quality Improvement Program der Jahre 2012 bis 2014 fanden Nielsen et al. (2018) unter 59.041 Patienten lediglich 774 (1,3 %), die eine Bluttransfusion benötigten. Das Transfusionsrisiko war nach Magenbypass (1,6 %) signifikant höher als nach Sleeve Gastektomie (1,0 %), Patienten mit Bluttransfusion hatten ein signifikante erhöhtes VTE-Risiko (Odds Ratio 4,7; 95 % KI 2,9–7,9; p < 0,0001). Diese Arbeitsgruppe wertete zusätzlich in diesem Kollektiv das Wundinfektionsrisiko aus. Es betrug im Gesamtkollektiv 1,9 %, Patienten mit Bluttransfusion hatten ein um den Faktor 4,7 erhöhtes Wundinfektionsrisiko im Vergleich zu Patienten ohne Bluttransfusion (Higgins et al. 2019).

22.2.6 Zielgerichtete Flüssigkeitstherapie

Hierzu liegt nur eine retrospektive Vergleichsuntersuchung bei insgesamt 115 Patienten mit Sleeve Gastrektomie vor (Muñoz et al. 2016). In der Gruppe, in der die intraoperative Flüssigkeitszufuhr dem Schlagvolumen angepasst wurde, war die intraoperativ verabreichte Flüssigkeitsmenge signifikant geringer, zugleich kam es zu einer signifikanten Abnahme von PONV (von 48,0 % auf 14,3 %).

22.2.7 Analgesie

Der Transversus Abdominis Plane (TAP)-Block ist ein peripherer Nervenblock, der die Bauchdecke betäubt. Saber et al. (2019) überprüften die Wirksamkeit des TAP-Blocks in einer randomisierten doppelblinden kontrollierten Studie bei insgesamt 90 Patienten mit laparoskopischer Sleeve Gastrektomie. Die Nervenblockade erfolgte intraoperativ. Patienten mit TAP-Block hatten im Vergleich zu Plazebo 3 h nach dem Eingriff signifikant geringere Schmerzscores, jedoch wurden 6, 12 und alle weiteren 6 h bis zur Entlassung keine signifikanten Unterschiede beobachtet, auch war der Analgetikabedarf postoperativ zwischen den Gruppen nicht unterschiedlich. In dieser Studie, in der alle Patienten nach einem ERAS-Protokoll behandelt wurden, war ein Vorteil des TAP-Blocks demnach nicht evident. Im Gegensatz hierzu propagierten Ruiz-Tovar et al. (2020) den TAP-Block. In ihre randomisierte prospektive Studie wurden insgesamt 140 Patienten mit Ein-Anastomosen-Bypass eingeschlossen, alle Patienten wurden nach einem ERAS-Protokoll versorgt, in beiden Studienarmen erfolgte eine präoperative Lokalanästhesie der Portzugänge mit Bupivacain 0,25 %. In dieser Studie führte der zusätzliche TAP-Block zu einer signifikanten Abnahme der Schmerzscores im Vergleich zur Kontrolle 6 und 24 h nach dem Eingriff.

> Die Autoren folgerten, dass der TAP-Block den Effekt der Lokalanästhesie der Zugänge deutlich verlängerte.

Sakata et al. (2020) berichteten eine randomisierte prospektive doppelblinde Studie, bei der in der Therapiegruppe Lidocain (1,5 mg/kg) intravenös 5 min vor Anästhesieeinleitung gegeben wurde, gefolgt von einer Lidocaininfusion (2 mg/kg/Std.) bis zum Ende des Eingriffs (laparoskopischer Magenbypass). Die Patienten der Kontrolle erhielten stattdessen eine Kochsalzlösung. Die intraoperative Lidocaingabe reduzierte den Morphinverbrauch postoperativ signifikant, gleiches galt für den intraoperativen Sevofluranverbrauch. Hinsichtlich Wiederaufnahme der Darmtätigkeit oder dem Erreichen der Entlassungskriterien unterschieden sich beide Gruppen nicht. Aufgrund der Reduktion des Morphinverbrauchs empfahlen die Autoren die Lidocaininfusion. In einer weiteren randomisierten Studie (Gupta et al. 2020) wurde der TAP-Block mit der intravenösen Lidocaingabe verglichen bei insgesamt 56 bariatrischen Eingriffen (LRYGB und Sleeve Gastrektomie). In dieser Studie waren in den ersten 8 h postoperativ die Schmerzen in der Lidocaingruppe signifikant geringer und der Fentanylverbrauch über 24 h signifikant niedriger.

> Die Lidocaininfusion war demnach effektiver als der TAP-Block.

Literatur

Caesar Y, Sidlovskaja I, Lindqvist A, Gislason H, Hedenbro JL (2016) Intraabdominal Pressure and Postoperative Discomfort in Laparoscopic Roux-en-Y Gastric Bypass (RYGB) surgery: a randomized study. Obes Surg 26:2168–2172

Chen X, Brathwaite CE, Barkan A et al (2017) Optimal cefazolin prophylactic dosing for bariatric surgery: no need for higher doses or intraoperative redosing. Obes Surg 27:626–629

Cinotti R, Dumont R, Ronchi L et al (2018) Cefazolin tissue concentrations with a prophylactic dose administered before sleeve gastrectomy in obese patients: a single centre study in 116 patients. Br J Anaesth 120:1202–1208

Geubbels N, Evren I, Acherman YIZ et al (2019) Randomized clinical trial of an enhanced recovery after surgery programme versus conventional care in laparoscopic Roux-en-Y gastric bypass surgery. BJS Open 3:274–281

Grégoire M, Dumont R, Ronchi L et al (2018) Prophylactic cefazolin concentrations in morbidly obese patients undergoing sleeve gastrectomy: do we achieve targets? Int J Antimicrob Agents 52:28–34

Gundogan E, Kayaalp C, Aktas A et al (2018) Influence of drain placement on postoperative pain following laparoscopic Roux-en-Y gastric bypass for morbid obesity: randomized controlled trial. Obes Surg 28:3499–3504

Gupta C, Valecha UK, Singh SP, Varshney M (2020) Systemic lidocaine versus ultrasound-guided transversus abdominis plane block for postoperative analgesia: a comparative randomised study in bariatric surgical patients. Indian J Anaesth. 64:31–36

Higgins RM, Helm MC, Kindel TL, Gould JC (2019) Perioperative blood transfusion increases risk of surgical site infection after bariatric surgery. Surg Obes Relat Dis 15:582–587

Lemanu DP, Singh PP, Berridge K et al (2013) Randomized clinical trial of enhanced recovery versus standard care after laparoscopic sleeve gastrectomy. Br J Surg 100:482–489

Liscia G, Scaringi S, Facchiano E, Quartararo G, Lucchese M (2014) The role of drainage after Roux-en-Y gastric bypass for morbid obesity: a systematic review. Surg Obes Relat Dis 10:171–176

Meunier H, Le Roux Y, Fiant AL et al (2019) Does the implementation of Enhanced Recovery After Surgery (ERAS) guidelines improve outcomes of bariatric surgery? a propensity score analysis in 464 patients. Obes Surg 29:2843–2853

Moulin PA, Dutour A, Ancel P et al (2017) Perioperative thromboprophylaxis in severely obese patients undergoing bariatric surgery: insights from a French national survey. Surg Obes Relat Dis 13:320–326

Muñoz JL, Gabaldón T, Miranda E et al (2016) Goal-Directed fluid therapy on laparoscopic sleeve gastrectomy in morbidly obese patients. Obes Surg 26:2648–2653

Naeem Z, Chen IL, Pryor AD, Docimo S, Gan TJ, Spaniolas K (2020) Antiemetic prophylaxis and anesthetic approaches to reduce postoperative nausea and vomiting in bariatric surgery patients: a systematic review. Obes Surg 30:3188–3200

Nielsen AW, Helm MC, Kindel T et al (2018) Perioperative bleeding and blood transfusion are major risk factors for venous thromboembolism following bariatric surgery. Surg Endosc 32:2488–2495

Nordin L, Nordlund A, Lindqvist A, Gislason H, Hedenbro JL (2016) Corticosteroids or not for postoperative nausea: a double-blinded randomized study. J Gastrointest Surg 20:1517–1522

Ruiz-Tovar J, Garcia A, Ferrigni C, Gonzalez J, Castellon C, Duran M (2019) Impact of implementation of an enhanced recovery after surgery (ERAS) program in laparoscopic Roux-en-Y gastric bypass: a prospective randomized clinical trial. Surg Obes Relat Dis. 2019:228–235

Ruiz-Tovar J, Gonzalez G, Sarmiento A et al (2020) Analgesic effect of postoperative laparoscopic-guided transversus abdominis plane (TAP) block, associated with preoperative port-site infiltration, within an enhanced recovery after surgery protocol in one-anastomosis gastric bypass: a randomized clinical trial. Surg Endosc. ▶ https://doi.org/10.1007/s00464-019-07341-5

Saber AA, Lee YC, Chandrasekaran A et al (2019) Efficacy of transversus abdominis plane (TAP) block in pain management after laparoscopic sleeve gastrectomy (LSG): a double-blind randomized controlled trial. Am J Surg 217:126–132

Sakata RK, de Lima RC, Valadão JA et al (2020) Randomized, double-blind study of the effect of intraoperative intravenous lidocaine on the opioid consumption and criteria for hospital discharge after bariatric surgery. Obes Surg 30:1189–1193

Singh PM, Panwar R, Borle A et al (2017) Efficiency and Safety effects of applying eras protocols to bariatric surgery: a systematic review with meta-analysis and trial sequential analysis of evidence. Obes Surg 27:489–501

Stroh C, Michel N, Luderer D et al (2016) Risk of thrombosis and thromboembolic prophylaxis in obesity surgery: data analysis from the German Bariatric Surgery Registry. Obes Surg 26:2562–2571

Stroh C, Wilhelm B, Weiner R et al (2016) Aktueller Stand der Antibiotikaprophylaxe in der Adipositas- und metabolischen Chirurgie – Datenanalyse aus der Studie zur Qualitätskontrolle der operativen Therapie der Adipositas in Deutschland [current situation of antibiotic prophylaxis in obesity and metabolic surgery – data analysis from the study for quality assurance in operative treatment of obesity in Germany]. Zentralbl Chir 141:45–52

Thorell A, MacCormick AD, Awad S et al (2016) Guidelines for perioperative care in bariatric surgery: Enhanced Recovery After Surgery (ERAS) society recommendations. World J Surg 40:2065–2083

Venclauskas L, Maleckas A, Arcelus JI, ESA VTE Guidelines Task Force (2018) European guidelines on perioperative venous thromboembolism prophylaxis: surgery in the obese patient. Eur J Anaesthesiol 35:147–153

Schilddrüsenchirurgie

Reinhart T. Grundmann und E. Sebastian Debus

Inhaltsverzeichnis

23.1 Leitlinien – 184

23.2 Spezielle Fragestellungen – 185
23.2.1 Antibiotikaprophylaxe – 185
23.2.2 Drainage – 185
23.2.3 Postoperative Übelkeit und Erbrechen/Dexamethason perioperativ – 186
23.2.4 Analgesie – 187
23.2.5 Thromboembolieprophylaxe – 187
23.2.6 Halshämatom/postoperative Blutung – 187
23.2.7 Arbeitsunfähigkeit nach Schilddrüsenresektion – 188

Literatur – 189

© Der/die Autor(en), exklusiv lizenziert durch Springer-Verlag GmbH, DE, ein Teil von Springer Nature 2021
R. T. Grundmann und E. S. Debus (Hrsg.), *Evidenzbasiertes perioperatives Management in der Viszeralchirurgie*,
Evidenzbasierte Chirurgie, https://doi.org/10.1007/978-3-662-62848-5_23

23.1 Leitlinien

Die AWMF-Leitlinie „Operative Therapie benigner Schilddrüsenerkrankungen" (2015) hält zum perioperativen Management fest:
- Innerhalb der ersten 36–48 h nach Schilddrüsenresektion soll die Kontrolle der Vitalparameter und Wundverhältnisse einschließlich klinischer Zeichen der respiratorischen Insuffizienz und Hypokalzämie erfolgen. Dabei sind die ersten 8 h von besonderer Bedeutung.
- Postoperativ soll die laryngoskopische Kontrolle der Kehlkopffunktion, die der Erfassung postoperativer Funktionsstörungen dient, erfolgen.
- Zur frühzeitigen Erkennung eines postoperativen Hypoparathyreoidismus sollte die Bestimmung des Serumkalziums und intakten Parathormon direkt postoperativ oder am Morgen des ersten postoperativen Tages erfolgen.
- Bei oberflächlicher Wundinfektion sind die Wunderöffnung und eine subkutan offene Wundbehandlung ausreichend. Bei frühzeitiger operativer Revision kann unter günstigen Bedingungen nach ausgiebiger Spülung und Debridement ein primärer Wundverschluss möglich sein.
- Bei Risikofaktoren (z. B. Diabetes, Immunsuppression, Sternotomie) und einer absehbar verlängerten Operationsdauer (>2–3 h) sollte eine Antibiotikaprophylaxe erfolgen.

Die Leitlinien der American Association of Endocrine Surgeons (Patel et al. 2020) empfehlen zum perioperativen Management (in Klammer Empfehlung/Qualität der Evidenz):
- Eine antimikrobielle Prophylaxe ist in den meisten Fällen einer transzervikalen Standardschilddrüsenchirurgie nicht notwendig. (stark/hoch)
- Vor einer Schilddrüsenresektion sollte bei Fehlen von Kontraindikationen eine einzelne präoperative Dosis Dexamethason in Betracht gezogen werden, um Übelkeit, Erbrechen und Schmerz zu verringern. (stark/hoch)
- Bei Eingriffen wegen M. Basedow (Graves`disease) sollten die Patienten
  - idealerweise praeoperativ euthyreot übergeben werden. (stark/gering)
  - kann ein kaliumjodidhaltiges Präparat präoperativ erwogen werden. (schwach/gering)
- Patienten mit Magenbypass sollten über ein erhöhtes Risiko für eine schwere postoperative Hypokalzämie nach totaler oder komplettierender Thyreoidektomie aufgeklärt werden. (stark/schwach)
- Vor einem Eingriff wegen M. Basedow können Kalzium- und 25-Hydroxy-Vitamin D-Spiegel bestimmt und ergänzt oder prophylaktisch supplementiert werden. (stark/mäßig)
- Eine medikamentöse VTE-Prophylaxe sollte ausgewählten Patienten, die ein hohes Risiko nach Schilddrüsenresektion haben, vorbehalten bleiben. (stark/gering)
- Schmerztherapie:
  - Nicht-Opioide, nicht-medikamentöse Behandlung und Patientenunterweisung sollten das Erstlinien-Schmerzmanagement nach Schilddrüsenresektion sein. (stark/mäßig)
  - Wenn Opioide zur postoperativen Schmerzbehandlung verschrieben werden, sollten die niedrigsten effektiven Dosen an sofortfreisetzenden Opioiden (<10 orale Morphinäquivalente) verordnet werden. (stark / mäßig)
- Patienten mit einem erhöhten Risiko für ein Halshämatom sollten für eine Überwachung über Nacht nach Schilddrüsenresektion in Betracht gezogen werden. (schwach/mäßig)
- Patienten mit Verdacht auf Hämatom nach Schilddrüsenresektion sollten sofort beurteilt werden, mit geeigneter Intervention wie indiziert. (stark/gering)

- Wenn bei der Resektion eine unilaterale Recurrensdurchtrennung erfolgt, sollte ein Wiederherstellungsversuch unternommen werden. (stark / mäßig)
- Um postoperativen Symptomen einer Hypokalzämie nach totaler oder komplettierender Thyreoidektomie vorzubeugen und/oder zu behandeln, sollte eine Strategie für eine Kalzium- und/ oder Vitamin D-Supplementierung in Betracht gezogen werden. (stark/mäßig).
- Patienten mit signifikanter Hypokalzämie nach Schilddrüsenresektion sollten in erster Linie eine orale Kalziumtherapie erhalten, Calcitriol wie notwendig und intravenöses Kalzium in schweren oder refraktären Situationen. (stark/gering)

23.2 Spezielle Fragestellungen

23.2.1 Antibiotikaprophylaxe

Zur perioperativen Antibiotikaprophylaxe bei Eingriffen an Schilddrüse und Nebenschilddrüse liegt eine randomisierte Studie von Uruno et al. (2015) vor. In dieser Studie erhielten die Patienten in der Therapiegruppe entweder 2 g Piperacillin (n = 541) oder 1 g Cefazolin (n = 541) intravenös vor Hautschnitt, Patienten der Kontrollgruppe (n = 1082) erhielten keine Prophylaxe. Die Inzidenz an Wundinfektionen war sehr niedrig, mit lediglich 1 Ereignis (0,09 %) in der Gruppe mit Antibiotikaprophylaxe vs. 3 Ereignissen (0,28 %) in der Kontrolle (p = 0,371).

> Die Autoren folgerten, dass in der Schilddrüsenchirurgie eine Antibiotikaprophylaxe zur Vorbeugung von Wundinfektionen nicht erforderlich ist.

Ähnlich argumentierten Moskalenko et al. (2018), die in einer retrospektiven Erhebung bei insgesamt 534 Patienten mit Schilddrüsen-/ Nebenschilddrüseneingriffen insgesamt nur 1 Wundinfektion sahen (0,2 %), dies in der Gruppe mit Antibiotikaprophylaxe (n = 141), verglichen mit Null-Infektionen bei den Patienten ohne Prophylaxe (n = 393). In einer wesentlich größeren prospektiven Erhebung untersuchten Bures et al. (2014) das Wundinfektionsrisiko bei 6778 konsekutiven Schilddrüseneingriffen eines einzelnen Zentrums. In dieser Studie erfolgte keine Antibiotikaprophylaxe, alle Patienten erhielten eine Wunddrainage. Die kumulative Wundinfektionsrate über 30 Tage betrug 0,49 % (n = 32), die meisten Wundinfektionen (=27) wurden erst nach der Entlassung des Patienten entdeckt. Die Autoren lehnten die perioperative Antibiotikaprophylaxe bei Schilddrüseneingriffen nicht gänzlich ab, sondern sahen eine selektive Indikation bei Patienten mit ASA ≥ 2 und langer Operationszeit, wobei letztere allerdings schwer präoperativ abzuschätzen ist.

Mittlerweile wurde zur Antibiotikaprophylaxe bei Schilddrüseneingriffen eine Metaanalyse auf Basis von 3 randomisierten und 3 nichtrandomisierten Studien mit insgesamt 4428 Patienten erstellt (Medas et al. 2020). Die Wundinfektionsrate betrug insgesamt 0,5 % (0,6 % in der Therapie- und 0,4 % in der Kontrollgruppe) mit der Konsequenz, dass auch diese Autoren empfahlen, eine perioperative Antibiotikaprophylaxe bei Schilddrüseneingriffen zu unterlassen.

23.2.2 Drainage

Der kontroversen Frage, ob nach einer Schilddrüsenresektion einer Drainage gelegt werden soll oder nicht, gingen Tian et al. (2017) in einer Metaanalyse von 14 randomisierten Studien mit insgesamt 1927 Patienten nach. Die Analyse ergab, dass Patienten mit Drainage ein signifikant höheres Infektionsrisiko im Vergleich zu „Keine-Drainage" hatten (P=0,012). 23 von 987 (2,3 %) Patienten in der Drain-Gruppe und 18 von 940 (1,9 %) in der kein-Drain-Gruppe entwickelten ein postoperatives Hämatom (p=0,421). Patienten in der Draingruppe hatten einen signifikant längeren Krankenhausaufenthalt (p < 0,001).

> Es wurde gefolgert, dass das Platzieren einer Drainage bei Schilddrüseneingriffen keinerlei signifikante Vorteile hinsichtlich der postoperativen Komplikationsrate bietet, aber das Infektionsrisiko erhöht.

Das Platzieren einer Drainage ist lediglich gestützt durch die persönliche Erfahrung des Chirurgen und seine Ausbildung. Dies bestätigt Aussagen eines früheren Cochrane-Reviews (Samraj und Gurusamy 2007), der auf Basis von 13 Studien zu dem Schluss kam, dass es keinen klaren Beleg dafür gibt, dass die Anwendung von Drainagen in der Schilddrüsenchirurgie das Ergebnis verbessert, dass aber Drains mit einem längeren Krankenhausaufenthalt assoziiert sein können.

> Diese Feststellungen beschränken sich auf Eingriffe, bei denen die Schilddrüse nicht ins Mediastinum reicht, normale Gerinnungsverhältnisse vorliegen und keine laterale Neck-dissection erfolgt.

Für Eingriffe mit Neck-dissection ist die Datenbasis zu schmal, um gesicherte Aussagen machen zu können, wie eine Metaanalyse demonstrierte (Li et al. 2017).

In einer weiteren Metaanalyse wurde der Frage nachgegangen, ob die Drainage mit oder ohne Sog erfolgen sollte (Li et al. 2018). Die Daten ergaben, dass bei Eingriffen ohne Neck-dissection Patienten mit einer Unterdruckdrainage möglicherweise ein geringeres Risiko der Serombildung und Wundinfektion haben als Patienten mit Drainage ohne Sog.

In einer kleinen randomisierten Studie von 69 (Drain) vs. 67 (kein Drain) Patienten untersuchten Künzli et al. (2019) den Einfluss einer Drainage auf Übelkeit und Erbrechen nach Schilddrüsen- und Nebenschilddrüsenchirurgie. Die Daten zeigten, dass die mechanische Irritation durch die liegende Drainage keinen signifikanten Einfluss auf Schmerz, Übelkeit und Erbrechen nach Schilddrüsenresektion nimmt. Die Autoren empfahlen weiterhin die Drainage, da die Serom- oder Hämatomansammlung im Wundbereich in der Gruppe ohne Drain signifikant größer war.

23.2.3 Postoperative Übelkeit und Erbrechen/Dexamethason perioperativ

Die Leitlinien der American Association of Endocrine Surgeons (Patel et al. 2020) empfehlen die präoperative Dexamethasongabe vor Schilddrüsenresektion zur Vermeidung von PONV. Inwieweit Dexamethason auch den postoperativen Schmerz beeinflusst, untersuchten Cheng et al. (2020) in einer Metaanalyse von 8 randomisierten Studien (734 Patienten).

> Die Autoren kamen zu dem Ergebnis, dass Dexamethason effektiv Schmerzen, Übelkeit und Erbrechen nach Schilddrüsenresektion verhindert.

Eine höhere Dosis an Dexamethason (8–10 mg) hatte eine signifikant stärkere Wirkung, die Inzidenz von PONV zu reduzieren als eine geringere Dosis von 1,25–5 mg. In einer doppelblinden randomisierten Plazebo-kontrollierten Monozenterstudie machte die PONV-Inzidenz 29 % in der Dexamethason-Gruppe vs. 57 % in der Kontrollgruppe aus (Tarantino et al. 2015). Darüber hinaus war spekuliert worden, dass Dexamethason aufgrund von Entzündungshemmung und reduzierter Ödembildung die unmittelbare postoperative Sprechqualität verbessern kann. Dies ließ sich in einer Metaanalyse von 4 Studien nicht belegen (Cheng et al. 2015).

23.2.4 Analgesie

Nguyen et al. (2020) überprüften die Evidenz der perioperativen Schmerztherapie bei Resektion von Schilddrüse und Nebenschilddrüsen in einer systematischen Übersicht über 38 randomisierte Studien (3167 Patienten; 36 Arbeiten beschäftigten sich mit der Schilddrüsenresektion, 2 mit der Parathyreoidektomie).

> Danach sind NSAIDs und Lokalanästhesien (vor Inzision) die am häufigsten zu bevorzugenden Analgetika als Nicht-Opioid-Alternativen.

NSAIDs haben ein potenzielles Blutungsrisiko bei Hochrisikopatienten. Lokalananästhetika (Lidocain) sind wirksam, effizient und relativ sicher sowohl bei lokaler Wundinfiltration als auch als oberflächliche bilaterale Plexus-cervicalis-Blockade. Gabapentinoide sind gleichfalls zu empfehlende wirksame Opioid-Alternativen. Die Praxis sieht allerdings häufig anders aus als die evidenzbasierten Empfehlungen. In einer Umfrage bei 102 Schilddrüsenchirurgen der USA verordneten 65,7 % der Befragten postoperativ routinemäßig Opioide mit einer weiten Streuung der Morphin-Äquivalente (Ferrell et al. 2019). Die dabei am häufigsten verschriebene Medikation war eine Kombination von Hydrocodon/Acetaminophen [Paracetamol] (APAP) 5/325 mg. Immerhin ein Drittel der Befragten gaben an, unter anderem auch die intraoperative oberflächliche Plexus-cervicalis-Blockade mit Lokalanästhesie einzusetzen.

23.2.5 Thromboembolieprophylaxe

Das Risiko einer tiefen Venenthrombose nach Schilddrüsenresektion ist geringer als das des allgemeinen chirurgischen Krankenguts. In einer Analyse der NSQIP-Datenbank fanden Roy et al. (2010) in den ersten 30 Tagen nach dem Eingriff bei 347.862 Patienten mit allgemeinchirurgischen Eingriffen eine VTE-Rate von 0,96 %, verglichen mit lediglich 0,16 % (26/16.022) bei Eingriffen an Schilddrüse und Nebenschilddrüsen. 17 dieser 26 Patienten entwickelten eine tiefe Venenthrombose und nur 9 (0,056 %) eine Lungenembolie. Die Daten belegen, dass nur bei Hochrisikopatienten eine Thromboseprophylaxe bei Schilddrüseneingriffen in Erwägung zu ziehen ist. Entsprechend hat Dralle (2019) festgestellt, dass bei Schilddrüsen- und Nebenschilddrüsenoperationen nur in nicht chirurgisch bedingten Ausnahmefällen eine routinemäßige medikamentöse Thromboseprophylaxe angezeigt ist, ein interdisziplinär konsentierter Kriterienkatalog hierfür fehlt allerdings bislang.

23.2.6 Halshämatom/postoperative Blutung

Fan et al. (2019) erstellten auf Basis von 26 Studien eine Übersicht mit Metaanalyse zu den Risikofaktoren für die Entwicklung eine Halshämatoms nach Schilddrüsenresektion. Eingeschlossen wurden 452.799 Patienten, von ihnen musste bei 6663 Patienten eine Reintervention wegen Halshämatom vorgenommen werden (1,5 %). Wesentliche Risikofaktoren sind in ◘ Tab. 23.1 aufgeführt. Bei Patienten mit mehreren dieser Risikofaktoren ist eine enge postoperative Überwachung angezeigt, vor allem wenn eine ambulante oder Tageschir-

Tab. 23.1 Risikofaktoren für die Entwicklung eines postoperativen Halshämatoms nach Schilddrüsenresektion (nach Fan et al. 2019)

Risikofaktoren	Mittlere Differenz/ Odds Ratio	P
Männer (im Vergleich zu Frauen)	1,86	<0,00001
Alter (höher in der Hämatomgruppe)	4,92	<0,00001
M. Basedow	1,81	<0,00001
Bluthochdruck	2,27	0,0005
Antithrombotische Medikation	1,92	<0,00001
Geringes Krankenhausfallaufkommen	1,32	0,001
Vorangegangener Schilddrüseneingriff	1,93	0,02
Beidseitige Thyreoidektomie	1,19	<0,0001
Neck dissection	1,55	0,0002

urgie für Schilddrüseneingriffe geplant ist. Keine Assoziation mit der Entwicklung eines postoperativen Halshämatoms hatten der Raucherstatus des Patienten, die Operation bei malignen Tumoren und die Verwendung einer Drainage. Weitere Daten zum Blutungsrisiko nach Schilddrüsenresektion liefert das Skandinavische Qualitätsregister (Salem et al. 2019). Hier kam es bei 9494 Operationen zu 174 postoperativen Blutungen (1,8 %). In dieser Erhebung war ebenfalls bei älteren Patienten und Männern das Risiko einer postoperativen Blutung erhöht, aber im Gegensatz zu Fan et al. (2019) war eine Drainage ein signifikanter Risikofaktor für eine Nachblutung (Odds Ratio 1,64). Diese Autoren analysierten auch den Zeitpunkt der postoperativen Blutungen: 64 % der Patienten mit Nachblutung benötigten einen Reeingriff innerhalb 6 h postoperativ, nach 12 h waren es 80 %. Nur bei 10 % der Patienten mit postoperativer Blutung war eine Reoperation ≥ 24 h nach dem Ersteingriff erforderlich.

Im Zusammenhang mit dem Risiko der postoperativen Blutung überprüften Polychronidis et al. (2018) den Nutzen lokaler Hämostyptika in der Schilddrüsenchirurgie in einer Netzwerk-Metaanalyse von 13 randomisierten kontrollierten Studien. Sie unterschieden zwischen aktiven topischen Hämostyptika, die Thrombin, Fibrinogen und/oder ihre Kombination enthielten und passiven topischen Hämostyptika auf Basis von Cellulose, Kollagen oder Gelatine. In dieser Untersuchung reichte die Rate an Halshämatomen, die einen Reeingriff erforderlich machten, von 0 bis 9,1 % und wurde weder durch die Anwendung aktiver noch passiver Hämostyptika signifikant reduziert. Auch wurde zwischen den Gruppen kein Unterschied hinsichtlich der Zeit bis zur Drainageentfernung, Länge des Krankenhausaufenthaltes und der Rate an postoperativen Hypokalzämien oder Recurrensparesen gefunden. Aktive Hämostyptika führten aber zu einem signifikant geringeren postoperativen Blutverlust insgesamt und verkürzter Operationszeit im Vergleich zu den Kontrollen und passiven Hämostyptika. Es gibt demnach keine Evidenz, die Anwendung lokaler Hämostyptika in der Schilddrüsenchirurgie generell zu empfehlen, um so eine klinisch relevante Blutung zu vermeiden.

23.2.7 Arbeitsunfähigkeit nach Schilddrüsenresektion

Das Royal College of Surgeons (2020) gibt folgende Empfehlungen:
- Die meisten Patienten, die einen Schreibtischberuf haben, können 2 Wochen nach dem Eingriff wieder arbeiten.

- Für Patienten, deren Beruf schweres Heben beinhaltet oder langes Stehen (z. B. Arbeit in einem Laden), ist es sinnvoll, bis zu 4 Wochen zu warten, bevor die Arbeit wieder aufgenommen wird.

Literatur

Bures C, Klatte T, Gilhofer M et al (2014) A prospective study on surgical-site infections in thyroid operation. Surgery 155:675–681

Cheng L, Le Y, Yang H, Zhou X (2020) The effect of dexamethasone on pain control after thyroid surgery: a meta-analysis of randomized controlled trials [published online ahead of print, 2020 Aug 17]. Eur Arch Otorhinolaryngol. ▶ https://doi.org/10.1007/s00405-020-06245-8

Cheng SP, Liu TP, Yang PS, Lee KS, Liu CL (2015) Effect of perioperative dexamethasone on subjective voice quality after thyroidectomy: a meta-analysis and systematic review. Langenbecks Arch Surg 400:929–936

Deutsche Gesellschaft für Allgemein- und Viszeralchirurgie (DGAV) (2015) Operative Therapie benigner Schilddrüsenerkrankungen. AWMF-Register Nr. 088/007 Klasse: S2k.

Dralle H (2019) Thrombembolieprophylaxe bei Schilddrüsenoperationen [Risk-based thromboembolism prophylaxis in thyroid surgeries]. Chirurg 90(Suppl 2):105

Fan C, Zhou X, Su G, al (2019) Risk factors for neck hematoma requiring surgical re-intervention after thyroidectomy: a systematic review and meta-analysis. BMC Surg 19:98

Ferrell JK, Singer MC, Farwell DG, Stack BC Jr, Shindo M (2019) Evaluating contemporary pain management practices in thyroid and parathyroid surgery: a national survey of head and neck endocrine surgeons. Head Neck 41:2315–2323

Künzli BM, Walensi M, Wilimsky J et al (2019) Impact of drains on nausea and vomiting after thyroid and parathyroid surgery: a randomized controlled trial. Langenbecks Arch Surg 404:693–701

Li L, Chen H, Tao H et al (2017) The effect of no drainage in patients who underwent thyroidectomy with neck dissection: a systematic review and meta-analysis. Medicine Baltimore 96:e9052

Li L, Liu W, Tao H et al (2018) Efficacy and safety of negative pressure versus natural drainage after thyroid surgery: a systematic review and meta-analysis. Medicine (baltimore) 97:e11576

Medas F, Canu GL, Cappellacci F et al (2020) Antibiotic prophylaxis for thyroid and parathyroid surgery: a systematic review and meta-analysis. Otolaryngol Head Neck Surg 194599820947700. ▶ https://doi.org/10.1177/0194599820947700

Moskalenko M, Asai M, Beem K et al (2018) Incidence of surgical site infections after thyroid and parathyroid surgery: no role for antimicrobial prophylaxis. Am Surg 84:897–901

Nguyen BK, Stathakios J, Quan D et al (2020) Perioperative analgesia for patients undergoing thyroidectomy and parathyroidectomy: an evidence-based review. Ann Otol Rhinol Laryngol 129:949–963

Patel KN, Yip L, Lubitz CC et al (2020) The American association of endocrine surgeons guidelines for the definitive surgical management of thyroid disease in adults. Ann Surg 271:e21–e93

Polychronidis G, Hüttner FJ, Contin P et al (2018) Network meta-analysis of topical haemostatic agents in thyroid surgery. Br J Surg 105:1573–1582

Roy M, Rajamanickam V, Chen H, Sippel R (2010) Is DVT prophylaxis necessary for thyroidectomy and parathyroidectomy? Surgery 148:1163–1169

Salem FA, Bergenfelz A, Nordenström E et al (2019) Evaluating risk factors for re-exploration due to postoperative neck hematoma after thyroid surgery: a nested case-control study. Langenbecks Arch Surg 404:815–823

Samraj K, Gurusamy KS (2007) Wound drains following thyroid surgery. Cochrane Database Syst Rev 4:CD006099

Tarantino I, Warschkow R, Beutner U et al (2015) Efficacy of a single preoperative dexamethasone dose to prevent nausea and vomiting after thyroidectomy (the tPONV Study): a randomized, double-blind, placebo-controlled clinical trial. Ann Surg 262:934–940

The Royal College of Surgeons of England (2020) Recovering from surgery. ▶ https://www.rcseng.ac.uk/patient-care/recovering-from-surgery/. abgerufen Dezember 2020

Tian J, Li L, Liu P, Wang X (2017) Comparison of drain versus no-drain thyroidectomy: a meta-analysis. Eur Arch Otorhinolaryngol 274:567–577

Uruno T, Masaki C, Suzuki A et al (2015) Antimicrobial prophylaxis for the prevention of surgical site infection after thyroid and parathyroid surgery: a prospective randomized trial. World J Surg 39:1282–1287

Leistenhernienversorgung

Reinhart T. Grundmann und E. Sebastian Debus

Inhaltsverzeichnis

24.1 Leitlinien – 192

24.2 Spezielle Fragestellungen – 193
24.2.1 Antibiotikaprophylaxe – 193
24.2.2 Drainage – 193
24.2.3 Anästhesie – 194
24.2.4 Perioperative Antikoagulation und Thrombozyten-aggregationshemmer – 194
24.2.5 Arbeitsunfähigkeit nach Leistenhernienreparation – 195

Literatur – 195

© Der/die Autor(en), exklusiv lizenziert durch Springer-Verlag GmbH,
DE, ein Teil von Springer Nature 2021
R. T. Grundmann und E. S. Debus (Hrsg.), *Evidenzbasiertes perioperatives Management in der Viszeralchirurgie*,
Evidenzbasierte Chirurgie, https://doi.org/10.1007/978-3-662-62848-5_24

24.1 Leitlinien

Die HerniaSurge Group (2018) führt zum perioperativen Management aus:

Antibiotikaprophylaxe
- Es besteht ein erhöhtes Wundinfektionsrisiko bei Patienten mit offener Versorgung von bilateralen Hernien und Rezidivhernien.
- Bei Patienten mit durchschnittlichem Risiko, in einer Umgebung mit geringem Risiko, wird bei offener Netzversorgung eine Antibiotikaprophylaxe nicht empfohlen.
- In einer Hochrisiko-Umgebung wird die Antibiotikaprophylaxe bei jedem Patienten mit offener Netzversorgung empfohlen.
- Bei laparoskopisch endoskopischer Versorgung wird bei keinem Patienten (unabhängig von der Risikoumgebung) eine perioperative Antibiotikaprophylaxe empfohlen.

Anmerkung: die Hochrisiko-Umgebung wird hier als eine Umgebung bezeichnet, bei der die Inzidenz der Wundinfektionsrate >5 % beträgt.

Anästhesie
- Für die offene Versorgung reponibler Hernien wird die Lokalanästhesie empfohlen, vorausgesetzt Chirurg/Team haben Erfahrung mit dem Einsatz der Lokalanästhesie.
- Korrekt durchgeführt, ist die Lokalanästhesie eine gute Alternative zur Allgemein- oder Regionalanästhesie bei Patienten mit schwerer systemischer Erkrankung.
- Allgemein- oder Lokalanästhesie werden bei Patienten im Alter ≥ 65 Jahre der Regionalanästhesie vorgezogen.

Frühe postoperative Schmerzprävention und Management
- Prä- oder perioperative lokalanästhetische Maßnahmen wie Feld-Block der Inguinalnerven und/oder subkutane/subfasziale Infiltration werden bei allen offenen Hernienversorgungen empfohlen.
- Der Einsatz von konventionellen NSAID oder eines selektiven COX-2-Hemmers plus Paracetamol wird bei offener Hernienversorgung empfohlen, vorausgesetzt, es gibt keine Kontraindikationen.

Rekonvaleszenz
- Den Patienten wird angeraten, innerhalb von drei bis fünf Tagen pOp ihre normalen Aktivitäten ohne Einschränkungen wieder aufzunehmen, oder sobald sie sich damit komfortabel finden.

Leistenhernien bei Frauen
- Vorausgesetzt, die Expertise ist vorhanden, wird empfohlen, dass sich Frauen mit Leistenhernien einem laparoskopisch-endoskopischem Eingriff mit Netzimplantation unterziehen.
- Bei Frauen mit Leistenhernien wird eine zeitnahe Hernienversorgung empfohlen.
- Ärzte sollten bei Frauen mit Leistenschwellung eine Femoralhernie differentialdiagnostisch ins Kalkül ziehen.
- Bei Frauen mit Leistenschwellung in der Schwangerschaft wird ein aufmerksames Abwarten („watchful waiting") vorgeschlagen.

Harnverhalt
- Es wird geraten, den Patienten aufzufordern, vor Leistenhernienversorgung die Blase zu entleeren. Der Routineeinsatz eine Blasenkatheters wird nicht empfohlen.

Patienten unter Antikoagulation /Thrombozytenaggregationshemmern
- Vorsicht ist angesagt bei Patienten, die unter Antikoagulation/Thrombozytenaggregationshemmern stehen, auch bei Bridging mit niedermolekularem Heparin. Es wird geraten, lokale Protokolle zu entwickeln, um das Management dieser Patienten zu steuern.

Drainage
- Da eine klinisch bedeutsame Serombildung nach Leistenhernienversorgung selten ist, wird eine Routinedrainage nach primär unkomplizierter Versorgung nicht empfohlen.

Chronischer Schmerz
- Über alle beträgt die Inzidenz klinisch bedeutsamer chronischer Schmerzen 10–12 %, mit abnehmender Tendenz über die Zeit. Behindernde chronische Schmerzen, die das tägliche Leben oder die Arbeit einschränken, machen 0,5 % bis 6 % aus. Der chronische Schmerz sollte als belästigender mäßiger Schmerz, der die täglichen Aktivitäten über mehr als 3 Monate postoperativ beeinflusst, definiert werden.
- Es wird geraten, dass ein multidisziplinäres Team Patienten mit chronischen Schmerzen behandelt.
- Pharmakologische und interventionelle Maßnahmen – einschließlich diagnostischer und therapeutischer Nervenblockaden – sollten für wenigstens 3 Monate fortgesetzt werden (ein Minimum von 6 Monaten nach Hernienversorgung).
- Für den chronischen neuropathischen Schmerz nach offener Hernienversorgung bieten sowohl die offene Neurektomie als auch die endoskopische retroperitoneale Neurektomie ein akzeptables Ergebnis.
- Ein maßgeschneiderter Zugang zur Neurektomie mit oder ohne Netzentfernung wird vorgeschlagen, abhängig von der ursprünglichen Versorgungsmethode und Präsentation. Die Entscheidung über den Neurektomie-Typ (selektiv oder dreifach) wird am besten dem Chirurgen überlassen.

Notfallmäßige Hernienversorgung
- Die prophylaktische intravenöse Antibiotikatherapie wird vor und nach notfallmäßiger Hernienversorgung empfohlen. Sie sollte wie erforderlich fortgesetzt werden, abhängig vom Kontaminationsgrad des Operationsfeldes.

24.2 Spezielle Fragestellungen

24.2.1 Antibiotikaprophylaxe

Zur Antibiotikaprophylaxe bei offener elektiver Leistenhernienchirurgie und Femoralhernienversorgung liegt ein Update eines Cochrane Review (Orelio et al. 2020) auf Basis von 27 Studien mit 8308 Teilnehmern vor. Danach ist es ungewiss, ob eine Antibiotikaprophylaxe das Wundinfektionsrisiko bei offener Leistenhernienversorgung reduziert. Lediglich in einer Umgebung mit hohem Infektionsrisiko vermag eine Antibiotikaprophylaxe möglicherweise das Infektionsrisiko zu senken (Evidenz geringer Qualität). In realiter ist allerdings die perioperative Antibiotikaprophylaxe bei offener Leistenhernienchirurgie weit verbreitet, worauf Boonchan et al. (2017) in einer Netzwerkanalyse hingewiesen haben. Danach waren Beta-Laktam/Betalaktamase-Inhibitor-Antibiotika in der Lage, im Vergleich zu Plazebo das Wundinfektionsrisiko zu senken, gefolgt von Cephalosporinen der 1. Generation.

24.2.2 Drainage

Eine systematische Übersicht zur Serombildung bei laparoskopischer Leistenhernienchirurgie fand drei Studien, deren gepoolte Daten belegten, dass eine Drainage bei laparoskopischer Hernienchirurgie die Serombildung reduzieren kann (Li et al. 2019). Trotzdem wollten die Autoren eine Drainage nicht empfehlen, da deren Liegedauer nur 24 bis 48 h betragen sollte, die Serombildung aber länger anhält. Auch sind die meisten Serome klinisch bedeutungslos.

24.2.3 Anästhesie

Li et al. (2020) verglichen in einer systematischen Übersicht die Spinalanästhesie mit der Allgemeinanästhesie bei offener und laparoskopischer Leistenhernienversorgung auf Basis von 6 randomisierten und 5 Kohortenstudien mit insgesamt 2593 Patienten. Die Spinalanästhesie war mit signifikant längerer Operationszeit assoziiert, speziell bei laparoskopischer Chirurgie, umgekehrt waren die postoperativen Schmerzen 4 und 12 h nach dem Eingriff (offen oder laparoskopisch) bei Spinalanästhesie signifikant geringer. In der Tendenz waren die Patienten mit der Spinalanästhesie zufriedener. Jedoch war das Risiko des Harnverhalts und postoperativer Kopfschmerzen bei Spinalanästhesie signifikant größer. Speziell in der offenen Leistenhernienchirurgie war die Inzidenz an PONV in der Gruppe mit Spinalanästhesie geringer (p = 0,07). Die Autoren kamen zu dem Schluss, dass die Spinalanästhesie eine gute Alternative zur Allgemeinanästhesie darstellt, ohne dieser überlegen zu sein.

Die Autoren einer zweiten Metaanalyse zum gleichen Thema waren zurückhaltender mit ihrer Empfehlung (Hajibandeh et al. 2020). Sie verglichen die Spinalanästhesie bei total extraperitonealer laparoskopischer Hernienreparation mit der Allgemeinanästhesie anhand von 5 Studien. Sie sahen ebenfalls 12 h nach dem Eingriff signifikant weniger postoperative Schmerzen bei Spinalanästhesie, aber Harnverhalt, Hypotension, Kopfschmerzen und Operationszeit waren bei Spinalanästhesie signifikant erhöht. Insgesamt war die Morbidität bei Allgemeinanästhesie geringer. Nach dieser Analyse ist die Spinalanästhesie bei laparoskopischer Hernienversorgung nur für Patienten mit hohem Allgemeinanästhesierisiko indiziert.

In einer dritten Metaanalyse (Netzwerk-Metaanalyse; 53 Studien, 11.683 Patienten) wurden das Sterblichkeitsrisiko und das Risiko eine Harnverhalts nach Lichtensteinverfahren in Abhängigkeit von der Art der Anästhesie (Lokal, Regional, Allgemein) dargestellt (Olsen et al. 2020). Die unbearbeiteten Raten an Harnverhalt waren 0,1 % bei Lokalanästhesie, 8,6 % bei Regionalanästhesie und 1,4 % bei Allgemeinanästhesie. In der Metaanalyse waren die Unterschiede zwischen Lokal– und Allgemeinanästhesie nicht signifikant (p = 0,08), während der Harnverhalt nach Regionalanästhesie signifikant erhöht war. Das perioperative Sterblichkeitsrisiko war nach allen 3 Verfahren „Null", kein Patient verstarb nach elektiver Lichtensteinversorgung.

> Die Autoren folgerten, dass in der offenen Leistenhernienchirurgie die Regionalanästhesie wenn möglich vermieden werden sollte.

24.2.4 Perioperative Antikoagulation und Thrombozytenaggregationshemmer

Li, Wang et al. (2019) kamen in einer systematischen Übersicht anhand von 10 Beobachtungsstudien zu dem Schluss, dass bei offener und laparoskopischer Leistenhernienversorgung eine präoperative Behandlung des Patienten mit Aspirin oder Clopidogrel nicht unterbrochen werden muss. Andere haben in einer prospektiven Studie empfohlen, bei einer Thrombozytenaggregationshemmung mit 100 mg ASS die Therapie nur am Operationstag zu unterbrechen, sie sahen unter diesem Regime keine erhöhten Blutungskomplikationen bei laparoskopische Hernienversorgung (Yan et al. 2019).

Köckerling et al. (2016) berichteten anhand einer Registererhebung über Blutungskomplikationen bei 82.911 Patienten mit Hernienversorgung, unter ihnen 9115 (11 %) Patienten, die unter antithrombotischer Therapie standen oder eine Koagulopathie aufwiesen (Risikogruppe). Sie gaben eine Rate von 3,91 % Nachblutungen bei Risikopatienten im Vergleich zu 1,12 % bei Patienten ohne Risikofaktoren an. In dieser Untersuchung zeigten Patienten mit laparoskopischer Hernienversorgung eine signifikant geringere Nachblutungsrate als solche mit offener Hernienversorgung. Die Autoren sahen bei subtiler Operationstechnik auch bei Patienten unter antithrombotischer Therapie die endoskopische Leistenhernienversorgung als indiziert an.

24.2.5 Arbeitsunfähigkeit nach Leistenhernienreparation

Das Royal College of Surgeons (2020) gibt folgende Empfehlungen:
- Nach Tag 7 pOp: Der Patient sollte in der Lage sein, die meisten Dinge wie normal zu tun; leichte Arbeiten oder reduzierte Arbeitszeit sind nach 7 Tagen normalerweise möglich.
- Nach Tag 14 pOp: arbeitsfähig
- 2–4 Wochen pOp: die meisten Patienten sind nun wieder bei ihrer Arbeit, außer unter speziellen Umständen wie Komplikationen oder ihre Arbeit erfordert eine Menge körperlicher Anstrengung und schwere manuelle Arbeit.

Literatur

Boonchan T, Wilasrusmee C, McEvoy M, Attia J, Thakkinstian A (2017) Network meta-analysis of antibiotic prophylaxis for prevention of surgical-site infection after groin hernia surgery. Br J Surg 104:e106–e117

Hajibandeh S, Hajibandeh S, Mobarak S, Bhattacharya P, Mobarak D, Satyadas T (2020) Meta-analysis of spinal anesthesia versus general anesthesia during laparoscopic total extraperitoneal repair of inguinal hernia. Surg Laparosc Endosc Percutan Tech 30:371–380

HerniaSurge Group (2018) International guidelines for groin hernia management. Hernia 22:1–165

Köckerling F, Roessing C, Adolf D, Schug-Pass C, Jacob D (2016) Has endoscopic (TEP, TAPP) or open inguinal hernia repair a higher risk of bleeding in patients with coagulopathy or antithrombotic therapy? Data from the Herniamed Registry. Surg Endosc 30:2073–2081

Li J, Gong W, Liu Q (2019) Intraoperative adjunctive techniques to reduce seroma formation in laparoscopic inguinal hernioplasty: a systematic review. Hernia 23:723–731

Li J, Wang M, Cheng T (2019) The safe and risk assessment of perioperative antiplatelet and anticoagulation therapy in inguinal hernia repair, a systematic review. Surg Endosc 33:3165–3176

Li L, Pang Y, Wang Y, Li Q, Meng X (2020) Comparison of spinal anesthesia and general anesthesia in inguinal hernia repair in adult: a systematic review and meta-analysis. BMC Anesthesiol 20:64

Olsen JHH, Öberg S, Andresen K, Klausen TW, Rosenberg J (2020) Network meta-analysis of urinary retention and mortality after Lichtenstein repair of inguinal hernia under local, regional or general anaesthesia. Br J Surg 107:e91–e101

Orelio CC, van Hessen C, Sanchez-Manuel FJ, Aufenacker TJ, Scholten RJ (2020) Antibiotic prophylaxis for prevention of postoperative wound infection in adults undergoing open elective inguinal or femoral hernia repair. Cochrane Database Syst Rev 4:CD003769

The Royal College of Surgeons of England (2020) Recovering from surgery. ▶ https://www.rcseng.ac.uk/patient-care/recovering-from-surgery/ (abgerufen Dezember 2020)

Yan Z, Liu Y, Ruze R, Xiong Y, Han H, Zhan H, Wang M, Zhang G (2019) Continuation of low-dose acetylsalicylic acid during perioperative period of laparoscopic inguinal hernia repair is safe: results of a prospective clinical trial. Hernia 23:1141–1148

Nierentransplantation

Reinhart T. Grundmann und E. Sebastian Debus

Inhaltsverzeichnis

25.1 Leitlinien – 198

25.2 ERAS bei Nierentransplantation – 200

25.3 Spezielle Fragestellungen – 200
25.3.1 Perioperative Antibiotikaprophylaxe – 200
25.3.2 Prophylaxe von Harnwegsinfekten bei Nierentransplantation – 200
25.3.3 Asymptomatische Bakteriurien – 202
25.3.4 Pneumocystis-jiroveci-Prophylaxe – 202
25.3.5 Wunddrainage – 202
25.3.6 Ureterstent und Stententfernung – 202
25.3.7 Thromboseprophylaxe – 203

Literatur – 203

© Der/die Autor(en), exklusiv lizenziert durch Springer-Verlag GmbH, DE, ein Teil von Springer Nature 2021
R. T. Grundmann und E. S. Debus (Hrsg.), *Evidenzbasiertes perioperatives Management in der Viszeralchirurgie*,
Evidenzbasierte Chirurgie, https://doi.org/10.1007/978-3-662-62848-5_25

25.1 Leitlinien

Die Renal Transplantation Leitlinie der European Association of Urology (EAU) (2017) gibt zur Nierentransplantation unter anderen folgende Empfehlungen:
- Biete die reine oder handassistierte laparoskopische/retroperitoneoskopische Chirurgie als die bevorzugte Methode der Lebendspendernephrektomie an. (stark)
- Führe die offene Lebendspendernephrektomie in Zentren durch, in denen die endoskopischen Techniken noch nicht implantiert sind. (stark)
- Führe die laparoskopische-endoskopische Einzelport-Chirurgie, robotische und natural orifice transluminal endoscopic surgery-assisted [NOTES]- Lebendspendernephrektomie nur in hoch-spezialisierten Zentren durch. (stark)
- Verwende zur hypothermen Lagerung entweder die University of Wisconsin-Lösung oder Histidin-Tryptophan-Ketoglutarat – Konservierungslösungen. (stark)
- Verwende Celsior oder Marshall`s-Lösung zur Kaltlagerung, falls University of Wisconsin – oder Histidin-Tryptophan-Ketoglutarat – Lösungen nicht zur Verfügung stehen. (stark)
- Minimiere die Ischämiezeiten. (stark)
- Verwende die hypotherme maschinelle Perfusion (soweit vorhanden) bei Leichenspendernieren, um die Rate an verzögerten Nierenfunktionen zu reduzieren. (stark)
- Die hypotherme maschinelle Perfusion kann bei unter Standardkriterien gewonnenen Leichennieren eingesetzt werden. (stark)
- Die hypotherme maschinelle Perfusion muss kontinuierlich sein und mittels Druck und nicht Flow kontrolliert werden. (stark)
- Verwerfe nicht Transplantate allein aufgrund eines erhöhten vaskulären Widerstandes oder hoher Perfusatkonzentrationen an Schädigungsmarkern während hypothermer maschineller Perfusionskonservierung (schwache Empfehlung).
- Führe Dialyse oder konservative Maßnahmen durch, um Flüssigkeits- und Elektrolytungleichgewichte vor Transplantationseingriff zu behandeln unter Abwägung der Wahrscheinlichkeit einer sofortigen Transplantatfunktion. (schwach)
- Ziehe eine kontinuierliche Thrombozytenaggregationshemmung bei Patienten auf der Transplantationswarteliste in Betracht. (schwach)
- Verabreiche nicht routinemäßig prophylaktisch unfraktioniertes oder niedermolekulares Heparin bei Empfängern von Lebendspendertransplantaten mit niedrigem Risiko. (schwach)
- Verwende eher eine Einmalgabe als eine Mehrfachgabe eines perioperativen prophylaktischen Antibiotikums bei Routine-Nierentransplantatempfängern. (stark)
- Optimiere die prä-, peri- und postoperative Flüssigkeitszufuhr, um die Nierentransplantatfunktion zu verbessern. (stark)
- Verwende balanzierte Elektrolytlösungen für die intraoperative intravenöse Flüssigkeitstherapie. (schwach)
- Verwende die zielgerichtete intraoperative Flüssigkeitszufuhr, um die Rate an verzögerten Transplantatfunktionen zu senken und die frühe Transplantatfunktion zu optimieren. (stark)
- Verwende nicht routinemäßig niedrig-dosierte dopaminerge Substanzen in der frühen postoperativen Periode. (schwach)
- Verwende Transplantat-Ureter-Stents prophylaktisch, um größere Urinkomplikationen zu vermeiden. (stark)

- Beschränke die Lebendspendernephrektomie auf spezialisierte Zentren. (stark)
- Biete allen Nierenlebendspendern ein langfristiges Follow-up an. (stark)

Zur perioperativen Immunsuppression wird gesagt:
- Führe die initiale Abstoßungsprophylaxe mittels einer Kombinationsbehandlung aus Calcineurininhibitor (bevorzugt Tacrolimus), Mycophenolat, Steroiden und einem Induktionsagens (entweder Basiliximab oder Anti-Thymozyten-Globulin) durch. (stark)
- Verwende Calcineurininhibitoren zur Abstoßungsprophylaxe, da sie gegenwärtig die beste Praxis darstellen, solange die Publikation von langfristigen Ergebnissen bei Verwendung neuerer Substanzen ausstehen. (stark)
- Verwende Tacrolimus als Erstlinien-Calcineurininhibitor aufgrund seiner höheren Wirksamkeit. (stark)
- Kontrolliere die Blutspiegel sowohl von Cyclosporin als auch Tacrolimus, um eine geeignete Dosierungsanpassung der Calcineurininhibitoren zu gewährleisten. (stark)
- Verwende Mycophenolat als Teil der initialen Immunsuppression. (stark)
- Die initiale Steroidbehandlung sollte Teil der Immunsuppression in der perioperativen Phase und der frühen Zeit nach Transplantation sein. (stark)

Die European Association of Urology (EAU) empfiehlt in ihrer Leitlinie zum Komplikationsmanagement bei Nierentransplantation unter anderem (Rodríguez Faba et al. 2018):
- Führe eine farbkodierte Dopplersonographie bei Patienten mit Verdacht auf arterielle oder venöse Transplantatthrombose aus (starke Empfehlung [SE]).
- Führe eine farbkodierte Dopplersonographie durch, um eine arterielle Stenose zu diagnostizieren; ziehe bei unklarem Sonographie-Ergebnis eine MRT- oder CT-Angiographie in Betracht (SE).
- Führe eine perkutane Drainage als Ersttherapie für große und symptomatische Lymphozelen durch (SE).
- Behandle eine Urinleckage mit einem JJ-Stent und Blasenkatheter und/oder mit einem perkutanen Nephrostomie-Katheter. Führe die chirurgische Versorgung bei Versagen der konservativen Behandlung durch (SE).
- Behandle Ureterstrikturen <3 cm Länge entweder mit chirurgischer Rekonstruktion oder endoskopisch (perkutane Ballondilatation oder antegrade flexible Ureteroskopie und Holmium-Laser-Inzision). Behandle ein rezidivierendes spätes Rezidiv und/oder Strikturen >3 cm in Länge mit chirurgischer Rekonstruktion in geeigneten Fällen (SE).
- Führe die Stoßwellenlithotripsie oder antegrade/retrograde Ureteroskopie für Steine <15 mm durch (SE).
- Führe die perkutane Nephrolithotomie für Steine >20 mm durch (schwache Empfehlung).
- Bei einem vitalen Transplantat sind die Thrombektomie und bei einem nichtvitalen Transplantat die Transplantatnephrektomie die Behandlungsoptionen bei renaler arterieller Thrombose (Evidenzlevel [EL] 2b).
- Die interventionelle Radiologie ist die Erstlinienbehandlung für eine Nierenarterienstenose des Transplantates. Jedoch kann bei Patienten, die für eine interventionelle Angioplastie als ungeeignet erscheinen, die chirurgische Behandlung in Betracht gezogen werden (EL 3).
- Eine chirurgische Behandlung sollte vorgenommen werden, wenn die konservative Behandlung bei Urinleckagen versagt oder massive Urinleckagen auftreten (EL 2b).
- Bei Ureterstrikturen von >3 cm Länge oder solchen, die nach einem primär en-

dourologischen Eingriff erneut auftreten, sollte eine chirurgische Rekonstruktion erfolgen (EL 2b).
— Die extrakorporale Stoßwellenlithotripsie sollte als Erstlinienbehandlung für Steine <15 mm angesehen werden (EL 2b).

25.2 ERAS bei Nierentransplantation

Zum perioperativen Management bei Nierentransplantation sind ERAS-Protokolle publiziert worden. Das Protokoll von Kruszyna et al. (2016) ist in ◘ Tab. 25.1 aufgeführt. Die Autoren berichteten über 45 Patienten mit Leichennierentranspantat, die mittlere Länge des Krankenhausaufenthaltes betrug 10 (6-46) Tage, Todesfälle oder koronare und thromboembolische Komplikationen traten nicht auf. Bei 6,6 % der Patienten war ein Reeingriff erforderlich, das Transplantatüberleben nach 3 Monaten war 97,8 %. Ungeplante Wiederaufnahmen wurden in 8,9 % beobachtet. Ein weiteres Protokoll publizierten Espino et al. (2018). In dieser retrospektiven Erhebung wurden ERAS-Patienten bereit im Median 4 Tage nach Transplantation aus stationärer Behandlung entlassen, trotz verzögerter Aufnahme der Transplantatfunktion (bei 46,4 % der Patienten). Die Krankenhauswiederaufnahmerate innerhalb 30 Tagen war allerdings hoch (27,3 %).

25.3 Spezielle Fragestellungen

25.3.1 Perioperative Antibiotikaprophylaxe

> Für die perioperative Antibiotikaprophylaxe bei Nierentransplantation wird die Gabe eines Cephalosporins der ersten Generation für 24 h oder weniger empfohlen

(Bratzler et al. 2013; Anesi et al. 2018). Eine retrospektive Studie belegte die Effektivität dieses Vorgehens, in einer zusätzlichen Umfrage führte auch die Mehrzahl der Eurotransplant-Nierentransplantationszentren die perioperative Antibiotikaprophylaxe mittels intravenöser Einmalgabe eines Cephalosporins durch (Bachmann et al. 2019).

Eine spezielle Situation stellt die Spendernephrektomie dar. In einer doppel-blinden kontrollierten randomisierten Multizenterstudie erhielten die Spender bei Hand-assistierter laparoskopischer Spendernephrektomie in der Therapiegruppe einmalig intravenös Co-Amoxiclav (Ahmed et al. 2020). Die Studie demonstrierte eine hohe Rate an postoperativen Infektionen, beinahe 1 von 3 Spendern entwickelte im ersten Monat nach Nephrektomie eine infektiöse Komplikation, ca. 1 auf 5 Teilnehmer eine Wundinfektion. Die perioperative Antibiotikaprophylaxe reduzierte die Infektionsraten signifikant, auf 6 Patienten mit Antibiotikaprophylaxe kam die Verhinderung von 1 Infektion.

> Nach diesen Ergebnissen muss die perioperative Antibiotikaprophylaxe bei Spendernephrektomie gefordert werden.

25.3.2 Prophylaxe von Harnwegsinfekten bei Nierentransplantation

Zur Prophylaxe von Harnwegsinfektionen nach Nierentransplantation hat ein spanisches Expertenkomitee ein Konsensuspapier verfasst (Vidal et al. 2015). Dort heißt es:
— Eine antibiotische Prophylaxe mit Trimethoprim/Sulfamethoxazol (TMP/SMX, Cotrimoxazol 160–800 mg) während der ersten 3 bis 6 Monate nach Transplantation wird empfohlen, da sie signifikant asymptomatische Bakteriurien und symptomatische Harnwegsinfekte und Bakteriämien bei Nierentransplantatempfängern senkt (A1 Empfehlung).

Nierentransplantation

Tab. 25.1 ERAS bei Nierentransplantation (verkürzt nach Kruszyna et al. 2016)

Präoperativ	Anmerkungen
Hämodialyse (HD)	– Keine HD, falls Eingriff innerhalb 12 Std. n. letzter HD – HD ohne Flüssigkeitsentzug (Entfernung von hohem Kalium und exzessiver Überwässerung)
Hypotherme pulsatile mechanische Perfusion der Spenderniere	– Beginn im Spenderkrankenhaus (außer wenn eine kalte Ischämiezeit von <10 h angenommen wurde)
Intraoperativ	
ZVK und Blasenkatheter	– Nach Narkoseeinleitung
Wärmeabdeckung	– Während des gesamten Eingriffs
Flüssigkeitszufuhr	– Standardisierte Gabe von 5 ml/kg/Std. mit kontinuierlicher Kontrolle von Blutgasen und Blutdruck
Sedierung	– kurzwirksame Substanzen
Stenting der Ureteranastomose	– Ureter-Stent mit früher Entfernung (3.–4. postop. Tag)
Drainage	– Geschlossenes Drainage-System
Postoperativ	
Drainage	– Frühe Entfernung (spätestens 2. postop. Tag, außer bei persistierender Drainmenge von >100 ml/Tag)
Frühe Mobilisation	– Bett verlassen Tag 0 – Frühes Umhergehen mit Assistenz ab Tag 1
Frühe reguläre Nahrung	– Klare Flüssigkeit Tag 0 – Normale Ernährung Tag 1, falls toleriert
Flüssigkeitsmanagement	– Orale Supplementierung Tag 1 – Strenge Flüssigkeitsbilanzierung (Regel „0-Bilanz" + 500 ml) mit täglicher Gewichtskontrolle (Ziel: „Trockengewicht" + maximal 3 kg) – Dopaminunterstützung bei Hypotension trotz adäquatem Flüssigkeitsersatz
Antibiotikaprophylaxe	– Cephalosporin der 1. Generation – Bis zum 3. postop. Tag (so lange ZVK platziert)
Hämodialyse	– ohne Heparin – Individuelle Entscheidung, falls klinisch indiziert
ZVK	– Entfernung nach Ende der Einleitung oder sobald orale Flüssigkeitsaufnahme adäquat ist
Blasenkatheter	– Entfernung am 4. postop. Tag
Schmerzkontrolle	– Regelmäßige Kontrolle mittels VAS – Früher Verzicht auf narkotische Analgetika (Verschreibung endet am 1. postop Tag) – Verschreibung von Acetaminophen mit Oxycodon bei Bedarf, keine NSAIDs
Blutdruckkontrolle	– Direkte arterielle Kontrolle während der Intensivstation

Ähnlich hat es die American Society of Transplantation Infectious Diseases Community of Practice formuliert (Goldman und Julian 2019):

> Trimethoprim/Sulfamethoxazol (TMP/SMX, Cotrimoxazol) – Prophylaxe wird für 6 Monate bei Nierentransplantatempfängern zur Pneumocystis jirovecii

pneumonia (PJP)-Prophylaxe empfohlen; es senkt Harnwegsinfektionen und Bakteriämien bei den Transplantatempfängern (starke Empfehlung/hoher Evidenzgrad).

– Zur Sekundärprophylaxe von Harnwegsinfektionen bei Nierentransplantatempfängern mit rezidivierenden Harnwegsinfektionen werden nicht-antimikrobielle Präventionsstrategien bevorzugt. Eine antimikrobielle Prophylaxe kann bei selektierten Patienten angebracht sein, die schwere Episoden einer rezidivierenden Harnwegsinfektion wie z. B. Pyelonephritis haben (schwache Empfehlung/niedrige Evidenz).

25.3.3 Asymptomatische Bakteriurien

Ein Cochrane Review führt aus, dass bei 17–51 % der Nierentransplantatempfänger eine asymptomatische Bakteriurie zu finden ist – ohne Zeichen oder Symptome einer Harnwegsinfektion (Coussement et al. 2018). Inwieweit diese Bakteriurien antibiotisch behandelt werden sollten, wurde geprüft. Die Autoren kamen zu dem Schluss, dass es zurzeit keine genügende Evidenz gibt, die eine Routinebehandlung von Nierentransplantatempfängern mit Antibiotika bei Auftreten einer asymptomatischen Bakteriurie nach Transplantation unterstützt. Allerdings ist die Datenbasis schmal, die Ergebnisse weiterer Studie werden abgewartet.

25.3.4 Pneumocystis-jiroveci-Prophylaxe

Die Leitlinien der American Society of Transplantation Infectious Diseases Community of Practice (Fishman et al. 2019) empfehlen:
– Eine Anti-Pneumocystis-Prophylaxe wird für alle Organ-Transplantat-Empfänger für wenigstens 6–12 Monate nach Transplantation empfohlen (streng/mäßig) und für Programme mit einer Inzidenz von wenigstens 3 bis 5 % an Pneumocystis- jiroveci-Pneumonien (PJP) bei den Transplantatempfängern (stark/ mäßig).
– Trimethoprim-Sulfamethoxazol (TMP-SMX) ist das Mittel der Wahl zur PJP-Prophylaxe (stark/hoch).

25.3.5 Wunddrainage

Die Platzierung einer Drainage in den das Transplantat umgebenden extraperitonealen Raum ist eine gängige Praxis bei Nierentransplantation, um so postoperative Flüssigkeitsansammlungen abzuleiten. Die Evidenz dieser Maßnahme überprüften D'Souza et al. (2019) in einer systematischen Übersicht. Sie fanden 4 Kohortenstudien, randomisierte Studien gibt es nicht. Die Daten belegen, dass postoperativ Patienten mit Drainage vs. ohne Drainage geringere Flüssigkeitsansammlungen um das Transplantat aufwiesen, wobei allerdings die Beobachtungszeiträume wechselten. Da in der Gruppe mit Drainage keine erhöhte Wundinfektionsrate auftrat, sprachen die Daten zumindest nicht gegen die Drainage, ein eindeutiger Nutzen ließ sich aber auch nicht belegen.

25.3.6 Ureterstent und Stententfernung

Den Nutzen eines routinemäßigen intraoperativen Ureterstentings bei Nierentransplantation untersuchten Wilson et al. (2013) in einem Cochrane Review.

▶ Auf Basis von 7 randomisierten Studien kamen sie zu dem Schluss, dass ein prophylaktisches Stenting die Rate an größeren postoperativen urologischen Komplikationen signifikant reduziert.

Nachteil war der Anstieg an Harnwegsinfekten, allerdings nur, wenn Cotrimoxazol 480 mg/d nicht verschrieben wurde.

Auch zum Zeitpunkt der Stententfernung nach Nierentransplantation liegt ein Cochrane Review vor (Thompson et al. 2018). Geprüft wurden Nutzen oder Schaden einer frühen vs. späten Entfernung des Stents, wobei eine frühe Entfernung als solche während der Indexaufnahme zur Transplantation oder bis zum Ende der 2. postoperativen Woche (<Tag 15) definiert wurde. Zusätzlich wurde das Stent-Design untersucht (perkutan = PC; perurethral = PU; BI = Stent innerhalb der Harnblase). Die Autoren kamen zu dem Schluss, dass eine frühe Entfernung des Stents die Rate an Harnwegsinfekten zu reduzieren vermag, wobei es ungewiss ist, ob damit ein höheres Risiko an größeren urologischen Komplikationen im Follow-up in Kauf genommen wird. Die günstigsten Ergebnisse wurden bei Verwendung von Stents, die in der Harnblase verblieben (BI-Stent), gesehen.

Eine weitere systematische Übersicht mit Metaanalyse zur gleichen Fragestellung schloss 14 Studien mit insgesamt 3612 Patienten ein (Visser et al. 2019). Die Autoren kamen zunächst zu dem Schluss, dass es gute Evidenz dafür gibt, dass ein Stenting der Ureteroneocystostomie bei Nierentransplantation die Rate an urologischen Majorkomplikationen reduziert. Des Weiteren wurde gezeigt, dass eine frühe Entfernung des Stents (<3 Wochen nach Transplantation) einer längeren Verweildauer des Stents hinsichtlich der Rate an Harnwegsinfekten signifikant überlegen ist – ohne dass eine frühere Entfernung des Stents zu höheren Urinleckagen führt. Hinsichtlich Ureterstenosen und Reinterventionen ließen sich keine sicheren Aussagen machen.

> Die Autoren sprachen sich dafür aus, den Ureterstent nach ca. 3 Wochen zu entfernen-

und damit wesentlich früher als es häufig Routine ist (d. h. nach 6 Wochen). Neben der geringeren Rate an Harnwegsinfekten hat dies auch für den Patientenkomfort Vorteile, wenn der Stent an den Blasenkatheter befestigt und mit ihm entfernt wird, was eine Zystoskopie vermeidet.

25.3.7 Thromboseprophylaxe

Zur Thromboseprophylaxe nach Nierentransplantation existieren keine verbindlichen Daten, die die Effektivität einer Thromboseprophylaxe mit z. B. niedermolekularem Heparin oder Warfarin belegen könnten, wie eine systematische Übersicht ergab (Kohli et al. 2020). Eine weitere systematische Übersicht (Cicora et al. 2018) stellte ebenfalls den Mangel an Evidenz bei den Empfehlungen zur Thromboseprophylaxe nach Nierentransplantation heraus, wurde aber konkreter und empfahl bei Patienten ohne spezielles Thromboserisiko in der Anamnese die Gabe von subkutanem NMH bis zur Entlassung aus stationärer Behandlung. Bei Patienten mit anamnestisch erhöhtem Risiko sollte die NMH-Dosis auf 1 mg/kg gesteigert werden. Die Autoren orientierten sich an den Leitlinien der American College of Chest Physicians (Geerts et al. 2008), die die Nierentransplantation zu den größeren urologischen Eingriffen rechneten und hierfür eine routinemäßige Thromboseprophylaxe mit z. B. NMH empfahlen.

Literatur

Ahmed Z, Uwechue R, Chandak P, van Dellen D, Barwell J, Heap S, Szabo L, Hemsley C, Olsburgh J, Kessaris N, Mamode N (2020) Prophylaxis of Wound Infections-antibiotics in Renal Donation (POWAR): A UK Multicentre Double Blind Placebo Controlled Randomised Trial. Ann Surg 272:65–71

Anesi JA, Blumberg EA, Abbo LM (2018) Perioperative antibiotic prophylaxis to prevent surgical site infections in solid organ transplantation. Transplantation 102:21–34

Bachmann F, Adam T, Friedersdorff F, Liefeldt L, Slowinski T, Budde K, Waiser J (2019) Perioperative antibiotic prophylaxis in renal transplantation: a single-center comparison between two regimens and a brief survey among the Eurotransplant renal transplantation centers. World J Urol 37:957–967

Bratzler DW, Dellinger EP, Olsen KM et al., American Society of Health-System Pharmacists (ASHP), Infectious Diseases Society of America (IDSA), Surgical Infection Society (SIS), Society for Healthcare Epidemiology of America (SHEA) (2013) Clinical practice guidelines for antimicrobial prophylaxis in surgery. Surg Infect (Larchmt) 14:73–156.

Cicora F, Petroni J, Roberti J (2018) Prophylaxis of pulmonary embolism in kidney transplant recipients. Curr Urol Rep 19:17

Coussement J, Scemla A, Abramowicz D, Nagler EV, Webster AC (2018) Antibiotics for asymptomatic bacteriuria in kidney transplant recipients. Cochrane Database Syst Rev 2(2):CD011357

D'Souza K, Crowley SP, Hameed A, Lam S, Pleass HC, Pulitano C, Laurence JM (2019) Prophylactic Wound Drainage in Renal Transplantation: A Systematic Review. Transplant Direct 5:e468

Espino KA, Narvaez JRF, Ott MC, Kayler LK (2018) Benefits of multimodal enhanced recovery pathway in patients undergoing kidney transplantation. Clin Transplant 32:2

European Association of Urology (EAU) (2017) Renal transplantation guidelines. ▶ https://uroweb.org/guideline/renal-transplantation/. Zugegriffen: Dez. 2020

Fishman JA, Gans H; AST Infectious Diseases Community of Practice (2019) Pneumocystis jiroveci in solid organ transplantation: guidelines from the American society of transplantation infectious diseases community of practice. Clin Transplant 33:e13587

Geerts WH, Bergqvist D, Pineo GF, Heit JA, Samama CM, Lassen MR, Colwell CW (2008) Prevention of venous thromboembolism: American college of chest physicians evidence-based clinical practice guidelines (8th Edition). Chest 133:381S-453S

Goldman JD, Julian K (2019) Urinary tract infections in solid organ transplant recipients: guidelines from the American society of transplantation infectious diseases community of practice. Clin Transplant 33(9):e13507

Kohli R, Estcourt L, Zaidi A, Thuraisingham R, Forbes S, MacCallum P, Tan J, Green L (2020) Efficacy and safety of chemical thromboprophylaxis in renal transplantation – a systematic review. Thromb Res 192:88–95

Kruszyna T, Niekowal B, Kraśnicka M, Sadowski J (2016) Enhanced recovery after kidney transplantation surgery. Transplant Proc 48:1461–1465

Rodríguez Faba O, Boissier R et al (2018) European association of urology guidelines on renal transplantation: update 2018. Eur Urol Focus 4:208–215

Thompson ER, Hosgood SA, Nicholson ML, Wilson CH (2018) Early versus late ureteric stent removal after kidney transplantation. Cochrane Database Syst Rev 1(1):CD011455

Vidal E, Cervera C, Cordero E et al (2015) Management of urinary tract infection in solid organ transplant recipients: consensus statement of the Group for the Study of Infection in Transplant Recipients (GESITRA) of the Spanish Society of Infectious Diseases and Clinical Microbiology (SEIMC) and the Spanish Network for Research in Infectious Diseases (REIPI). Enferm Infecc Microbiol Clin 33(679):e1-679.e21

Visser IJ, van der Staaij JPT, Muthusamy A, Willicombe M, Lafranca JA, Dor FJMF (2019) Timing of ureteric stent removal and occurrence of urological complications after kidney transplantation: a systematic review and meta-analysis. J Clin Med 8:689

Wilson CH, Rix DA, Manas DM (2013) Routine intraoperative ureteric stenting for kidney transplant recipients. Cochrane Database Syst Rev 6:CD004925

Lebertransplantation

Reinhart T. Grundmann und E. Sebastian Debus

Inhaltsverzeichnis

26.1 Leitlinie – 206

26.2 ERAS bei Lebertransplantation – 206

26.3 Spezielle Fragestellungen – 206
26.3.1 Perioperative Antibiotikaprophylaxe – 206
26.3.2 Perioperatives Flüssigkeitsmanagement – 208
26.3.3 Perioperatives Gerinnungsmanagement – 208
26.3.4 Bluttransfusion – 209
26.3.5 Postoperative Analgesie – 210
26.3.6 Postoperative Thromboembolieprophylaxe – 210
26.3.7 Ernährung – 211

Literatur – 211

© Der/die Autor(en), exklusiv lizenziert durch Springer-Verlag GmbH,
DE, ein Teil von Springer Nature 2021
R. T. Grundmann und E. S. Debus (Hrsg.), *Evidenzbasiertes perioperatives Management in der Viszeralchirurgie*,
Evidenzbasierte Chirurgie, https://doi.org/10.1007/978-3-662-62848-5_26

26.1 Leitlinie

Zur postoperativen Versorgung von Empfängern von Lebendspender-Lebertransplantaten (living donor liver transplantation, LDLT) gibt die International Liver Transplantation Society folgende Empfehlungen (Miller et al. 2017):

- Eine enge Überwachung von LDLT-Empfängern ist in der frühen perioperativen Phase angezeigt hinsichtlich der Entwicklung einer intraabdominellen Blutung und A.hepatica-Thrombose (fortlaufender vaskulärer Leberultraschall). (Empfehlungsgrad 1; Evidenzgrad B)
- Die Abstoßungsraten sind bei LDLT-Empfängern und solchen mit Transplantaten von Verstorbenen ähnlich, und deshalb sind Modifikationen des immunsuppressiven Protokolls aufgrund des Spenderherkommens nicht erforderlich. (Empfehlungsgrad 1; Evidenzgrad B)
- Gallelecks sind bei LDLT-Empfängern häufiger. Die Behandlung richtet sich nach dem klinischen Bild und kann Beobachtung, perkutane Platzierung einer Drainage, biliären Stent und/oder operative Intervention einschließen. (Empfehlungsgrad 1; Evidenzgrad B)
- Das „Small-for-size-Syndrom, SFSS" (funktionelle Beeinträchtigung eines partiellen Lebertransplantates) ist bei LDLT häufiger. Die Auswahl des Allografts, potenzielle Modifikation des Zuflusses und Optimierung des Ausflusses sind alles Strategien, die gebraucht werden sollten, die Inzidenz des SFSS zu reduzieren. (Empfehlungsgrad 1; Evidenzgrad B)
- Strikturen der biliären Anastomose sind nach LDLT häufiger und können erfolgreich durch endoskopische/perkutane Ballondilatation und Stenting oder operative Revision angegangen werden. (Empfehlungsgrad 1; Evidenzgrad B)
- Ein Rezidiv der Erkrankung (speziell hepatozelluläres Karzinom, Hepatitis C Virus) scheint nach LDLT nicht häufiger zu sein als bei Patienten mit Transplantaten von Verstorbenen, was nützlich ist, um Spender- und Empfänger-Selektionskriterien zu lenken. (Empfehlungsgrad 1; Evidenzlevel B)

26.2 ERAS bei Lebertransplantation

Zu ERAS bei Lebertransplantation gibt es keine größeren Studien, jedoch haben Brustia et al. (2019) ein Protokoll entwickelt, das das perioperative Management bei Lebertransplantation übersichtlich beschreibt. Die wesentlichen Parameter sind in ◘ Tab. 26.1 aufgeführt. Ein ähnliches Protokoll erstellten Rao et al. (2017). Sie berichteten über eine prospektive randomisierte Studie mit insgesamt 128 Patienten, in der durch Verwendung eines ERAS-Protokolls der Aufenthalt der Patienten auf der Intensivstation nach Lebertransplantation signifikant reduziert werden konnte, von im Median 5 (3-12) auf im Median 2 (1-7) Tage, bei gleichzeitiger Abnahme der stationären Liegezeit.

26.3 Spezielle Fragestellungen

26.3.1 Perioperative Antibiotikaprophylaxe

Berry et al. (2019) verglichen in einer prospektiven randomisierten Studie die perioperative Kurzzeitgabe eines Antibiotikums (3,375 g Piperacillin/Tazobactam) mit einer Gabe über 3 Tage. Alle Patienten erhielten die erste Dosis 30 min vor Hautschnitt und eine zweite Gabe 4 h nach Transplantationsbeginn. In der Gruppe mit verlängerter Antibiotikaprophylaxe wurde die Therapie mit weiteren An-

Lebertransplantation

Tab. 26.1 Vorschlag für ein ERAS-Protokoll bei Lebertransplantation (nach Brustia et al. 2019)

Maßnahme	Kommentar
Präoperativ	
– Ambulante Beratung und Information	– Betrifft Art des Eingriffs, Erholungsprogramm, Entlassungskriterien, Immunsuppression
– Präoperatives Kohlenhydrat-Getränk	– Bei Eintreffen des Patienten auf Station
– Keine Prämediation	
Intraoperativ	
– Perioperative Antibiotikaprophylaxe	– Intravenöse Antibiotikagabe vor Hautschnitt, weniger als 1 Std. vor Transplantation. Keine postoperative Gabe
– intraoperative Hypothermieprophylaxe	
– i. v. Flüssigkeitszufuhr	– gesteuert durch transösophagealen US oder Swan-Ganz-Katheter
– Keine prophylaktische Magensonde	
– Keine prophylaktische Abdominaldrainage	
– Vorbeugung von postoperativer Übelkeit und Erbrechen (PONV)	– PONV-Prophylaxe mit zwei Antiemetika: Ondansetron 4 mg i. v. und Droperidol 0,625 bis 1,25 mg i. v.
– Antithrombotische Prophylaxe	– Falls Thrombozyten > 50.000. Kann intraoperativ eingeleitet werden bei 2 arteriellen Anastomosen oder bei Hochrisikopatienten
– Frühe Extubation (<6 Std. nach LT)	
Postoperativ	
– Frühe Mobilisation (Tag 1 pOp)	– Wenigstens 2 h in einem Stuhl
– Patientenkontrollierte Analgesie	– Morphin 5 mg/ml (150 mg in 30 ml). Patientenkontrollierte Dosis 1–3 mg; Lockout: 8 bis 15 Min; 4 Std. Limit 30–70 mg
– Entfernung der Magensonde Tag 1 pOp	
– Klare Flüssigkeit an Tag 1 pOp	
– Enterale orale Ernährung Tag 1 pOp	Begin mit normaler Ernährung ab Tag 1 pOp
– Ende der i. v. Flüssigkeitszufuhr an Tag 1 pOp	– Der ZVK wird entfernt, wenn der Patient die Intensivstation verlässt
– Analgesie per os Tag 2 pOp	– Nefopam: 20 mg/4–6 h – Tramadol: 100 mg/12 h – Morphinsulfat: 10 mg/4–6 h
– Abdominaldrainage entfernt Tag 2 pOp	– Falls Ausstoß < 500 ml/Tag
– Blasenkatheter entfernt Tag 2 pOp	
– Beendigung der i.v. Analgesie Tag 3 pOp	
– Unabhängige Mobilisierung	– Kann > 6 Std. in einem Stuhl sitzen und/oder 3-mal am Tag gehen
– Entlassung bei Erfüllung aller Kriterien: – Adäquate Schmerzkontrolle per os – Unabhängige Mobilisierung – Feste Ernährung wird vertragen – Keine intravenöse Flüssigkeit	Transplantatkriterien: – Normale oder sinkende Bilirubinspiegel, GOT, GPT und normale Prothrombinzeit oder wenigstens 80 % des Normalwertes – Gute Compliance mit der Immunsuppression, keine unerwünschten Nebenwirkungen – Normale Dopplerultraschallbefunde

tibiotikagaben alle 8 h über 72 h fortgesetzt. In dieser Studie unterschieden sich Patienten mit Kurzzeitantibiose und solche mit verlängerter Antibiose nicht in den postoperativen Wundinfektionsraten oder den Infektionsraten über alles. Die Autoren folgerten, dass für die Lebertransplantation wahrscheinlich die intraoperative Antibiotikaprophylaxe ausreichend ist. Zur perioperativen Antibiotikaprophylaxe bei Organtransplantation, unter anderem bei Lebertransplantation, gibt es des Weiteren den Cochrane Review von Chan et al. (2020). Danach ist der Nutzen einer perioperativen Antibiotikaprophylaxe aufgrund der geringen Qualität der Daten bei diesen Eingriffen nicht abgesichert, dies gilt auch für die Dauer der Prophylaxe.

Eindeutige Empfehlungen zur perioperativen Antibiotikaprophylaxe machte die Infectious Diseases Community of Practice der American Society of Transplantation (Abbo et al. 2019):

> Wir empfehlen zur perioperativen Antibiotikaprophylaxe bei Lebertransplantation ein Cephalosporin der 3. Generation plus Ampicillin oder Piperacillin/Tazobactam allein für bis zu 24 h. (stark/gering). Eine andere Alternative wäre Ampicillin-Sulbactam oder, falls in den Ländern erhältlich, intravenös Amoxicillin-Clavulanat für <48 h

– Antimykotika können in Betracht gezogen werden auf Basis des individuellen Patientenrisikos. (stark/hoch)
– Die selektive Darmdekontamination wird vor Lebertransplantation nicht empfohlen. (stark/gering)
– Die Verwendung von Probiotika wird nicht empfohlen. (stark/gering)

26.3.2 Perioperatives Flüssigkeitsmanagement

Dem Einfluss eines restriktiven oder Schlagvolumen-gesteuerten perioperativen Flüssigkeitsmanagements auf das Ergebnis bei Lebertransplantation gingen Carrier et al. (2020) in einer systematischen Übersicht nach. Sie kamen bei sehr niedriger Evidenz zu dem Schluss, dass das Flüssigkeitsmanagement bei Lebertransplantation keinen Einfluss auf die Rate an akutem postoperativem Nierenversagen oder Kliniksterblichkeit nimmt. Eine Subgruppenanalyse ließ vermuten, dass eine intraoperative restriktive Flüssigkeitsmanagement-Strategie mit weniger pulmonalen Komplikationen, reduzierter Beatmungszeit, geringerem intraoperativem Blutverlust und reduzierter Aufenthaltsdauer auf der Intensivstation assoziiert ist, jedoch ließen sich keine Empfehlungen ableiten.

26.3.3 Perioperatives Gerinnungsmanagement

Zum perioperativen Gerinnungsmanagement bei Lebertransplantatempfängern liegt eine Übersicht eines Expertengremiums vor (Bezinover et al. 2018). Empfohlen wurde:
– Gefrorenes Frischplasma (FFP) sollte bei klinisch signifikanter Blutung verabreicht werden. Eine prophylaktische FFP-Gabe kann gegenwärtig nicht empfohlen werden. Dosierungen von 10 bis 15 ml/kg können erforderlich werden, bei massiver Blutung bis zu 30 ml/kg oder höher. Die Thrombelastographie ist beim perioperativen Management hilfreich. (Evidenzlevel II/III; B/C)
– Kryopräzipitat sollte bei klinisch signifikanter Blutung verabreicht werden. Ein Ziel-Fibrinogenspiegel von 150–200 mg/dl kann vorsichtig empfohlen werden. Die Thrombelastographie ist beim perioperativen Management hilfreich. (Evidenzlevel II/III; B/C)
– Ein Fibrinogenkonzentrat sollte bei klinisch signifikanter Blutung verabreicht werden. Dosierungen von 25–70 mg/kg können erforderlich werden. Ein Ziel-Fibrinogenspiegel von 150–200 mg/

dl kann vorsichtig empfohlen werden. Die Thrombelastographie ist beim perioperativen Management hilfreich. Unter gewissen Umständen kann die Verwendung eines Fibrinogenkonzentrats sicherer als die Verwendung eines Kryopräzipitats sein. (Evidenzlevel II/III; B/C)
- Prothrombinkomplex-Konzentrat (PCC) sollte bei klinisch signifikanter Blutung verabreicht werden. Die initial empfohlene Dosierung von PCC sind 25 mg/kg oder weniger, eine Dosierung, die typischerweise verwendet wird, um eine INR von 2 bis 4 umzukehren. Die Thrombelastographie ist beim perioperativen Management hilfreich. (Evidenzlevel III; C)
- Thrombozyten sollten bei klinisch signifikanter Blutung verabreicht werden. Ein Thrombozytenspiegel von 50.000/mm^3 kann vorsichtig empfohlen werden. Die Thrombelastographie ist beim perioperativen Management hilfreich. (Evidenzlevel II/III; C)
- Eine antifibrinolytische Therapie mit Epsilon-Aminokapronsäure (EACA) oder Tranexamsäure (TA) sollte nur bei Lebertransplantatempfängern mit signifikanter Blutung in Betracht gezogen werden, wenn eine Hyperfibrinolyse vermutet oder mittels Thrombelastographie bestätigt wurde. Der Nutzen einer prophylaktischen antifibrinolytischen Verabreichung konnte bei Lebertransplantation nicht demonstriert werden. (Evidenzlevel II/III; C)

26.3.4 Bluttransfusion

Ein hoher Bluttransfusionsbedarf bei Lebertransplantation ist zwar mit einem ungünstigen postoperativen Outcome assoziiert, jedoch gibt es keine Methode, den Transfusionsbedarf bei der Vielzahl der Einflussfaktoren verlässlich präoperativ abzuschätzen (Cywinski et al. 2014). Auch der Wert der pharmakologischen Beeinflussung des Blutbedarfs ist evidenzbasiert nicht abgesichert.

> Ein Cochrane Review (Gurusamy et al. 2011) stellte lediglich fest, dass die Gabe von Aprotinin, rekombinantem Faktor VIIa und die Kontrolle der Blutgerinnung mittels Thrombelastographie möglicherweise Blutverlust und Transfusionsbedarf senken, jedoch hatten alle hierzu durchgeführten Studien ein hohes Biasrisiko.

Wesentlich ist die Erfahrung des Anästhesisten. Ein spezieller Lebertransplantationsdienst der Anästhesie mit definierten Transfusionstriggern, Überwachung der Koagulation mittels Thrombelastographie und einem zielgerichteten Flüssigkeitsmanagement kann erheblich zu einer Senkung des Transfusionsbedarfs beitragen (Hevesi et al. 2009). In einer gematchten retrospektiven Studie hatte die Transfusion von frischen Erythrozytenkonzentraten einen negativen Einfluss auf das Überleben nach Lebertransplantation, trotz routinemäßiger Leukozytenreduktion und Bestrahlung (Han et al. 2018). Der Effekt war bereits nach Gabe von lediglich 1–2 Einheiten nachweisbar, was bewies, dass auch kleine Mengen an frischen Erythrozytenkonzentraten bei klinisch stabilen Patienten das Outcome verschlechtern können. Der Effekt wurde nicht beobachtet, wenn Erythrozytenkonzentrate verabreicht wurden, die wenigstens für 4–6 Tage kühl gelagert waren, da in dieser Zeit die Leukozyten eine Apoptose erlebten, während umgekehrt vitale Leukozyten als Effektorzellen das Gastgewebe angreifen.

> Frische Erythrozytenkonzentrate sollten demnach bei Lebertransplantation nicht transfundiert werden.

Umgekehrt hat die intraoperative Gabe von Thrombozytenkonzentraten einen positiven Effekt auf die Leberregeneration nach Lebendspendertransplantation (Han et al. 2016).

26.3.5 Postoperative Analgesie

Es gibt keine Leitlinien zur postoperativen Schmerztherapie nach Lebertransplantation, die Therapieprotokolle variieren erheblich, wie eine französische Umfrage zeigt (Paugam-Burtz et al. 2010). In einer Übersicht haben Feltracco et al. (2014) lediglich festgehalten:

- Morphin: Obwohl Morphin bei solider Transplantatfunktion sicher ist, wird es in vielen postoperativen Schmerzprotokollen nach Lebertransplantation ausgeschlossen, weil es mit einem höheren Risiko an Sedierung und Atemdepression im Vergleich zu seiner Anwendung bei anderen großen abdominalchirurgischen Eingriffen assoziiert ist.
- Fentanyl: Obwohl Fentanyl in der Leber metabolisiert wird, erfordert sein Metabolismus sehr wenig Leberrestfunktion. Es kann das Opioid der Wahl bei schlechter Transplantatfunktion sein, reduzierte Dosen sind nicht notwendig.
- Remifentanil: Die Gabe von sehr niedrigen Dosen (<0,1 µg/kg/min) scheint sicher zu sein und ermöglicht eine effektive Analgesie bei spontanatmenden Patienten. Remifentanil akkumuliert nicht, auch nicht bei längerer Infusion. Seine theoretische Unabhängigkeit von Leber- und Nierenstoffwechsel verhindert eine Verzögerung in der Erholung von Sedierung/Analgesie, selbst wenn diese Organe nicht normal funktionieren.
- Tramadol: Im Gegensatz zu Patienten mit sehr starken Schmerzen nach großen Baucheingriffen, profitieren Lebertranspantatempfänger von den empfohlenen Tramadol-Dosierungen, entweder bei wiederholter intravenöser Bolusgabe oder bei kontinuierlicher intravenöser Infusion. Die PCA mit Tramadol wird von Transplantatempfängern gut akzeptiert, mit befriedigendem Schmerzmanagement. Bei schwerem Transplantatversagen wird Tramadol nicht ausreichend metabolisiert, was ein Ausschlussereignis darstellt.
- Paracetamol: Paracetamol kann bei Lebertransplantationspatienten als wirksames Regime verwendet werden (1000 mg als Einzeldosis, bis zu 3 g /Tag bei Erwachsenen, oft in Kombination mit Tramadol (100 mg). Im Allgemeinen wird Paracetamol gut vertragen und eine Lebertoxizität bei empfohlener Dosierung ist unwahrscheinlich, auch bei schlecht-funktionierendem Transplantat. Trotzdem werden regelmäßige Kontrollen von Leberfunktion, unerwünschten Nebenwirkungen und Verschlechterung der Transplantatfunktion dringend empfohlen.
- NSAID (Non-Steroidal Anti-Inflammatory Drugs): Lebertransplantatempfänger haben ein erhöhtes Risiko für eine Nierendysfunktion; NSAIDs sollten daher vermieden werden, um eine subklinische Nierenschädigung nicht zu verstärken.
- Thorakale Epiduralanalgesie (TEA): Lebertransplantationspatienten können komplexe Veränderungen in der Koagulation haben, massive chirurgische Blutungen können eine Koagulopathie verstärken und Koagulopathien sind auch in der postoperativen Phase nicht ungewöhnlich. Der Nutzen einer TEA muss in dieser besonderen Situation gegen die Risiken (Entwicklung eines epiduralen Hämatoms mit Paraplegie) abgewogen werden. Gegenwärtig wird die TEA bei diesen Patienten selten empfohlen.

26.3.6 Postoperative Thromboembolieprophylaxe

Zur Thromboseprophylaxe nach Lebertransplantation gibt es keine Leitlinienempfehlungen. Aufgrund des Blutungs- und Koagulopathierisikos wird eine antithrombotische Prophylaxe nicht routinemäßig in der unmittelbaren postoperativen Phase verabreicht, um tiefe Venenthrombosen, Lungenembolien, Portalvenen-Thrombosen und Thrombosen der A. hepatica zu verhindern. In einer Übersicht definierten Feltracco et al. (2015) Gruppen, die von einer routinemäßigen Thromboseprophylaxe profitieren. Zu ihnen gehören solche mit anerkannter Thrombophilie (wie beim Budd-Chiari-Syndrom) sowie Patienten, denen intraoperativ große Mengen an Frischplasma, Thrombozytenkonzentraten oder Fibrinogen verabreicht wurden, speziell, wenn sich die Leberfunktion nach Transplantation rasch erholt.

> Eine weitere Gruppe, bei denen eine routinemäßige Thromboseprophylaxe erwogen werden kann, stellen Empfänger von Lebendspendern dar, pädiatrische Transplantate, Portalvenenthrombosen vor Transplantation und Empfänger mit rekonstruierten Spenderarterien oder komplizierten Pfortaderanastomosen oder schwierigen Portalvenen-Thrombektomien.

In einer weiteren Literaturübersicht verwiesen Mukerji et al. (2014) auf das vergleichsweise geringe Risiko an postoperativen tiefen Venenthrombosen und Lungenembolien bei Lebertransplantierten, was eine routinemäßigen Thromboseprophylaxe nach Lebertransplantation unnötig macht. Sie empfahlen ähnlich wie Feltracco et al. (2015) die Thromboseprophylaxe nur bei Risikogruppen, speziell wenn die INR Werte <1,5 und die Thrombozytenzahl >50.000 erreicht haben.

26.3.7 Ernährung

Zur Ernährung bei Lebertransplantation stellt die ESPEN-Leitlinie zu Lebererkrankungen unter anderem fest (Plauth et al. 2019):

— Leberzirrhose-Patienten, die für eine Transplantation gelistet sind, sollten hinsichtlich einer Mangelernährung rechtzeitig gescreent und untersucht werden, um eine Mangelernährung vor dem Eingriff zu behandeln und damit den Körper-Proteinstatus zu verbessern.
— Nach Lebertransplantation wegen Zirrhose sollte eine verzögerte inkomplette Erholung des Gesamt-Körper-Stickstoffstatus angenommen werden.
— Kinder, die auf eine Transplantation warten, sollten mit verzweigtkettigen Aminosäuren (BCAA) angereicherte Formeln erhalten, um die Körperzellmasse zu verbessern.
— Nach Lebertransplantation sollte eine normale Ernährung und/oder enterale Ernährung 12 bis 24 h postoperativ eingeleitet werden, um die Infektionsraten zu reduzieren.
— Nach Transplantation sollten enterale Formeln zusammen mit ausgewählten Probiotika verwendet werden, um die Infektionsraten zu senken.

Literatur

Abbo LM, Grossi PA, AST ID Community of Practice (2019) Surgical site infections: guidelines from the American society of transplantation infectious diseases community of practice. Clin Transplant 33:e13589

Berry PS, Rosenberger LH, Guidry CA, Agarwal A, Pelletier S, Sawyer RG (2019) Intraoperative versus extended antibiotic prophylaxis in liver transplant surgery: a randomized controlled pilot trial. Liver Transpl 25:1043–1053

Bezinover D, Dirkmann D, Findlay J et al (2018) Perioperative coagulation management in liver transplant recipients. Transplantation 102:578–592

Brustia R, Monsel A, Conti F, Savier E, Rousseau G, Perdigao F, Bernard D, Eyraud D, Loncar Y, Langeron O, Scatton O (2019) Enhanced recovery in liver transplantation: a feasibility study. World J Surg 43:230–241

Carrier FM, Chassé M, Wang HT, Aslanian P, Iorio S, Bilodeau M, Turgeon AF (2020) Restrictive fluid management strategies and outcomes in liver transplantation: a systematic review. Can J Anaesth 67:109–127

Chan S, Ng S, Chan HP, Pascoe EM, Playford EG, Wong G, Chapman JR, Lim WH, Francis RS, Isbel NM, Campbell SB, Hawley CM, Johnson DW (2020) Perioperative antibiotics for preventing post-surgical site infections in solid organ transplant recipients. Cochrane Database Syst Rev 8(8):CD013209

Cywinski JB, Alster JM, Miller C, Vogt DP, Parker BM (2014) Prediction of intraoperative transfusion requirements during orthotopic liver transplantation and the influence on postoperative patient survival. Anesth Analg 118:428–437

Feltracco P, Carollo C, Barbieri S, Milevoj M, Pettenuzzo T, Gringeri E, Boetto R, Ori C (2014) Pain control after liver transplantation surgery. Transplant Proc 46:2300–2307

Feltracco P, Barbieri S, Cillo U, Zanus G, Senzolo M, Ori C (2015) Perioperative thrombotic complications in liver transplantation. World J Gastroenterol 21:8004–8013

Gurusamy KS, Pissanou T, Pikhart H, Vaughan J, Burroughs AK, Davidson BR (2011) Methods to decrease blood loss and transfusion requirements for liver transplantation. Cochrane Database Syst Rev 12:CD009052

Han S, Kwon JH, Jung SH, Seo JY, Jo YJ, Jang JS, Yeon SM, Jung SH, Ko JS, Gwak MS, Cho D, Son HJ, Kim GS (2018) Perioperative fresh red blood cell transfusion may negatively affect recipient survival after liver transplantation. Ann Surg 267:346–351

Han S, Park HW, Song JH, Gwak MS, Lee WJ, Kim G, Lee SK, Ko JS (2016) Association between intraoperative platelet transfusion and early graft regeneration in living donor liver transplantation. Ann Surg 264:1065–1072

Hevesi ZG, Lopukhin SY, Mezrich JD, Andrei AC, Lee M (2009) Designated liver transplant anesthesia team reduces blood transfusion, need for mechanical ventilation, and duration of intensive care. Liver Transpl 15:460–465

Miller CM, Quintini C, Dhawan A et al (2017) The International liver transplantation society living donor liver transplant recipient guideline. Transplantation 101:938–944

Mukerji AN, Karachristos A, Maloo M, Johnson D, Jain A (2014) Do postliver transplant patients need thromboprophylactic anticoagulation? Clin Appl Thromb Hemost 20:673–677

Paugam-Burtz C, Chatelon J, Follin A, Rossel N, Chanques G, Jaber S (2010) Prise en charge anesthésique des transplantations hépatiques: évolution des pratiques périopératoires en France entre 2004 et 2008 [Perioperative anaesthetic practices in liver transplantation in France: evolution between 2004 and 2008]. Ann Fr Anesth Reanim 29:419–424

Plauth M, Bernal W, Dasarathy S, Merli M, Plank LD, Schütz T, Bischoff SC (2019) ESPEN guideline on clinical nutrition in liver disease. Clin Nutr 38:485–521

Rao JH, Zhang F, Lu H, Dai XZ, Zhang CY, Qian XF, Wang XH, Lu L (2017) Effects of multimodal fast-track surgery on liver transplantation outcomes. Hepatobiliary Pancreat Dis Int 16:364–369

COVID-19- Patienten

Reinhart T. Grundmann und E. Sebastian Debus

Inhaltsverzeichnis

27.1 Leitlinie – 214

27.2 Spezielle Fragestellungen – 215
27.2.1 Antimikrobielle Mundspülung – 215
27.2.2 Perioperatives Risiko bei SARS-CoV-2-Infektion – 216
27.2.3 Chirurgische Managementstrategie bei COVID-19 Pandemie und kolorektalem Karzinom – 216
27.2.4 Laparoskopische Chirurgie bei COVID-19 Pandemie – 217
27.2.5 Tracheotomie bei COVID-19 Pandemie – 218
27.2.6 Venöse Thromboembolie (VTE) bei Patienten mit COVID-19 – 220

Literatur – 221

© Der/die Autor(en), exklusiv lizenziert durch Springer-Verlag GmbH, DE, ein Teil von Springer Nature 2021
R. T. Grundmann und E. S. Debus (Hrsg.), *Evidenzbasiertes perioperatives Management in der Viszeralchirurgie*,
Evidenzbasierte Chirurgie, https://doi.org/10.1007/978-3-662-62848-5_27

27.1 Leitlinie

Zur stationären Behandlung von Patienten mit COVID-19 hat eine Leitliniengruppe im Deutschen Ärzteblatt unter anderem (Kluge et al. 2021) empfohlen:

Die Indikation zur Krankenhausaufnahme von Patienten mit COVID-19 soll unter Berücksichtigung von Alter, Komorbiditäten, Atemfrequenz und Sauerstoffsättigung gestellt werden. Bei jeder stationären Aufnahme eines Patienten soll ein aktueller PCR-Test (PCR, Poylmerasekettenreaktion) vorliegen oder durchgeführt werden. Eine Aufnahme auf die Intensivstation von Patienten mit COVID-19 wird empfohlen bei Hypoxämie ($SpO_2 < 90\,\%$) unter Sauerstoffgabe, Dyspnoe oder hoher Atemfrequenz. Bei hypoxämischer respiratorischer Insuffizienz wird ein Therapieversuch mit High-Flow-Sauerstofftherapie oder nichtinvasiver Beatmung vorgeschlagen, bei Patienten mit einer schwereren Hypoxämie/hohen Atemfrequenzen die Intubation und invasive Beatmung. Liegen zusätzliche Risikofaktoren vor (unter anderem Adipositas, bekannte Thrombophilie, intensivmedizinische Behandlung, erhöhte D-Dimere) kann eine intensivierte Thromboembolieprophylaxe erfolgen. Bei Patienten mit schwerem COVID-19-Verlauf reduziert eine Therapie mit Dexamethason die Sterblichkeit. Wichtige Personalschutzmaßnahmen sind Hygienemaßnahmen sowie das korrekte Tragen der persönlichen Schutzausrüstung.

Laborchemische Untersuchungen
Bei stationären Patienten mit COVID-19 sollten folgende Untersuchungen Bestandteil der initialen Labordiagnostik sein und bedarfsgerecht regelmäßig kontrolliert werden:
- Bestimmung von C-reaktivem Protein (CRP), L-Lactatdehydrogenase (LDH) und Aspartat-Aminotransferase (AST/GOT)
- Erstellung eines Differenzialblutbilds
- Bestimmung der D-Dimere.

Ein CT-Thorax sollte bei Patienten mit COVID-19 bei differenzialdiagnostischen Unsicherheiten, unter anderem Verdacht auf eine Lungenembolie, durchgeführt werden.

Indikation zur Aufnahme auf der Intensivstation
Eine Aufnahme von Patienten mit COVID-19 auf die Intensivstation sollte bei Hypoxämie ($SpO_2 < 90\,\%$ unter 2–4 L Sauerstoff/Min bei nicht vorbestehender Sauerstofftherapie) und Dyspnoe oder erhöhter Atemfrequenz 25/min) erfolgen.

Endotracheale Intubationen sind bei Patienten mit Verdacht auf beziehungsweise nachgewiesener SARS-CoV-2-Infektion Hochrisiko-Interventionen. Eine Instrumentierung der Atemwege bei Patienten mit COVID-19 soll ausschließlich mit vollständig angelegter persönlicher Schutzausrüstung erfolgen.

Thromboembolieprophylaxe/Antikoagulation
Thromboembolische Ereignisse sind eine häufige Komplikation bei COVID-19 und betreffen vorwiegend das venöse, jedoch auch das arterielle Gefäßsystem. Hospitalisierte Patienten mit COVID-19 sollen daher in Abwesenheit von Kontraindikationen eine standardmäßige medikamentöse Thromboembolieprophylaxe mit niedermolekularem Heparin erhalten. Alternativ kann Fondaparinux angewendet werden. Bei zusätzlichen Risikofaktoren für eine venöse Thromboembolie (VTE) kann bei niedrigem Blutungsrisiko eine intensivierte Thromboembolieprophylaxe beispielsweise mit der halbtherapeutischen Dosis eines niedermolekularen Heparins oder mit unfraktioniertem Heparin erfolgen. Zu diesen Risikofaktoren zählen zum Beispiel:

COVID-19-Patienten

- Adipositas (BMI > 35 kg/m^2)
- stattgehabte VTE
- bekannte Thrombophilie
- intensivmedizinische Behandlung
- stark erhöhte D-Dimere (>2–3 mg/L).

Maßnahmen zur Minimierung von Aerosolbildung und Exposition
Die von der Leitliniengruppe empfohlenen Maßnahmen sind in ◘ Tab. 27.1 aufgeführt.

27.2 Spezielle Fragestellungen

27.2.1 Antimikrobielle Mundspülung

Ein Cochrane-Review (Burton et al. 2020) ging der Frage nach, welchem Wert der präprozeduralen antimikrobiellen Mundspülung (Gurgeln) und der Verwendung von Nasensprays im Zusammenhang mit der

◘ Tab. 27.1 Maßnahmen zur Minimierung von Aerosolbildung und Exposition

Aerosolbildung	Risikominimierung
Endotracheale Intubation	– Notfallintubation vermeiden – Intubation durch Erfahrenen – Ileus-Einleitung („rapid sequence induction" [RSI]) – Maskenbeatmung vermeiden – optimale Vorbereitung und Briefing – idealerweise Videolaryngoskop (Armlänge-Abstand) – endotrachealer Tubus mit Führungsstab
Präoxygenierung	– dicht abschließende Gesichtsmaske – bimanuelle Maskenfixation – immer FiO2 1,0 – PEEP max + 5 cm H$_2$O – 3 min Spontanatmung mit Gesichtsmaske – oder 1 min, 8–12 tiefe Atemzüge – oder CPAP/NIV 5/15 cm H$_2$O
Fiberoptische Intubation (FOI)	– vermeiden, wenn möglich (Aerosole) – ggf. Lokalanästhesie – MNS-Maske Patient
Absaugung	– geschlossene Systeme
Nichtinvasive Beatmung (NIV)	– nur bei klarer Indikation – Non-vented-Maske, Virenfilter – optimalen Sitz der Maske sicherstellen
High-Flow-Sauerstofftherapie	– nur bei klarer Indikation – MNS-Maske Patient
Bronchoskopie	– nur bei klarer Indikation
Tracheotomie	– Durchführung durch Erfahrenen – starke Aerosolbildung bei allen Verfahren – ggf. postponieren bis negativer PCR-Test
Dekonnektion Tubus	– HME-Filter auf Tubus belassen – Abklemmen – Respirator „standby"
Extubation	– Absaugen und Blähmanöver während Extubation vermeiden – Respirator „standby" – HME-Filter auf Tubus belassen – ggf. Gesicht zur Extubation mit Folie abdecken (auf freien Atemweg achten) – dichtsitzende O$_2$-Maske zur Oxygenierung – MNS-Patient bei adäquater Spontanatmung
CPAP, „continuous positive airway pressure"; HME, „heat and moisture exchanger"; MNS, Mund-Nasen-Schutz; NIV, nichtinvasive Beatmung; PCR, Polymerasekettenreaktion; PEEP, „positive end-expiratory pressure"	

Behandlung von COVID-Patienten zukommt. Die Frage lässt sich evidenzbasiert nicht beantworten, der Review identifizierte 16 hierzu laufende Studien. Der Ansatz ist dreierlei: einmal sollen Patienten die Mundspülung vor dem Eingriff durchführen, um so das Risiko zu mindern, dass sich die medizinischen Betreuer durch Aerosole, die vom Patienten generiert werden, infizieren. Zum zweiten sollen aber auch die medizinischen Behandler selbst bei sich Mundspülung und Nasensprays applizieren, vor und nach einem Eingriff, der bei einem Patienten mit COVID-19 oder COVID-19-Verdacht ausgeführt wurde. Dies soll möglicherweise einer Infektion vorbeugen, die sich die Betreuer über Mund – oder Nase zugezogen haben könnten. Schließlich ist zu fragen, ob sich beim Patienten mit dieser Maßnahme die Schwere der Erkrankung mildern lässt. Zu den Lösungen, die potenziell gegen Coronaviren aktiv sind, gehören Povidonjod, Chlordioxid und Wasserstoffperoxid, wobei sich allerdings eine orale Wasserstoffperoxidspülung gegen SARS-CoV-2 als nicht effektiv erwiesen hat. Nebenwirkungen sind zu beachten (Veränderung des Mikrobioms, Jodexzess oder Verfärbung der Zähne bei Chlorhexidinapplikation).

27.2.2 Perioperatives Risiko bei SARS-CoV-2-Infektion

In einer multizentrischen internationalen Kohortenstudie (235 Krankenhäuser in 24 Ländern) überprüften die Autoren (COVIDSurg Collaborative 2020) das perioperative Risiko von Patienten mit SARS-CoV-2-Infektion. Von 1128 Patienten wurden 74 % notfallmäßig, 24,8 % elektiv operiert. Die SARS-CoV-2-Infektion war bei 26,1 % präoperativ bekannt, bei 71,5 % postoperativ. Die 30-Tageletalität machte 23,8 % (268 von 1128) aus, sie war bei Männern (28,4 %) höher als bei Frauen (18,2 %). Prädiktoren für eine hohe Letalität waren männliches Geschlecht, Alter ≥ 70 Jahre, ASA Grad 3–5, maligne vs. benigne Grunderkrankung, Notfall vs. Elektiveingriff und größere vs. kleinere Eingriffe. 51,2 % der Patienten entwickelten wenigstens eine Lungenkomplikation, mit einer Letalität von 38 % vs. 8,7 % bei Patienten, die keine Lungenkomplikation erlitten. Die Botschaft war, dass bei ca. der Hälfte der Patienten mit SARS-CoV-2-Infektion postoperativ eine Lungenkomplikation mit hoher Letalität zu erwarten ist. Dies erfordert, bei COVID-Patienten das postoperative Sterblichkeitsrisiko gegen das Risiko bei Verzögerung des Eingriffs abzuwägen und gilt speziell für Männer, Patienten über 70 Jahre, solche mit ASA 2- bis 5-Komorbidität und Patienten mit Tumoreingriff.

27.2.3 Chirurgische Managementstrategie bei COVID-19 Pandemie und kolorektalem Karzinom

In einer systematischen Übersicht haben O'Leary et al. (2020) zur Priorisierung der kolorektalen Karzinomchirurgie unter den Bedingungen der COVID-19-Pandemie Ausführungen gemacht, die sich auf andere Tumorerkrankungen übertragen lassen. Die Triage ist vom Ausmaß der Pandemie abhängig (◘ Tab. 27.2). Die Autoren unterscheiden:
- Phase 1 (halbdringliche Situation): die Krankenhausressourcen sind noch nicht erschöpft und die COVID-19-Entwicklung ist nicht in einer schnellen Eskalationsphase.
- Phase 2 (dringliche Situation): die Krankenhäuser sehen viele COVID-19-Patienten; Beatmungskapazitäten und Blutbankressourcen sind eingeschränkt.

Tab. 27.2 Terminierung Kolorektaler Eingriffe in Abhängigkeit von der Phase der COVID-19-Epidemie, Definition der Phasen s. Text (nach O'Leary et al. 2020)

Dringlichkeit	Phase 1	Phase 2	Phase 3
Notfälle – akute Obstruktion – akute Perforation/akute Sepsis – Transfusionsbedürftige Blutung	Erlaubt	Erlaubt	Erlaubt bei begründeter Erfolgswahrscheinlichkeit und hoher Chance von Tod/Morbidität ohne Eingriff
Dringliche Eingriffe – Dringliche Eingriffe mit drohendem Notfall – – Beinahe obstruierender Tumor – – Gedeckte Perforation, Fistelbildung, schwelende Sepsis	– Alle erlaubt	– Erlaubt	– Sind zu verschieben
– Onkologisch dringliche Eingriffe – – Kolonkarzinom Std. I–III – – Rektumkarzinom Std. I – – Rektumkarzinom n. kompletter Chemoradiatio – – Karzinom Std. IV mit Progression unter Chemotherapie – – Diagnostische Interventionen, die das weitere Management bestimmen	– Alle erlaubt	– Sind zu verschieben	– Sind zu verschieben
Elektive Eingriffe	– Sind zu verschieben	– Sind zu verschieben	– Sind zu verschieben

- Phase 3 (pandemische Krise): alle Krankenhauskapazitäten werden gebraucht bei oder oberhalb maximaler Kapazität und sind primär auf die Behandlung von COVID-19-Patienten ausgerichtet.

27.2.4 Laparoskopische Chirurgie bei COVID-19 Pandemie

Zur laparoskopischen Chirurgie unter den Bedingungen der COVID-19-Pandemie haben El Boghdady und Ewalds-Kvist (2020) eine systematische Literaturübersicht erstellt. Sie betonten, dass es zurzeit keine wissenschaftliche Evidenz dafür gibt, dass COVID-19 durch die laparoskopische Chirurgie übertragen wird. Gleichwohl ist die laparoskopische Chirurgie ein Aerosol-erzeugendes Verfahren, da die Technik die Erstellung und Aufrechterhaltung eines Pneumoperitoneums mittels CO_2-Insufflation benötigt. Es konnte gezeigt werden, dass nach 10 min laparoskopischer Dissektion mittels Elektrochirurgie oder Ultraschall die Konzentration an Partikeln der Größe 0,3 bis 0,5 µm bei Laparoskopie im Vergleich zur offenen Chirurgie erhöht war. Das Risiko der Kontamination des Operationspersonals kann bei der Laparoskopie aufgrund von Leckagen des Pneumoperitoneums ansteigen, falls das Gas hohe Konzentrationen an freischwebenden Viren enthält. Entsprechende Vorsichtsmaßnahmen sind erforderlich, die Autoren empfehlen:

- Vermeide Bewegung oder Wechseln des medizinischen Personals während der Laparoskopie.
- Prüfe alle Instrumente und die richtige Funktion des Absaugsystems.

- Minimiere die Trendelenburg-Position.
- Ein geschlossenes System kann bei der Anlage des Pneumoperitoneums ratsam sein. Die Portinzisionen müssen so klein wie möglich sein, um Leckagen um den Port herum zu vermeiden.
- Verschließe den Hahn des Trokars vor Insertion und während der Operation. Verwende Ballon-Trokare und erzeuge geeignete Öffnungen für die Einführung Leckage-freier Trokars.
- Mache eine minimale Zahl an Inzisionen, minimale Größe der Inzisionen und minimalen Wechsel der Instrumente.
- Wenn bei dem Patienten der Verdacht auf COVID-19 besteht, wird die Operation in einer Umgebung mit Unterdruck vorgenommen. Halte die Druckdifferenz zwischen dem Operationssaal bei −4,7 Pa.
- Der CO_2-Insufflationsdruck muss minimal gehalten werden und eine Ultrafiltration (Rauch-Absaugsystem oder Filtration) sollte verwendet werden, falls vorhanden. Setze den intraabdominellen Druck so niedrig wie möglich (10–11 mm Hg).
- Minimiere den Gebrauch von Energiegeräten, erniedrige die Elektrokauterstärke. Vermeide den Einsatz von Ultraschallgeräten und vermeide eine längere Austrocknung.
- Ziehe Vakuum-Absaugsysteme in Betracht, ein geschlossenes Rauch-Absaugsystem mit einem HEPA-Filter oder ULPA-Filter falls möglich.
- Gewährleiste, dass die Hähne der Trokare die ganze Zeit über verschlossen sind, bis die Absaugung erzielt ist.
- Jede Probe, die entfernt wird, sollte zu diesem Zeitpunkt der Operation bei desuffliertem Abdomen vorgenommen werden.
- Lass das Pneumoperitoneum komplett ab durch ein Rauchabsauggerät oder direkte Absaugung, bevor der letzte Trokar entfernt wird.
- Wenn alle anderen Ports entfernt sind, sollten Ports größer 5 mm eher durch eine J-Nadel als durch ein Endoclose-Gerät verschlossen werden, welches das Risiko eines Gaslecks aus dem Abdomen erhöhen würde.
- Ventiliere den Operationssaal.

Eine weitere Übersicht bestätigt diese Aussagen (de Leeuw et al. 2020): es scheint keinen Grund zu geben, die laparoskopische Chirurgie bei COVID-19-Pandemie zugunsten der offenen Chirurgie aufzugeben. Jedoch sollten die Risiken nicht unterschätzt werden, Eingriffe bei COVID-19-Patienten sollten nur wenn nötig durchgeführt werden und das medizinische Personal sollte logischen und gesunden Menschenverstand gebrauchen, um sich selbst und andere bei Durchführung des Eingriffs zu schützen, bei sicherer und geschützter Umgebung.

27.2.5 Tracheotomie bei COVID-19 Pandemie

Die Tracheotomie ist ein Aerosol-erzeugendes Verfahren, womit medizinisches Personal sowohl bei der Anlage der Tracheotomie als auch bei der nachfolgenden Betreuung einem Infektionsrisiko ausgesetzt ist, auch wenn eine geeignete persönliche Schutzausrüstung gebraucht wird. Berichte über Infektionen im Zusammenhang mit Aerosol-produzierenden Verfahren sind bei der COVID-19 Pandemie bekannt geworden, weshalb bei der Tracheotomie Zurückhaltung angezeigt ist. Eine internationale Arbeitsgruppe (McGrath et al. 2020) hat hierzu angemerkt:

Zeitpunkt der Tracheotomie
- Wir raten, dass die Tracheotomie hinausgeschoben wird bis wenigstens 10 Tage mechanischer Beatmung und

nur in Betracht gezogen wird, wenn die Patienten Zeichen der klinischen Besserung zeigen.
- Wir raten zu einem konservativen Vorgehen bei dem Versuch der Extubation, beschränkt auf Patienten, bei denen eine hohe Erfolgsrate angenommen werden kann.

Durchführung
- Wir raten, dass intensivmedizinisches und chirurgisches Personal den optimalen Ort der Tracheotomie während der Pandemie überprüfen und die Risiken für Patienten und Personal abwägen, unter Berücksichtigung von lokalen Möglichkeiten und Erfahrung.
- Wir empfehlen einen hierarchischen Zugang zu dem Ort der Operation unter Balancierung der Risiken von Patient und medizinischem Personal. Anmerkung: die Autoren unterscheiden hier zwischen 7 Stufen, mit Präferenz 1 (Unterdruckintensivstationsraum mit Einzelbelegung und Vorzimmer) und Präferenz 2 (Unterdruckintensivstationsraum mit Einzelbelegung, ohne Vorzimmer) bis Präferenz 6 (Unterdruckoperationsraum) und Präferenz 7 (Geschlossenes Kohortengebiet).
- Wir raten zu einer verstärkten persönlichen Schutzausrüstung (unter Verwendung von luftreinigenden Atemschutzgräten, Augenschutz, wasserabweisender chirurgischer Einwegkleidung und Handschuhen).
- Wir raten, dass die Operateure bei der Tracheotomie bei den Techniken und der Ausrüstung bleiben, mit denen sie vertraut und erfahren sind.
- Wir raten zur Aufrechterhaltung eines blutfreien Operationsgebiets, minimaler Diathermie und den Gebrauch eines Rauchabsaugers bei offener chirurgischer Tracheotomie.

- Wir raten zur Präoxygenierung, gefolgt von dem Versuch einer Apnoe auf der Intensivstation, mit einer FiO_2 von 1,0 und positivem endexspiratorischem Druck von 5 cm H_2O bei Patienten, die vor Tracheotomie sich in Rückenlage befinden, um die physiologische Bereitschaft zu demonstrieren, die Prozedur zu tolerieren, mit Strategien, die Aerosolisierung abzuschwächen.

Optimales Management nach Tracheotomie
- Die Schlüsselprinzipien beinhalten einen Fokus auf essenzielle Pflege und Vermeidung unnötiger Interventionen (speziell solcher, die Aerosole erzeugen), frühe Erkennung einer Verschlechterung und zeitgerechte Reaktion auf Notfälle.
- Wir raten dazu, Systeme einzuplanen, um Hilfe von benachbarten klinischen Gebieten einzuholen während eines Tracheotomie-Notfalls (das Personal könnte bereits die persönliche Schutzausrüstung tragen in Vorbereitung für solche Notfälle).
- Wir raten, die Frequenz des Wechselns der inneren Kanüle (falls vorhanden) sowie der Kontrollen des Cuff-Drucks zu reduzieren; diese Entscheidungen sollten individuell getroffen und täglich überprüft werden.
- Wir raten, die Pflege nach Tracheotomie mit einem einfachen Wärme- und Feuchtigkeitsaustauschfilter zu beginnen, um ein Befeuchten zu gewährleisten; die Erfordernis einer erwärmten Wasser-basierten Befeuchtung oder Zusätze wie Kochsalz- oder hypertone Kochsalzvernebler sollte individuell getroffen und täglich überprüft werden.
- Wir raten, dass Patienten Gesichtsmasken und Tracheostoma-Schutzschilder verwenden bei Versuchen, den Tracheostoma-Cuff-Druck abzulassen, um das Risiko der Aerosolisierung abzuschwächen.

27.2.6 Venöse Thromboembolie (VTE) bei Patienten mit COVID-19

Thromboembolische Komplikationen sind bei COVID-19-Patienten häufig. In einer retrospektiven Erhebung von 4389 Patienten, medianes Alter 65 Jahre, war eine prophylaktische und therapeutische Antikoagulation mit einer signifikant niedrigeren Krankenhaussterblichkeit und Intubationsrate assoziiert im Vergleich zu Patienten ohne Antikoagulation. Das Blutungsrisiko der Antikoagulation war gering. Die Daten sprechen für die routinemäßige Antikoagulation bei COVID-19-Patienten.

Das Scientific and Standardization Committee (SSC) of the International Society on Thrombosis and Haemostasis (ISTH) stellt zur VTE bei COVID-19-Patienten unter anderem fest (Spyropoulos et al. 2020):

Diagnostik
– Die Praktiker sollten die Behandlungsstandards bei der objektiven Prüfung (CT-Pulmonalis-Angiographie, Ventilations-/Perfusions-Szintigraphie, MR-Venographie, Dopplerultraschall) zur Diagnostik einer VTE einsetzen auf Basis des klinischen Verdachts.
– Ein Routine-Screening der unteren Extremitäten für venöse Thromboembolien mittels Dopplerultraschall oder erhöhter D-Dimer-Spiegel wird nicht empfohlen.

VTE-Prophylaxe bei COVID-19 Patienten auf Allgemeinstation
– Eine allgemeine Strategie der Routine-Thromboembolieprophylaxe mit Standarddosierungen von unfraktioniertem Heparin (UFH oder niedermolekularem Heparin (NMH) sollte verwendet werden, nach sorgfältiger Prüfung des Blutungsrisikos, bei NMH als dem bevorzugten Mittel.
– Die VTE-Prophylaxe sollte modifiziert werden bei Extremen des Körpergewichts, schwerer Thrombozytopenie (Thrombozytenzahlen 25.000 oder 50.000×10^9 pro Liter) oder sich verschlechternder Nierenfunktion.

VTE-Prophylaxe bei COVID-19 Patienten auf der Intensivstation
– Eine Routine Thromboembolieprophylaxe mit prophylaktischer Dosierung von UFH oder NMH sollte verwendet werden, nach sorgfältiger Prüfung des Blutungsrisikos. Bei adipösen Patienten (definiert durch Körpergewicht oder BMI) sollte eine Erhöhung der Dosis um 50 % bei der VTE-Prophylaxe erwogen werden.
– Eine multimodale Thromboseprophylaxe mit mechanischen Methoden (d. h. intermittierender pneumatischer Kompression) sollte in Betracht gezogen werden.

Dauer der Prophylaxe
– Sowohl NMH als auch ein DOAC können zur verlängerten Dauer der Thromboembolieprophylaxe verwendet werden.
– Eine verlängerte Thromboembolieprophylaxe nach Entlassung sollte für alle hospitalisierten COVID-19-Patienten in Erwägung gezogen werden, bei denen hohe VTE-Risikokriterien vorliegen. Die Dauer der Thromboembolieprophylaxe nach Entlassung kann ungefähr wenigstens 14 Tage und bis zu 30 Tage betragen.

VTE-Behandlung von hospitalisierten COVID-19 Patienten
– Die etablierten Leitlinien sollten angewendet werden, um Patienten mit bestätigter VTE zu behandeln, mit Vorteilen von NMH in der stationären Behandlung und DOACs in der Phase nach Entlassung aus stationärer Behandlung. Ein Wechsel von der Behandlungsdosis von DOACs oder Vitamin K-Antagonisten zu Krankenhaus-NMH sollte speziell bei

kritisch Kranken erwogen werden oder bei relevanter Begleitmedikation, abhängig von Nierenfunktion und Thrombozytenzahl. Die Antikoagulations-Regime sollten nicht nur auf Basis der D-Dimer-Spiegel geändert werden.
- Ein Wechsel des Antikoagulationsregimes (z. B. von einer prophylaktischen oder mittleren Dosierung auf eine Behandlungsdosis) kann bei Patienten ohne gesicherte VTE, aber sich verschlechternder Lungenfunktion oder ARDS erwogen werden.
- Die Dauer der Behandlung sollte wenigstens 3 Monate umfassen.

Literatur

Burton MJ, Clarkson JE, Goulao B, Glenny AM, McBain AJ, Schilder AG, Webster KE, Worthington HV (2020) Antimicrobial mouthwashes (gargling) and nasal sprays administered to patients with suspected or confirmed COVID-19 infection to improve patient outcomes and to protect healthcare workers treating them. Cochrane Database Syst Rev 9:CD013627

COVIDSurg Collaborative (2020) Mortality and pulmonary complications in patients undergoing surgery with perioperative SARS-CoV-2 infection: an international cohort study. Lancet 396(10243):27–38

de Leeuw RA, Burger NB, Ceccaroni M et al (2020) COVID-19 and laparoscopic surgery: scoping review of current literature and local expertise. JMIR Public Health Surveill 6:e18928

El Boghdady M, Ewalds-Kvist BM (2020) Laparoscopic surgery and the debate on its safety during COVID-19 pandemic: a systematic review of recommendations. Surgeon S1479-666 (20)30104-9

Kluge S, Janssens U, Spinner CD, Pfeifer M, Marx G, Karagiannidis C (2021) Clinical practice guideline: recommendations on in-hospital treatment of patients with COVID-19. Dtsch Arztebl Int 118:1–7

McGrath BA, Brenner MJ, Warrillow SJ et al (2020) Tracheostomy in the COVID-19 era: global and multidisciplinary guidance. Lancet Respir Med 8:717–725

Nadkarni GN, Lala A, Bagiella E et al (2020) Anticoagulation, bleeding, mortality, and pathology in hospitalized patients with COVID-19. J Am Coll Cardiol 76:1815–1826

O'Leary MP, Choong KC, Thornblade LW, Fakih MG, Fong Y, Kaiser AM (2020) Management considerations for the surgical treatment of colorectal cancer during the global Covid-19 pandemic. Ann Surg 272:e98–e105

Spyropoulos AC, Levy JH, Ageno W, et al., Subcommittee on Perioperative, Critical Care Thrombosis, Haemostasis of the Scientific, Standardization Committee of the International Society on Thrombosis and Haemostasis (2020) Scientific and Standardization Committee communication: clinical guidance on the diagnosis, prevention, and treatment of venous thromboembolism in hospitalized patients with COVID-19. J Thromb Haemost 18:1859–1865

Serviceteil

Stichwortverzeichnis – 225

© Der/die Herausgeber bzw. der/die Autor(en), exklusiv lizenziert durch Springer-Verlag GmbH, DE, ein Teil von Springer Nature 2021
R. T. Grundmann und E. S. Debus (Hrsg.), *Evidenzbasiertes perioperatives Management in der Viszeralchirurgie*, Evidenzbasierte Chirurgie, https://doi.org/10.1007/978-3-662-62848-5

Stichwortverzeichnis

4T-Score 62

A

Abdominaldrainage 112
Ablaufpfad, klinischer 99
Abstoßungsrate 206
Acetylsalicylsäure 57
Adipositas-Hypoventilationssyndrom 173
Aerosol 216–218
Aerosolbildung 215
Allgemeinanästhesie 194
Analgesie, patientenkontrollierte 48
Analgesie 73, 74
– postoperative 210
Analgetika 46
Anämie 31, 32
Anastomose, primäre 149
Anastomoseninsuffizienz 94, 141, 143
Anastomosenleckage 173
Antibiose, orale 155
Antibiotikagabe 175
– postoperative 158, 159
Antibiotikaprophylaxe 99, 132, 175, 176, 184, 185, 192, 193
– perioperative 17, 19, 111, 125, 139, 165, 200, 206
– perioprative 16
Antibiotikatherapie 93
Antibiotikum, prophylaktische 158
Antidiabetikum 80
Antiemetika 42, 43, 166, 176
Antikoagulanz 30
Antikoagulation 192, 220
Antimykotikum 208
Anti-Pneumocystis-Prophylaxe 202
Apixaban 58
Appendektomie 19
– ambulante 160
– ambulante laparoskopische 158, 161
– laparoskopische 158
Appendizitis 158
– komplizierte 159
Arbeitsunfähigkeit 169, 188, 195
Autotransfusion 35
– maschinelle 34

B

Bakteriurie, asymptomatische 202
Behandlung, nicht-operative 158
Belastbarkeit 4
Blockade, neuroaxiale 58
Blood Management 30, 31, 102, 142
Blutmanagement 113
Blutmanagement-Protokoll 114
Bluttransfusion 93, 101, 102, 127, 142, 155, 178, 209
– perioperative 113
Blutungskomplikation 194

C

carbohydrate loading 66
Chirurgie
– kolorektale 132
– laparoskopische 172, 217
Chlorhexidin-Mundwaschung 21
Cholezystektomie, subtotale 164
Cholezystitis 165, 166
Clopidogrel 57
Clostridium difficile-Kolitis 138
Colitis ulcerosa 154, 156
CONUT-Score (Controlling Nutritional Status) 110, 111
Corticosteroid 177
COVID-19 11, 13, 214
COX-2-Hemmer 144

D

Dabigatranetexilat 56
Darmvorbereitung 137
– mechanische 27, 90, 108, 111, 120, 133, 135–137
– orale Antibiotikaprophylaxe 138
D-Dimer 214
D-Dimer-Spiegel 221
Dekolonisation 14
Dekompression
– nasogastrische 93, 98
– nasojejunale 98
Dekontamination, selektive 21
Delir 72
Delirmanagement 72
Delirmonitoring 72
Delirprävention 72

Delirprophylaxe 76
Delirscreening 77
Desinfektion 12, 13
Dexamethason 43, 160, 166, 172, 176, 184, 186, 214
Dexmedetomidin-Gabe 74
Direkte orale Antikoagulanzien (DOAKs) 6, 58
Divertikulitis 156
– komplizierte 148
– perforierte 148
DOAC 220
DOAK (Direkte orale Antikoagulanzien) 59, 60, 220
Drainage 15, 47, 90, 98, 103, 158, 161, 166, 185, 186, 193
– abdominelle 159
– extraperitoneale 140
– intraabdominelle 126
– intraperitoneale 126, 177
Drainagekomplikation 112
Drain
– aktiver 126
– passiver 126
Droperidol 176
Druck, intraabdomineller 177
Durchgangssyndrom 72

E

Echokardiographie (EKG) 6
Eigenblutspende 33, 34
Eingriff
– gatsrointestinaler 22
– kolorektaler 20
Einmalgabe, intrathektale 116
Einschränkung, kognitive 76
Eisenmangel 32
Eisenmangelanämie 132
Eisenpräparat 142
Eisensupplementierung 30
EKG (Echokardiographie) 5
Elektivsituation 149
epidural 51
Epiduralanalgesie 50, 94, 115, 128
– thorakale 90, 143
Epiduralanästhesie, thorakale 108
ERAS (Enhanced Recovery After Surgery) 66, 69, 90, 98, 99, 108, 109, 120, 121, 132, 135, 152, 153, 172, 179, 206
ERAS-Protokoll 110

Erbrechen 42
Ernährung 211
– enterale 91, 92, 122–124, 153
– künstliche 66
– orale 124
– parenterale 66, 69, 122, 123
Ernährungsjejunostomie 93, 102
Ernährungsmanagement 91
Ernährungsrisiko 68
Ernährungs-Screening 68
Erythrozytenkonzentrat 209
Erythrozytentransfusionsgrenze 31
Evaluation 4

F

Fast-Track-Protokoll 135
Fibrinogen 211
Fibrinogenkonzentrat 208
Flüssigkeitsmanagement, perioperative 127
Flüssigkeitstherapie
– perioperative 142
– zielgerichtete 179
Fondaparinux 56
Frischplasma 211

G

Gabapentin 166
Gallekontamination 165
Gallekultur 125
Galleleck 206
Galleleckage 112, 113
Gallenblasenperforation 165
Gallengangsverletzung 164
Gastrektomie 102, 103
Gefrorenes Frischplasma (FFP) 208
Gelatine 26
Gerinnungsmanagement 30, 208
Gesichtsschutz 13
Gewebespiegel 175

H

Halshämatom 184, 187, 188
Hämodilution 32, 33
– normovolämische 127
Hämostyptikum 188
Händedesinfektion 13, 14
Händehygiene 12
Harnverhalt 192, 194

Harnwegsinfektion 200, 202
Hartmann-Operation 148
Heparin 6
Heparininduzierte Thrombozytopenie (HIT) 61
Hernioplastik 20
HES 26
Hinchey
– III 148
– IV 148
HIT II 62, 63
Hoch-Protein-Diät 68
Humanalbumin 26
Hypochlorämie 27
Hypokalzämie 185
Hypoparathyreoidismus 184
Hypothermie 38, 39
Hypovolämie 28

I

Ileus, postoperativer 134
Immunomodulator 83, 153
Immunonutrition 68, 69, 92, 134, 140
Immunsuppression 199
Infusionswärmung 38, 39
Intensivstation 214
Intravenöse patientenkontrollierte Analgesie (IV-PCA) 115
Intubation, endotracheale 214

J

Jejunostomie 92, 123

K

Karzinom, kolorektales 155
Kehlkopffunktion 184
Kit 135
Koagulopathie 115
Kochsalzlösung 26, 27
– hypertone 127
Kolloid 27
Kompression, intermittierende pneumatische 220
Kompressionintermittierende pneumatische 178
Kontrolle, laryngoskopische 184
Kopfschmerz 194
Kortikosteroid 153
Kristalloid 26

L

Lagerung, hypotherme 198
Laparoskopische Cholezystektomie (LC) 164
Lavage 148
Lebendspendernephrektomie 198, 199
Leberchirurgie 108
Leberresektion 109, 113
Lebertransplantat 206
Lebertransplantation 20, 206, 208
Leukozytendepletionsfilter (LDF) 35
Lidocaininfusion 133, 179
Lokalananästhetikum 187
Lokalanästhesie 192
Lokalanästhetikum 46, 50, 161
Lösung, balancierte 134
Lungenfunktion 6
Lungenkomplikation 216

M

Magenband 175
Magenbandoperation 177
Magenresektion 103, 104
– bei Karzinom 98
Malnutrition 69
Mangelernährung 77
Metabolische Äquivalent 4
Metamizol 48, 49
Metoclopramid 176
Morbus
– Basedow 184
– Crohn 154
MRSA-Dekolonisierung 10, 11
MRSA-Screening 10
Mundspülung, antimikrobielle 215

N

Nachblutung 188
Nahinfrarot-Bildgebung 164
Nahtinsuffizienz 103
Nahtmaterial 15–17
nausea 42
Nervenblockade 193
Netzversorgung, offene 192
Neurektomie 193
Nichtopioid 48, 184
Nichtopioid-Analgetika 48
Nierentransplantation 20, 198

Stichwortverzeichnis

NMH (niedermolekulares Heparin) 56, 57, 177, 220
Normothermie 38
NSAIDs (non-steroidal anti-inflammatory drugs) 144, 187, 192, 210

O

OAB 137, 139
Ondansetron 43, 176
Opiatverbrauch 143
Opioid 48, 50, 52, 184
Opioidverbrauch 168
Orale Antibiotikaprophylaxe (OAP) 137, 138
Ösophagektomie 91–93

P

Pankreasfistel 122, 124
Pankreatikoduodenektomie (PD) 120
Paracetamol 49, 192, 210
paravertebral 51
Paravertebralanalgesie 94
Paravertebralanästhesie 128
Patient, geriatrische 76
Patientenkontrollierte Epiduralanalgesie (PCEA) 104
Patientenkontrollierte intravenöse Analgesie (PCIA) 104
PCA 48–50, 128, 210
Perfusion, hypotherme maschinelle 198
Pharmakokinetik 175
Pneumoperitoneum 217, 218
PON 42
PONV 42, 74, 108, 160, 166, 168, 172, 176, 186
PONV-Prophylaxe 132
Priorisierung 216
Probiotikum 154, 211
Prophylaxe, antimikrobielle 120
Propofol 74
Prothrombinkomplex-Konzentrat (PCC) 209

R

Regionalanästhesie 50, 52, 192, 194
Regionalanästhesieverfahren, neuroaxiales 57

Rektumresektion 140
Resektion, ileozökaler 152
Richmond Agitation-Sedation Scale (RASS) 73
Risiko, perioperatives 216
Risikofaktor 4
Rivaroxaban 56, 58
Roux-Y-Magenbypass, laparoskopischer 174
RYGB 177

S

Salzlösung, balancierte 27
Schlafapnoe, obstruktive 173
Schlagvolumen 28
Schlauchmagenbildung (Sleeve-Gastrektomie) 173
Schmerz, chronischer 193
Schmerzakzeptanz 47
Schmerzintensität 47
Schmerzmanagement 114, 128
Schmerzmessung 47
Schmerztherapie 46, 47, 187
Schutzausrüstung, persönliche 12, 219
Schwangerschaft 192
Sedierung 73
Serombildung 193
Shivering 38
Sicherheitsblick 164
Sleeve-Gastrektomie 174–178
Sog 186
Sonde
– nasoenterale 91
– nasogastrische 99, 108, 112, 121, 122, 133
– nasojejunale 67, 93, 123
Sondendekompression, nasogastrische 90
Sondenernährung 67
– perkutane 123
Spendernephrektomie 200
Spinalanästhesie 133, 143, 194
Spülung 16
Stent 203
Stententfernung 203
Stenting, endoskopisches 94
Stomaanlage 150

T

Tageschirurgie 168, 169, 187
TAP-Block 51, 133, 143, 167, 179
Temperaturmessung 38, 39

Therapie
– antithrombotische 195
Thorakale Epiduralanalgesie (TEA) 115, 133
Thoraxröntgenaufnahme 6
Thrombelastographie 209
Thromboembolieprophylaxe 141, 155, 160, 168, 177, 178, 214, 220
Thromboseprophylaxe 187, 203, 210
– mechanische 134
– verlängerte 141
Thrombozyt 209
Thrombozytenaggregationshemmer 7, 30, 61, 192
Thrombozytenkonzentrat 209, 211
Thrombozytopenie 62
TIVA 52, 176
Tracheostoma-Cuff-Druck 219
Tracheotomie 218, 219
Tramadol 210
Transplantatfunktion 200
Transplantatthrombose 199
Triage 216
Tumortherapeutikum 81, 82

U

Übelkeit 42
Unterdruck 218
Unterdruckintensivstationsraum 219
Unterdruckwundtherapie 16, 20
Untersuchung, laborchemische 214
Ureterstent 202
Ureterstriktur 199
Urinleckage 199, 203

V

Vakuum-Absaugsystem 218
Vakuumtherapie, endoskopische 94
Venenthrombose 187
Venöse Thromboembolie (VTE) 58
Vitamin-K-Antagonist 58
Volumentherapie 26
vomiting 42
VTE 220
VTE-Prophylaxe 56, 184
VTE-Risiko 56, 155, 168

W

Wärmung 38
Wundabdeckung 20
Wundblutaufbereitung 34
Wunddrainage 185, 202

Wundinfektion 14, 15
Wundinfektionsrisiko 165
Wundinfiltration 51, 187
Wundprotektor 16
Wund-Ring-Protektor 158
Wundverschluss, primärer 158

Z

Zugang, laparoskopischer 149, 150

If you have any concerns about our products,
you can contact us on
ProductSafety@springernature.com

In case Publisher is established outside the EU,
the EU authorized representative is:
Springer Nature Customer Service Center GmbH
Europaplatz 3, 69115 Heidelberg, Germany

Printed by Libri Plureos GmbH
in Hamburg, Germany